Franziska Zürcher

Stunde für Stunde

Die Hasenpest, der Krebs und ich

Landverlag

Landverlag Langnau, www.landverlag.ch
Copyright: © 2016, Landverlag
Korrektorat: Sabina Haas
Umschlaggestaltung und Satz: Daniela Roth, Rohrbachgraben
Druck: CPI – Ebner & Spiegel, Ulm
ISBN: 978-3-905980-29-5

*Für alle Krebspatientinnen und Krebspatienten.
Für euch, die ihr gekämpft habt, heute kämpft und speziell
für jene, welche trotz allen Kampfes auf ihre letzte grosse
Reise gegangen sind – von Herzen!*

Vorwort

Gemäss der Broschüre der Krebsliga Schweiz «Krebs in der Schweiz: wichtige Zahlen» (Stand Oktober 2014) erkranken in der Schweiz jährlich rund 37 500 Personen an Krebs. Ich bin eine davon.

Am 8. August 2014 erhielt ich die endgültige, definitive Diagnose: *primär mediastinales, diffus-grosszelliges B-Zell Lymphom*. Der Weg zu dieser Diagnose war lang; der Weg seit der Diagnose steinig. Doch trotz Schmerzen, Wut, Angst, Hilflosigkeit und oftmals einer Portion Überforderung darf ich hier und jetzt sagen: Die Krankheit hat mich positiv verändert, mich geprägt, mich zu der Frau gemacht, die ich heute bin. Ich bin in meinem Leben angekommen und bin mir mehr bewusst als jemals zuvor, welch grosses, unbezahlbares Geschenk es ist zu leben.

Mit meiner Geschichte möchte ich Leidensgenossinnen und Leidensgenossen Mut machen. Kämpft, glaubt an euch, auch wenn wir den Ausgang der Erkrankung nicht, oder nur teilweise, beeinflussen können. Und nebst kämpfen und an das Gute glauben: Habt Vertrauen in das Leben. Vertraut darauf, dass nichts ohne Grund passiert, auch wenn unser Verstand oft zu klein ist, um das Weshalb zu erfassen. Irgendwann wird alles Sinn machen, auch das traurigste Ereignis. Davon bin ich überzeugt.

Ebenfalls möchte ich mit meiner Geschichte aufzeigen, was es wirklich heissen kann, an Krebs zu erkranken. Ich möchte die oftmals in unserer Gesellschaft vorherrschenden Schreckgespenster einem differenzierteren Verständnis weichen lassen. Krebs kann den Tod bedeuten. Krebs kann aber auch bedeuten zu leben – bewusster, dankbarer zu leben.

Wie alles begann

Die üblichen Sorgen des Alltags. Von himmelhochjauchzend bis zu Tode betrübt – alles war da. Mit dreissig Jahren führte ich ein «Standard-Leben». Ich hatte ein schönes Zuhause, eine Arbeitsstelle, Familie, Freunde – ich war unabhängig, glücklich, zufrieden mit meinem Leben. Ich war körperlich in guter Verfassung, eine gesunde Frau im besten Alter.

Samstag, 10. Mai 2014
Nach einer intensiven Arbeitswoche gönne ich mir ein paar Stunden mehr Schlaf als üblich. Als ich schliesslich aus den Federn komme, benötige ich wie immer, um wach zu werden, als Erstes eine Dusche. Stundenlang könnte ich unter dem Duschstrahl stehen, noch etwas vor mich hinträumen. Doch gibt es einiges zu tun heute, also fertig geträumt und raus aus der Dusche. Beim Abtrocknen entdecke ich auf der rechten unteren Seite meines Rückens eine stark gerötete Stelle. *Hm, da hat mich wohl was gestochen, da ist eindeutig eine Einstichstelle zu erkennen,* denke ich mir, während ich die Rötung genauer betrachte. Vorsichtig fahre ich mit meinen Fingernägeln darüber, ich spüre nichts, keinen Juckreiz. *Egal, was soll's, das ist bestimmt bloss ein Mückenstich.* Ich schenke der Rötung also keine weitere Beachtung mehr und mache mich auf den Weg in den Supermarkt.

Donnerstag, 15. Mai 2014

Er ist immer noch da, der vermeintliche Mückenstich. Inzwischen etwa doppelt so gross wie am vergangenen Samstag. *Jucken nicht, aber wachsen, soso.* Ich beginne zu überlegen, was es sonst noch sein könnte. Ein Zeckenbiss? Beim Tannenknospen sammeln im Wald habe ich mich vor einigen Tagen ziemlich durchs Unterholz gekämpft. Der Versuch, aus den Tannenknospen Honig zu machen – wie es meine Grossmutter zu tun pflegte – ging dann allerdings zünftig in die Hosen, weil ich die Knospen von Weisstannen gesammelt habe und nicht wusste, dass der Honig nur aus den Fichtenknospen gemacht werden kann. Also war der ganze Aufwand für nichts, aber dafür bekam ich einen Zeckenbiss? Dieser Gedanke passt mir nicht wirklich und ich beruhige mich erneut damit, dass es bestimmt bloss ein harmloser Mückenstich ist.

Donnerstag, 22. Mai 2014

Ich beginne, an meiner Selbstdiagnose zu zweifeln. Nach wie vor spüre ich weder einen Juckreiz noch Schmerzen, doch der Ausschlag wächst, und wie er wächst! Ich beschliesse daher das zu tun, was ich seit frühster Kindheit zu tun pflege: meine Mutter fragen. Mütter gehören in meiner Welt zu den allwissenden Lebewesen, sie wird mir schon sagen, was zu tun ist.

Meine Schwester hat mich zum Mittagessen eingeladen, unsere Mutter ist auch da. Perfekt, ich erhalte also gleich

Meinung Nummer zwei und drei zum Thema «undefinierbare Rötung».

«Das ist ein Zeckenbiss!», lautet beider Diagnose, «Du musst sofort zum Arzt» die klare Anweisung. Nicht ganz das, was ich hören wollte. Ein «Das ist total harmlos» wäre mir lieber gewesen. Eines steht jedoch fest: Zum Arzt gehe ich bestimmt nicht, nicht wegen einer undefinierbaren Rötung auf dem Rücken. Solange ich keine Schmerzen verspüre, kann es unmöglich etwas Ernsthaftes sein.

Da beide nicht lockerlassen und mir selber doch nicht ganz wohl ist dabei, schleiche ich mich direkt nach dem Essen in die nächstgelegene Apotheke.

«Guten Tag, was kann ich für Sie tun?», fragt mich eine Frau mit langem, lockigem, blondem Haar. *Hallo Engel.* «Apothekerin» ist der Engel angeschrieben. Ich fasse die Situation kurz zusammen und zeige ihr zum Schluss, als Beweis, die Rötung auf meinem Rücken.

«Das ist ziemlich sicher kein Zeckenbiss», meint der Engel. «Bei einem Zeckenbiss hätten Sie rund um die Bissstelle einen weissen Kreis. Dieser ist nicht vorhanden, weshalb ich davon ausgehe, dass es eben kein Zeckenbiss ist. Ich mache zur Sicherheit aber noch ein Foto von der Rötung und schicke es an Medphone. Die sollen sich das mal anschauen.»

Ich folge ihr daraufhin in eine Art Hinterzimmer. Dort kramt sie aus einer Schublade eine Fotokamera, um anschliessend eine gefühlte Ewigkeit in einem Prozesshandbuch zu blättern, wie sie denn das Foto genau machen muss. Als das Foto schliesslich gemacht ist, meint sie: «Sie erhalten von Medphone in den nächsten Stunden einen Anruf. Schauen Sie, dass Sie telefonisch erreichbar sind.»

Dass ich noch nie von Medphone gehört habe, verschweige ich dem Engel.

Wie von der Himmelsbotin prophezeit, klingelt rund eine Stunde später mein Telefon. Eine angenehm klingende Frauenstimme erklärt mir, dass es sich nicht um einen Zeckenbiss handle, die Engelsdiagnose war also richtig. «Mit grosser Wahrscheinlichkeit ist es eine rein allergische Reaktion auf einen Mückenstich. Benutzen Sie grosszügig Fenistil. Die Rötung wird damit verschwinden.»

Wird erledigt, Thema erledigt.

Sonntag, 25. Mai 2014
Er ist nach wie vor da – der Ausschlag. Unverändert, vielleicht sogar noch ein bisschen grösser. Die Salbe zeigt bislang keine Wirkung. *Na, dann kann ich es ja auch gleich sein lassen mit dem Fenistil.* Was ich schliesslich auch tue.

Montag, 26. bis Freitag, 30. Mai 2014
Eine kurze Arbeitswoche steht an, am Donnerstag ist Auffahrt. Da ich nächste Woche Ferien habe, habe ich viel zu tun. Viel Arbeit – es soll ja noch alles erledigt sein. Der Ausschlag wächst unterdessen munter weiter. Inzwischen sprechen wir von einer Grösse von etwa fünf auf zehn Zentimeter. Ich beruhige mich damit, dass der Engel und die Medphone-Stimme gesagt haben, dass es nichts Schlimmes ist, es keinen Anlass zur Besorgnis gibt.

Im Übrigen plagen mich seit letzten Samstag, seit ich einer Bekannten beim Umzug geholfen habe, seltsame Rückenschmerzen. *Auch das noch!*, schimpfe ich in Gedanken. Doch mein Wochen-Motto lautet: «Auf die Zähne beissen und sich auf die Ferien freuen!»

Montag, 2. bis Freitag, 6. Juni 2014

Endlich habe ich Ferien. Ich freue mich auf den Städtetrip nach Wien mit meiner Mutter. Es ist schon fast Tradition, mit ihr im Juni einige Tage zu verreisen, da wir beide im Sternzeichen Zwilling geboren sind. Ein gegenseitiges Geburtstagsgeschenk quasi.

Als wir in Wien ankommen, bin ich erschöpft und unglaublich müde. Meine innere Stimme sagt mir, dass es eine seltsame, mir bis dahin unbekannte Art von Müdigkeit ist. Aber hey, wer hört schon auf seine innere Stimme? Ich bin müde, weil ich die letzten Tage wenig Schlaf und viel Arbeit hatte. So wird es sein. Im Spiegel schaut mich eine blasse Frau an. Es wird definitiv Zeit, dass der Sommer kommt, damit meine Haut wieder etwas Farbe annimmt.

Treffend beschreiben die drei folgenden Adjektive die erste Nacht in Wien: schmerzhaft, unwohl, endlos. Ich verzichte auf eine Hotelbewertung nach dieser Nacht. Wie unbequem kann ein Bett bitteschön sein? Mein Rücken schmerzt. Aber eine Dusche macht ja bekanntlich müde Mädchen munter. Als ich mich unter dem warmen Wasserstrahl einseifen will, fällt mir das Duschgel aus der Hand. Ich bücke mich, um es aufzuheben – ein stiller Schrei. Mein Schrei. Schmerzen. Stechende, bissige Schmerzen durchlaufen meinen Rücken. *Meine Güte, was ist denn jetzt los mit mir?* Die Schmerzen sind so intensiv, dass ich zu meiner Notration Schmerzmittel greife. Etwas, das ich nur im äussersten Notfall zu tun pflege. Die Schmerztablette zeigt zum Glück bereits nach kurzer Zeit Wirkung und ich fühle mich besser.

Es kann losgehen – Wien ich komme!

Am späteren Nachmittag will ich nur noch zurück ins Hotel. Schlafen. Ich bin so unglaublich müde, fühle mich erneut erschöpft und kraftlos. Also gibt es eine Runde Schlaf, bevor wir uns das obligate «Monster-Schnitzel» beim Figlmüller gönnen.

Die zweite Nacht verläuft in etwa gleich wie die Erste. Schmerzen plagen mich, ich weiss nicht, wie ich im Bett liegen soll. Am Morgen, ich kann mich kaum noch bewegen, fühle ich mich, als ob ich über Nacht fünfzig Jahre älter geworden wäre. Im Badezimmer laufen mir Tränen über das Gesicht. *Reiss dich zusammen*, sage ich mir. Heute gibt es zwei Schmerztabletten, eine reicht nicht mehr. Auch der Ausschlag ist noch da, bereits so breit wie meine Hand. Langsam zieht er sich seitlich in die Länge. *Zum Glück mache ich keine Badeferien.* Im Bikini sähe ich aktuell irgendwie ungesund aus.

Nacht Nummer drei schlafe ich kaum noch. Ich nehme die letzten, noch verbliebenen Schmerztabletten. Dieses

Mal zeigen sie keine Wirkung mehr. Am Morgen des 5. Juni dämmert es mir plötzlich. Weshalb erst dann, mag man sich zu Recht fragen. *Moment, mein Rücken schmerzt genau dort, wo ich diesen undefinierbaren Hautausschlag habe. Seltsam …* Wie ich diesen Tag durchgestanden habe, ist mir heute schleierhaft. Wenn ich mich zu erinnern versuche, habe ich nur ein Wort im Kopf: Schmerzen.

Am darauffolgenden Tag sind die Schmerzen nochmals stärker geworden. Ich überlege mir, ob ich zu einem Arzt gehen soll. Doch ich möchte Wien nicht als die Stadt in Erinnerung behalten, in der ich beim Arzt war. Also beisse ich zum wiederholten Male auf die Zähne und freue mich einfach auf die Heimreise. Ich will nur noch nach Hause.

Die Rückreise wird zu einer Tortur. Jede noch so kleine Bewegung des Oberkörpers ist schmerzhaft. Beim Start des Flugzeuges, wenn es einen in den Sitz drückt, würde ich vor lauter Schmerz am liebsten schreien wie ein Kleinkind.

Spätabends bin ich endlich zu Hause. Ich, die Schmerzen und der inzwischen beachtliche Hautausschlag.

Samstag, 7. Juni 2014

Ich kann es kaum erwarten – um acht Uhr rufe ich Medphone an. Die Medphone-Stimme teilt mir, nachdem sie mit dem zuständigen Notfalldienst Rücksprache genommen hat, mit, dass ich mich heute, nach dem Mittag, auf besagtem Notfalldienst melden kann.

Auf der Notfallstation stelle ich erleichtert fest, dass mein Hautarzt Dienst hat. Ich war bereits früher einmal bei ihm in Behandlung. Er kennt mich also ein bisschen, ist kein total Fremder für mich. Ein gutes, beruhigendes Gefühl. Die Untersuchung dauert nur wenige Minuten. Er meint, am ehesten sei es ein atypischer Herpes Zoster (Gürtelrose). Atypisch, weil keine Bläschen auf der Haut zu erkennen seien. Die Schmerzen also Nervenschmerzen. *Ach so, ich habe gar keine Rückenschmerzen, das sind die Nerven!* Mit einer Packung stärkerer Schmerzmittel und einem Virostatikum gegen die Zoster-Viren entlässt er mich schliesslich in das Pfingstwochenende. «Es wird jetzt bestimmt rasch besser mit den Schmerzen und auch der Ausschlag wird sich zurückbilden», meint er. «Und wenn wider Erwarten nicht, so können Sie sich am kommenden Dienstag bei mir in der Praxis melden. Ich werde dann eine Hautbiopsie machen.» *Warum haben wir die Biopsie denn nicht gleich jetzt gemacht?* Doch das nur eine stille Frage meinerseits.

«Kann ich mit dem Ausschlag an die Sonne?», möchte ich noch von ihm wissen. Denn nach wie vor würde mir etwas Farbe im Gesicht und am ganzen Körper nicht schlecht stehen. Er lächelt und erwidert: «Sie können schon an die Sonne, einfach dosiert.» Klar, muss er ja sagen als Hautarzt.

Wieder zu Hause, setze ich mich – trotz Schmerzen – an meinen Laptop und bitte Google, mir etwas über das Thema Gürtelrose zu verraten. Auf der Seite guertelrose-infektion.de werde ich schliesslich fündig.

Ich beginne aufmerksam zu lesen. Auffallen tun mir vor allem die Gründe für eine Gürtelrose. Ich finde unter anderem folgendes:

Gürtelrose ist eine Virusinfektion. Der Auslöser der Gürtelrose sind Varizella Zoster Viren oder auch kurz Varizellen genannt, die sich bei Ausbruch der Erkrankung bereits im Organismus befinden. Die verantwortlichen Viren stammen von einer früheren Erkrankung an Windpocken und sind als die Ursache für eine Gürtelrose zu sehen. Begünstigt durch das Alter und die damit einhergehende Schwächung des zellulären Immunsystems, ist eine erneute Virusinfektion möglich. Diese erneute Virusinfektion durch die Varizella Zoster Viren ruft die Zweiterkrankung und somit die Gürtelrose hervor. Dass das Immunsystem im Alter schwächer wird, liegt vor allem daran, dass die Bildung von B- und T-Lymphozyten im Alter verringert wird. Hinzu kommen die insgesamt weniger aktiven Abwehrzellen, was zu einer allgemeinen Schwächung der Immunabwehr führt. Gute Voraussetzungen also für die im Organismus eingelagerten Varizella Zoster Viren, sich zu diesem Zeitpunkt zu reaktivieren. Die Gürtelrose kann also auch ein Anzeichen für ein geschwächtes Immunsystem sein. Die Ursachen für ein geschwächtes Immunsystem liegen aber häufig bei anderen Krankheiten. Meist sind davon Patienten betroffen, die an Aids leiden, sich einer Chemotherapie unterziehen, an einer Tumorerkrankung leiden oder auch Immunsupressiva einnehmen müssen. Letzteres wird zum Beispiel bei vorangegangenen Organtransplantationen verabreicht, damit das Transplantat nicht von den körpereigenen Abwehrkräften abgestoßen wird.

Ich frage mich, weshalb mein Immunsystem derart geschwächt sein könnte und gehe nach dem Ausschlussverfahren vor. Das «im Alter» fällt weg, denn auch wenn ich mich aktuell ziemlich alt fühle, so gelte ich auf dem Papier noch als jung. Aids schliesse ich ebenfalls kategorisch aus. Chemotherapie ist etwas, das ich nur vom Hörensagen her kenne, und eine Organtransplantation hatte ich auch nicht. Bleibt noch die Tumorerkrankung. Bei diesem Gedanken stehe ich abrupt auf und beende meine Recherchen.

Sonntag, 8. Juni 2014

Es geht mir besser, viel besser. Den Schmerzmitteln sei Dank! Ich verspüre kaum noch Schmerzen, fühle mich wie neu geboren. Nur der Ausschlag trübt meine Freude über meinen Gesundheitszustand. Es scheint, als hätte dieser den dringenden Wunsch, in Richtung meines Bauchnabels zu wandern. In Gedanken verfluche ich die Varizella Zoster Viren.

Im Verlaufe des Tages kehren sie aber langsam zurück, die Schmerzen. Nehmen kontinuierlich an Intensität zu, bis sie schliesslich gegen Abend erneut so schlimm sind, dass ich nochmals bei Medphone anrufe. Ich sage der heutigen Frauenstimme, dass ich wiederum schreckliche Schmerzen habe, die Schmerzmittel nicht mehr helfen und auch der Ausschlag unverändert ist respektive weiterwächst.

«Also das dauert schon etwas länger, bis das Virostatikum wirkt, Frau Zürcher. Und für die Schmerzen können Sie gerne zusätzlich noch ein Dafalgan einnehmen.» So die leicht genervte Antwort der heutigen Medphone-Stimme. Ich mag nichts erwidern, fühle mich schwach. *Durchhalten bis zum Dienstag, dann kannst du zu deinem Hautarzt in seine Praxis*, sage ich mir immer wieder. *Der macht die angekündigte Hautbiopsie und du weisst, was mit dir los ist.*

Montag, 9. Juni 2014

Heute ist mein 31. Geburtstag. Die Sonne scheint, es ist warm. Ein perfekter Tag für einen Geburtstag. Leider ist mir überhaupt nicht nach Feiern zu Mute. Daher habe ich allen Verwandten und Bekannten abgesagt, nach dem Motto «Lasst mich heute bloss in Ruhe!» Nur meine Schwester darf mich besuchen kommen. Ich mache mich trotzdem schön zurecht, ziehe ein Kleid an. Doch auch das beste Make-up vermag die dunklen Schatten unter meinen Augen nicht zu verbergen. *Was ist nur los mit dir?*, frage ich mich selber. Der Ausschlag ist über Nacht – trotz Virostatikum – weitergewachsen, und ich verspüre wiederum starke Rückenschmerzen, oder eben gemäss meinem Hautarzt Nervenschmerzen.

Ich bin froh, als im Verlaufe des Morgens meine Schwester, mein ganz persönlicher Sonnenschein, vorbeikommt. Jetzt wird es mir bestimmt bald besser gehen. Wir sitzen auf meinem Balkon, geniessen das schöne Wetter und gönnen uns ein leckeres Frühstück. Ich habe nicht wirklich Hunger. Überhaupt habe ich bemerkt, dass ich in den letzten Tagen an Gewicht verloren habe. Etwas, das bei so viel Sachertorte und Apfelstrudel eigentlich ein Ding der Unmöglichkeit sein sollte. Die Stunden ziehen dahin und ich fühle mich, trotz Sonnenschein-Gesellschaft, immer schlechter. Mein Kopf beginnt zu schmerzen und ich weiss, dass es nicht von zu viel Geburtstags-Champagner ist. In den frühen Nachmittagsstunden bitte ich meine Schwester zu gehen. Ich will mich nur noch hinlegen, warten bis es mir besser geht. Ich bin schrecklich müde, fühle mich schwach, ein ganz seltsames Gefühl beschleicht mich. Die Kopfschmerzen werden immer schlimmer, aber nicht nur mein Kopf, mein ganzer Körper scheint neben der Spur zu sein. Wenn nur schon Dienstag wäre! Ich kann es kaum erwarten, meinen Hautarzt anzurufen.

Am Abend telefoniere ich mit meiner Mutter. «Kannst du morgen zu mir kommen und mich zum Arzt fahren?», frage ich sie. Ja – ich, einunddreissig Jahre alt, frage meine Mutter, ob sie mich zum Arzt fährt. Ich spüre genau, dass ich das morgen nicht mehr selber auf die Reihe kriege. Sie macht sich Sorgen, meine Mutter. Ich mir auch, nur sage ich das nicht. Alles, was ich in dem Moment will, ist schlafen. Schlafen und vergessen. Doch ich finde keinen Schlaf, mein ganzer Körper schmerzt. Mit geschlossenen Augen wandle ich schliesslich wie ein Geist durch meine Wohnung, beginne meine Schritte zu zählen. Eins, zwei, drei, vier, fünf ... Beim zirka einhundertachtundsechzigsten Schritt wird mir schlecht. Warum nicht? Wenn schon, dann bitte das volle Programm. Würgend hänge ich über der Kloschüssel, mein Kopf ein einziger Schmerz. Je mehr Zeit vergeht, desto unwohler fühle ich mich in meinem Körper. *Ich will hier raus*, scheint meine Seele zu schreien. Kurz vor elf Uhr muss ich mir eingestehen, dass es nicht mehr geht. Ich bestehe nur noch aus Schmerz, fühle mich schwächer als jemals zuvor. Mit letzter Kraft schreibe ich eine SMS an meine Mutter. *Kannst du bitte kommen?* Sie ruft sogleich an. Als ich ihr erzähle, dass ich auch noch erbrechen musste, ist sie hellwach. «Du musst ins Spital; ich fahre jetzt los, bin in einer Stunde bei dir», kommt die strikte Anweisung. Ich reisse mich nochmals zusammen und rufe Medphone an, frage, ob ich mich auf dem Notfall melden darf. Als die Frau «Kopfschmerzen / Erbrechen» hört, bekommt ihre Stimme einen leicht panischen Unterton. «Gehen Sie bitte sofort ins Spital», lautet auch hier die klare, unmissverständliche Anweisung. Kurz vor Mitternacht ist meine Mutter bei mir und wir fahren direkt weiter ins Spital. Am Empfang sitzt eine Securitas-Mitarbeiterin, die sehr gewissenhaft die Aufnahmeformalitäten klärt. Brav gebe ich Auskunft, kann mich kaum noch auf meinen Beinen halten. Als sie alles weiss, was sie wissen muss, darf ich schliesslich auf den Notfall.

Dienstag, 10. Juni 2014
Eine auf den ersten Blick sehr sympathisch wirkende Pflegerin nimmt mich in Empfang und weist mir eine der Notfallkabinen zu. Ich bin dankbar dafür, dass ich mich hinlegen kann. Mein Kopf fühlt sich an als würde er gleich zerplatzen. Hinzu kommt, dass ich nur noch meine Augen schliessen will. Licht, ich ertrage es nicht. Nur Dunkelheit und Ruhe bitte.

Nach kurzer Zeit erscheint der zuständige Arzt. Ein junger, schüchtern wirkender Mann. Er will genau wissen, was los ist, alle Symptome bis ins kleinste Detail. Während ich erzähle, schaut er zu Boden. Er überlegt. Oder ist er zu schüchtern, um mir in die Augen zu schauen? Er murmelt etwas von Immunschwäche und verschwindet wieder aus meinem Blickfeld. *Da ist sie also wieder, diese Immunschwäche. Soweit war ich mit meinen eigenen Recherchen auch schon.* Die Pflegerin dimmt das Licht und gibt mir etwas zu trinken. Ein starkes Schmerzmittel, es könne sein, dass es mir gleich leicht schummrig wird. *Egal, her damit!* Sie legt mir daraufhin eine Infusion und nimmt mir Blut ab. Ich mag es nicht, wenn man mir in den Venen herumstochert. Ich schaue weg. Wenn mir hier jemand gesagt hätte, dass dieses «Venen-Gestocher» bald zu meinem Alltag gehört, ich hätte wahrscheinlich Reissaus genommen. Anschliessend ist Warten angesagt. Warten, warten und nochmals warten.

Die Schmerzen lassen langsam ein bisschen nach, leider nicht ganz. Irgendwann sehe ich wieder das Gesicht des Arztes über mir. «Kann es sein, dass Sie HIV-positiv sind?», will er wissen.

Ich bin völlig perplex. «Nein, ich denke nicht, dass ich HIV-positiv bin», antworte ich irgendwie zögerlicher als gewollt.

«Haben Sie immer noch Schmerzen?», fragt er weiter.

«Ja, mein Kopf fühlt sich immer noch scheusslich an. Ok, etwas besser, sagen wir: Scheusslich in Watte gepackt.»

«No chli noche geh», sagt der Arzt daraufhin in seinem unverkennbaren Dialekt zu der Pflegerin und verschwindet abermals aus meinem Blickfeld. Ich kriege also nochmals einen kräftigen Schluck der ominösen Tropfen. Wow – jetzt bin ich definitiv high! Meine Mutter sitzt neben mir auf einem Stuhl, und ich kann ihr ansehen, dass sie sehr besorgt ist und sich fragt, was wohl mit ihrer Tochter los ist. Ich für meinen Teil bin einfach nur noch müde und möchte schlafen. Lange Zeit sehe ich niemanden mehr in der Kabine. Meine Mutter sitzt neben meiner Pritsche und harrt aus.

Sich endlos lange dahinziehende Minuten später erscheint er erneut, der schüchtern wirkende Arzt. «Es besteht der Verdacht einer Hirnhautentzündung», teilt er unvermittelt mit. «Und Sie sind HIV-negativ. Wir machen nun eine Lumbalpunktion. So können wir das Liquor, ihr Nervenwasser, untersuchen.»

Oh mein Gott, irgendwie klingt diese Lumbalpunktion bedrohlich. Jetzt zückt er auch noch eine Taschenlampe, zündet mir mit dem Lichtstrahl direkt in meine Augen und fordert mich auf, Turnübungen mit meinen Augäpfeln zu machen. Ich weiss genau, dass ich diese Übungen souverän machen muss, denn wenn nicht, fühlt er sich in seinem Hirnhautentzündungsverdacht bestätigt. Der Wille war da, leider machen meine Augen nicht wie gewünscht mit.

Inzwischen muss es gegen halb vier Uhr sein. Die erste Lumbalpunktion meines Lebens steht an. Ich muss mich auf den Pritschenrand setzen, er – der Arzt – malt Markierungen auf meinen nackten Rücken, um gleich mit einer Nadel zwischen meine Rückenwirbel zu stechen. Er macht das schon fast zärtlich. Auf jeden Fall ist die ganze Untersuchung halb so schlimm, wie sie klingt. Oder ob es an den Tropfen liegt?

Direkt nach der Punktion muss ich dringend zur Toilette. Also erhebe ich mich ganz selbstverständlich, nun gut, etwas ächzender als üblich, und watschle halb benommen und leicht schwankend in Richtung Toilette. Dass es sich empfiehlt, nach einer Lumbalpunktion noch einige Minuten liegen zu bleiben, habe ich erst viel später erfahren.

Anschliessend an das Pinkeln gibt es noch eine Computertomographie meines Schädels. Auch in den CT-Raum gehe ich selber. Na ja, irgendwie fühlt es sich eher an wie fliegen. *Ich muss unbedingt fragen, was für Tropfen das sind. Super, das Zeug! Die könnten mich eigentlich nach Hause lassen. Ich brauche einfach ein bisschen von den Tropfen, und dann geht das schon.*

Im CT-Raum muss ich mich auf einen schmalen Untersuchungstisch legen. Eine gestresst wirkende Frau montiert mir eine seltsame Konstruktion auf den Kopf. Sie schwafelt etwas von «viel zu tun, keine Zeit, still liegen bleiben» und verschwindet aus meinem Blickfeld. So liege ich also einfach da. Eine gefühlte Ewigkeit. Mir ist kalt. Der Untersuchungstisch verschiebt sich vorwärts und rückwärts, und das Gerät beginnt seltsame Geräusche zu machen. Irgendwann erscheint das Gesicht wieder und sagt: «Wir sind fertig, Sie können zurück auf den Notfall.» Ich stehe auf, schwanke. Vielleicht doch nicht so toll, diese Tropfen. Auf jeden Fall begleitet mich Frau «Ich-habe-so-viel-zu-tun» nun zurück in die Notfallkabine.

Dort geht das Warten weiter. Draussen im Gang wird es hektisch. Wahrscheinlich ein neuer Notfall. Ich bin in der Zwischenzeit kein Notfall mehr – ich habe ja die Tropfen.

Meine Mutter tut mir schrecklich leid. Sie hockt auf diesem unbequemen Stuhl, spricht beruhigend auf mich ein. Ich möchte sie beruhigen, ihr sagen, dass sicher alles halb so wild ist. Hirnhautentzündung, ich? Definitiv nicht. In meinem Delirium fällt mir ein, dass ich einmal gehört habe, dass man sein Kinn nicht mehr in Richtung Brust senken kann, wenn man Hirnhautentzündung hat. Genau, das ist die Lösung! Also veranstalte ich kurzerhand eine weitere kleine Turnübung. Voilà – das geht problemlos.

In den frühen Morgenstunden sagt meine Mutter, sie gehe nun zu mir nach Hause, sich ein bisschen hinlegen. Die Ärmste schläft fast im Stehen ein. Auch ich versuche zu schlafen.

Es muss kurz vor sechs Uhr gewesen sein, als er abermals die Kabine betritt, der schüchterne Arzt. Er zieht sich einen Stuhl neben meine Pritsche, setzt sich und sagt: «Das Liquor war nicht gut, der Verdacht einer viralen Meningitis hat sich bestätigt.» Weiter erzählt er noch etwas von erhöhten Proteinwerten im Liquor, Leukozyten, Lymphozyten – ich verstehe kein Wort. Und das liegt nicht an den Tropfen, denn ich bin plötzlich wieder ganz klar im Kopf (oder habe zumindest das Gefühl, es zu sein). «Komme ich jetzt in Quarantäne?», frage ich ihn. Irgendwo habe ich das wohl einmal aufgeschnappt. Hirnhautentzündung = Quarantäne. Zu Boden blickend erklärt er mir, dass das nicht nötig sei, da ich eben eine virale Meningitis hätte und keine bakterielle.

«Ah, dann kann ich jetzt nach Hause?»

«Nein.» Zum ersten Mal in dieser Nacht huscht ein Lächeln über seine Lippen. «Sie müssen hierbleiben. Jemand von der Station wird Sie abholen.» Sagt's, steht auf und verabschiedet sich auf Nimmerwiedersehen.

In der Zwischenzeit herrscht in den Gängen des Spitals deutlich mehr Betrieb als noch vor einigen Stunden. Der Tag erwacht, es ist Zeit für einen Schichtwechsel. Plötzlich, wie aus dem Nichts, erscheint ein mir noch unbekanntes Gesicht über mir. Eine Frau schaut auf mich herab. «Guten Morgen, Frau Zürcher. Ich bin die zuständige Oberärztin. Wie geht es Ihnen?»

«Es geht so.»

Auch bei ihr sind wieder Turnübungen mit den Augen angesagt, Ausschlag zeigen, etc. «Hat man ein EKG gemacht?», fragt die Oberärztin die sympathische Pflegerin, die nun ebenfalls in der Kabine steht.

«Nein, das hat er (ich nehme an, gemeint ist der schüchterne Arzt) nicht angeordnet.»

«Dann ordne ich das jetzt an!»

Meine Güte, da ist offensichtlich jemand mit dem falschen Bein aufgestanden.

Sie hört mein Herz und meine Lunge mit ihrem Stethoskop ab. «Wissen Sie, dass Sie ein nicht normales Herzgeräusch haben?»

Wuuum – aber hallo! Jetzt geben sie richtig Gas hier. Hirnhautentzündung, Herzgeräusch. Sonst noch was?

«Nein, weiss ich nicht.»

Die Pflegerin muss das EKG machen. Sie verkabelt mich, das Gerät funktioniert nicht. Erst nach dem x-ten Versuch klappt es endlich. Wie das EKG war, gut oder schlecht und ob das angebliche Herzgeräusch von Relevanz war, habe ich nie erfahren.

Zwischen EKG und Transport auf mein Zimmer rufe ich meine Mutter an und erzähle ihr alles. Ich bitte sie, mir im Verlaufe des Tages Kleider und meine Toilettensachen zu bringen.

Gegen halb acht Uhr werde ich von der Pritsche in ein normales Bett verfrachtet und von einer Pflegerin «meiner Station», meines neuen Zuhauses für die nächsten Tage, abgeholt. Während sie mich in den Patientenlift schiebt, will sie wissen: «Sind Sie verheiratet?»

«Öhm nein, weshalb? Hat das einen Einfluss darauf, in welches Zimmer ich komme?» Ich gebe es zu – diese Antwort habe ich wohl noch den Tropfen zu verdanken. Die Pflegerin plappert den ganzen Weg von sich. Dass sie eine leitende Position innehat, wieviel Verantwortung dies mit sich bringt, wie toll sie alles managt und dass sie bald nach Italien in die Ferien fährt. Genau das, was ich mit einer Hirnhautentzündung hören möchte. Irgendwie hatte ich mir das Begrüssungsprozedere anders vorgestellt.

Sie bringt mich schliesslich in ein grosses Zimmer auf der Abteilung der Inneren Medizin, ein Sechsbettzimmer. Ich bekomme den Fensterplatz, etwas abgeschottet von den anderen vier belegten Betten. Das Bett neben mir ist leer, worüber ich nicht unglücklich bin.

Ärztevisite. Eine noch sehr jugendlich wirkende Assistenzärztin und der offenbar zuständige Oberarzt erscheinen im Zimmer. Als erstes treten sie an mein Bett und fordern mich auf, meinen Ausschlag zu zeigen. Daraufhin gibt es viel Blablabla über meinen Kopf hinweg. Die eine links von meinem Bett, der andere rechts. Sprechen über mich, als wäre ich nicht da.

«Können Sie bitte direkt mit mir sprechen und dies so, dass ich auch etwas verstehe?», melde ich mich ziemlich rebellisch zu Wort. Ob das immer noch die Tropfen sind? Meine Äusserung kommt augenscheinlich nicht so gut an, doch die Assistenzärztin erklärt mir nun in einer für mich verständlichen Sprache, dass es sich bei meinen Krankheitssymptomen entweder um Borreliose oder FSME (Frühsommer-Meningoenzephalitis) handeln könnte. Beides wird ausgelöst durch einen Zeckenbiss.

Aber der Engel und die Medphone-Stimme haben gesagt, dass es kein Zeckenbiss ist. Und mein Hautarzt hat gesagt, dass ich eine atypische Gürtelrose habe, der Ausschlag nicht von einem Zeckenbiss herrührt.

Weiter erklärt mir die Assistenzärztin, dass mir nun nochmals Blut abgenommen wird. Dieses werde ins Labor geschickt und dann würden wir bis zirka kommenden Donnerstag Bescheid wissen, um welchen Erreger es sich handelt. Bis dahin erhalte ich intravenös verschiedene Medikamente gegen all die möglichen Erreger. Auch erhalte ich Doxycyclin in Tablettenform (später mehr dazu, was Doxycyclin ist).

Einverstanden, her mit dem Zeug. Ich will hier einfach so schnell wie irgendwie möglich wieder raus, gesund sein und eure Hilfe nicht mehr benötigen.

Nachdem die Visite zu Ende ist, falle ich in einen unruhigen Schlaf.

Irgendwann im Verlaufe des Nachmittags erscheinen meine Mutter und meine Schwester an meinem Bett. Sie bringen mir frische Kleidung und ein paar andere nützliche Utensilien. Auch mein Vater ruft an. Er, der nicht viel spricht. Auch heute nicht. Er macht sich Sorgen, und ich spüre, dass er an mich denkt. Es tut gut zu wissen, dass sie da sind.

Am Abend gibt es vor dem Schlafen eine Blutverdünnungsspritze. Nicht, dass ich mir zu allem bereits Vorhandenen auch noch eine Thrombose einfange, weil ich nur rumliege. Zack, rein damit – wie ein grobmotoriger Roboter sticht sie zu, die heute zuständige Pflegerin.

Wohl noch nie so eine Spritze bekommen, hm?

Mittwoch, 11. Juni 2014

Ich habe keine gute Nacht hinter mir. Kopfschmerzen, übelste Kopfschmerzen haben mich geplagt. Wieder gab es von den Tropfen, mehr als einmal – ich finde sie immer noch gut. Die Assistenzärztin kommt kurz zur Visite. Eigentlich ist sie ganz nett, wirkt ohne Begleitung des Oberarztes viel befreiter und zugänglicher. Sie nimmt sich viel Zeit und erklärt mir alles nochmals bis ins Detail.

Ansonsten versuche ich zu schlafen, beobachte das Treiben im Allgemeinen und stelle im Verlaufe des Tages erleichtert fest, dass ich mich etwas besser fühle. Was auch immer, etwas von den Medikamenten scheint zu wirken.

Donnerstag, 12. Juni 2014

Mein erster Gedanke, als ich am frühen Morgen meine Augen öffne ist: Heute kommen die Ergebnisse! So warte ich fieberhaft auf die Visite. Nur die Assistenzärztin erscheint, um mir mitzuteilen, dass sämtliche Ergebnisse negativ sind. Dass ich also weder an Borreliose noch an FSME erkrankt bin. Ich atme auf. Negativ tönt, wenn man im Spital liegt, immer gut. Beim zweiten Atemzug: *Halt! In dem Fall weiss man ja gar nicht, was ich habe, respektive warum diese virale Meningitis, wenn alles negativ ist, oder? Und was ist mit der angeblichen Gürtelrose?* Ich weiss in diesem Moment nicht mehr, was ich denken soll. Die Assistenzärztin scheint mir anzusehen, dass ich über ihre Mitteilung nur mässig erfreut bin. «Es ist so, dass wir in der Tat nicht genau wissen, was Ihrer Erkrankung zu Grunde liegt. Es gibt so viele Erreger, wichtig ist einfach, dass wir die gefährlichsten ausschliessen können. Und das haben wir nun getan. Sie müssen die Hirnhautentzündung und die Gürtelrose gut verheilen lassen, und dann steht dem Übergang zur Tagesordnung nichts im Wege.»

Sichtlich fasziniert stellt die Assistenzärztin daraufhin fest, dass der Ausschlag auf meinem Rücken beinahe verschwunden ist. Seit ich das Doxycyclin einnehme, kann man in der Tat fast zuschauen, wie er kleiner wird. Doch trotz Entwarnung auf allen Ebenen: Die Infusion bleibt noch, und auch nach Hause lassen wollen sie mich erst morgen. Bis dann hätte ich das Aciclovir, eines der Medikamente, sieben Tage lang erhalten, was einer vollen Therapiedauer entspreche. Das genannte Aciclovir war auch in den Tabletten, die mir mein Hautarzt am 7. Juni verschrieben hatte. Seit ich im Spital bin, erhalte ich die Substanz einfach nicht mehr in Tablettenform, sondern direkt in die Vene, intravenös. Es kann somit auch sein, dass der Ausschlag nicht wegen des Doxycyclins kleiner geworden ist, sondern wegen dem Aciclovir. An dieser Stelle eine kurze, einfach gehaltene Erklärung: Aciclovir wird unter anderem bei der Behandlung von Gürtelrose eingesetzt. Also ein Medikament, das bei *viralen* Erkrankungen helfen soll. Doxycyclin bekämpft *bakterielle* Infekte und wird unter anderem bei der Behandlung von Borreliose eingesetzt. Hier liegt der Unterschied, respektive die Frage: Viren oder Bakterien?

Ich sollte nie erfahren, welches Medikament denn nun gegen was geholfen hat, und heute spielt es auch überhaupt keine Rolle mehr.

Am Mittag bekomme ich Besuch von zwei Arbeitskolleginnen, worüber ich mich sehr freue. Die eine, mein Mami Nummer zwei, macht sich Sorgen. Sagt mir, sie kenne dieses Spital gut aus der Zeit, als ihre Mutter oft hier war. Ich solle einfach schauen, dass ich die bestmögliche Behandlung bekomme und ansonsten eine Verlegung in ein anderes Spital verlangen. In dem Moment tue ich ihren Ratschlag mit einem «Ja ja» ab. Später sollte ich noch oft an ihre Worte denken.

Draussen ist es heiss. Der Sommer hat begonnen. Ich schwitze und finde, dass es endlich wieder einmal Zeit für eine Dusche wäre. Meine Schwester hat versprochen, dass sie nach dem Mittag vorbeikommt und mir helfen wird. Denn bezüglich «duschen mit Infusion» bin ich noch recht unerfahren. Direkt an mein Zimmer angrenzend gibt es eine Toilette mit integrierter Dusche. Auch vom Gang her kann man diese Toilette betreten, also von zwei Seiten. Mit anderen Worten: Kreti und Pleti kann die Toilette benutzen. Ob Mann oder Frau spielt dabei keine Rolle. Als meine Schwester da ist, sage ich ihr, dass ich glaube, es alleine zu schaffen, sie solle einfach draussen warten und kommen, wenn ich rufe.

Vor dem Duschen muss ich dringend pinkeln. Ich setze mich auf die Toilette, pinkle los und schaue auf meine Füsse, die in Badelatschen stecken. Huch, die stehen ja in Urin! Oh mein Gott, wie peinlich. Ich habe daneben gepinkelt und stehe jetzt in meinem eigenen Urin! Ja – einen kurzen Moment habe ich das gedacht. Dann realisiere ich es: Es ist nicht mein Urin.

Nun brauche ich definitiv eine Dusche. Ich schrubbe mich fast wund, mir ist übel. Als ich schliesslich nach «Water Lily & Oil» rieche, fühle ich mich besser. Nach diesem Abenteuer kann ich es kaum noch erwarten, nach Hause zu kommen.

Am Abend wird mir die obligate Blutverdünnungsspritze – heute zum Glück wesentlich einfühlsamer – verabreicht. Draussen zieht ein heftiges Gewitter vorbei. Meine Mitbewohnerinnen scheint dies nicht zu stören, sie schnarchen alle friedlich vor sich hin. Ich schaue mir das WM-Eröffnungsspiel an, zumindest die erste Halbzeit, bei der zweiten döse ich weg.

Freitag, 13. Juni 2014

Es ist noch dunkel draussen, als ich aufwache, doch ich finde keinen Schlaf mehr. Denn heute, heute darf ich endlich wieder nach Hause! Richtig gesund fühle ich mich nicht. Ich habe zwar keine Kopfschmerzen mehr, doch irgendwie bin ich heute wieder total schlapp, ich habe das Gefühl, dass etwas nicht stimmt. Die Erklärung für meinen Zustand finde ich jedoch schnell: Hirnhautentzündung und Gürtelrose – bis ich mich davon erholt habe, wird es noch eine Weile dauern.

Anlässlich der Ärztevisite erscheinen die Assistenzärztin, der Oberarzt sowie ein weiterer Mann in weissem Kittel. Natürlich will auch er meinen Rücken sehen. Obwohl von dem Ausschlag fast nichts mehr zu sehen ist, wird darüber diskutiert. Wieder schwirren x Fachausdrücke über meinen Kopf hinweg. Wie Tennisbälle – links, rechts, links, rechts. Irgendwann sagt die Assistenzärztin zu dem heute das erste Mal anwesenden Arzt:

«Ah, du meinst Flöhe und Läuse?»

«Was? Ich habe Flöhe und Läuse?»

Lautes Gelächter. Immerhin habe ich nun die Aufmerksamkeit der drei Ärzte. Die Assistenzärztin erklärt mir daraufhin, dass der Ausschlag und die Hirnhautentzündung vermutlich keinen Zusammenhang haben. Ersterer weise auf eine Tularämie hin.

«Tula was?», frage ich.

Nun kommt der neue Arzt ins Spiel. Mit viel Tamtam klärt er mich auf. Was mir von seiner Erläuterung geblieben ist, ist dass diese Tularämie eine eher seltene Infektionskrankheit ist, deren Verlauf ein übles Ende nehmen kann. Da das für die Tularämie verantwortliche Bakterium (francisella tularensis) auch als biologische Waffe eingesetzt werden kann, ist die Erkrankung in der Schweiz seit 2004 beim Bundesamt für Gesundheit (BAG) zu melden. Umgangssprachlich wird die Tularämie auch als Hasenpest bezeichnet. Scheint also eine ernsthafte Sache zu sein.

Als der Hasenpest-Spezialist sein belehrendes Plädoyer abgeschlossen hat, ist auch die Visite zu Ende. Ich kann also – trotz Verdacht auf meldepflichtige Hasenpest – nach Hause.

«Sie erhalten per Post einen Termin bei unserem Tularämie-Spezialisten, er will Sie in zirka zehn Tagen nochmals sehen», sagt mir die Assistenzärztin noch. «Zudem habe ich Ihnen für heute Nachmittag einen Termin bei Ihrem Hautarzt organisiert. Er wird eine Hautbiopsie des Ausschlags machen. Und machen Sie bitte für nächste Woche einen Termin bei Ihrem Hausarzt. Er kann dann betreffend Ihrer Arbeitsfähigkeit entscheiden. Von uns werden Sie vorerst bis zum 17. Juni zu hundert Prozent krankgeschrieben.»

Auch der Oberarzt möchte die Visite nicht ohne Bemerkung beenden: «Sie müssen darauf achten, dass Sie direktes Sonnenlicht vermeiden. Das Doxycyclin wirkt fototoxisch, das heisst, es kann bereits nach kurzer Sonneneinstrahlung zu starken Hautreaktionen und Verbrennungen kommen.»

Beim Verlassen des Zimmers höre ich, wie der Hasenpest-Spezialist zum Oberarzt sagt: «Das nächste Mal hätte ich eine solche Patientin gerne bei mir.»

Der belehrt also nicht nur mich, denke ich grinsend.

Nachdem ich wieder alleine bin, gehen mir viele Gedanken durch den Kopf. Viele offene Fragen beschäftigen mich. Weshalb lassen die mich jetzt nach Hause, wenn ich eine solch komische Infektionskrankheit haben soll? Weshalb muss ich nochmals zu dem Spezialisten? Was ist denn jetzt mit der angeblichen Gürtelrose? Und die Hauptfrage: Weshalb jetzt noch eine Hautbiopsie machen? Der Ausschlag ist weg, kaum noch was zu erkennen. Hätte man das nicht früher machen sollen?

Am Mittag wartet ein leckeres, üppiges Mittagessen auf mich. Eine gute Freundin von mir hat sich gedacht, sie könnte mir ein Essen anstelle von Blumen schenken, was ich eine tolle Idee finde. Denn Essen kann ich gerade wirklich gut gebrauchen. Mein Gewicht ist zwar aktuell stabil, aber für die Menge, die ich esse, sollte ich eigentlich an Gewicht zulegen.

Nach dem Essen beginne ich, meine Sachen zu packen. Was sich alles ansammelt in ein paar Tagen Spital, unglaublich. Als ich fertig gepackt habe und auf dem Bettrand sitzend auf meine Mutter warte, erscheinen zwei Pflegerinnen. Sie bringen ein Spitalbett mit, in dem eine Frau mit weissem Haar liegt. Kurzerhand wird beschlossen, dass die Frau meinen Platz am Fenster bekommen soll. Mit anderen Worten: Es wäre ganz gut, wenn ich mich jetzt in Luft auflösen könnte. Schüchtern setze ich mich auf einen Stuhl in eine Ecke. Niemand beachtet mich. Mein Bett wird weggeschoben, das neue Bett hingeschoben, ein Hin und Her par excellence. Zuletzt erscheint auch noch die Tochter der alten Frau und fängt an, sich auszubreiten. Ich spüre richtig, dass ich im Weg bin. Die Situation ist mir sehr unangenehm. Ich überlege, ob ich meine Sachen nehmen und unten beim Empfang warten soll. Während ich noch überlege, geht die Türe auf und meine Mutter kommt herein. Sofort erkennt sie die Situation. Sie wird wütend. Ich beschwichtige sie und bitte sie, nichts zu sagen. «Lass uns einfach hier verschwinden», flüstere ich ihr zu.

Bei mir zu Hause angekommen, will ich als allererstes nur eines: duschen.

Als ich geduscht habe, fahren wir los, um pünktlich in der Praxis meines Hautarztes zu sein. Schon auf dem kurzen Weg bis zum Auto meiner Mutter bemerke ich, dass ich mich kaum noch auf meinen Beinen halten kann. Der ganze Tag bis hierhin war bereits zu viel an Anstrengung und Eindrücken. Auch mein Kopf beginnt erneut fürchterlich zu schmerzen. Einmal mehr lautet das Motto deshalb: auf die Zähne beissen!

Im Wartezimmer des Hautarztes strahlt grelles Licht von der Decke. Mein Kopf dröhnt. Ich sitze auf dem Stuhl, mein Gesicht in den Händen vergraben, muss mich zusammenreissen, dass ich nicht vornüber auf den Boden knalle. Die Ohnmacht ist nah. Schliesslich bittet mich die Praxisassistentin in den Behandlungsraum. Da ich wahrscheinlich die Farbe von Kreide habe, sagt sie, ich solle mich doch bitte hinlegen.

Als mein Hautarzt erscheint, raffe ich mich auf und setze mich hin. Soviel Anstand muss sein. Wie immer ist er sehr nett. Er sagt, er habe sich Gedanken darüber gemacht, ob er mich am 7. Juni unterbehandelt habe. Aber aufgrund der damaligen Situation sei seine Annahme naheliegend gewesen. Diese Aussage macht ihn für mich sehr sympathisch. Ich schätze es, wenn Menschen ihre Handlungen sowie ihre Entscheidungen hinterfragen können.

Doch ich bin nicht zum Reden gekommen, sondern für die Hautbiopsie. Als ich meinen Rücken freimache, wirkt er etwas verwirrt. «Da sieht man ja gar nichts mehr. Wo soll ich denn da noch eine Biopsie machen?»

«Ja, seit ich das Doxycyclin genommen habe, ist der Ausschlag verschwunden. Wobei ich so viele verschiedene Medikamente erhalten habe, dass es fraglich ist, was wirklich geholfen hat.» Ich erzähle ihm auch, dass man nun eine Tularämie vermutet, dass diese für den Ausschlag verantwortlich sei. Er runzelt die Stirn, sagt, den Begriff «Tularämie» habe er schon gehört, sage ihm jedoch so spontan nicht viel.

Schlussendlich macht er dann doch am rechten äusseren Rand meines Rückens die Biopsie. «Das wird leider eine Narbe geben», sagt er fast entschuldigend.

Der Eingriff schmerzt überhaupt nicht und ist im Nu vorbei. Der Hautfetzen werde nun eingeschickt, untersucht und dann heisst es abwarten, ob die Tularämie bestätigt wird oder ob sonst etwas Brauchbares dabei rauskommt. Das Resultat werde mir entweder der Spezialist des Spitals mitteilen oder eventuell schon früher mein Hausarzt.

Als ich wieder zu Hause bin, gibt es nur noch eines für mich: Schlafen!

Samstag, 14. bis Montag, 16. Juni 2014

Ich bin froh, wieder zu Hause zu sein und geniesse meine eigenen vier Wände. Viel unternehme ich nicht. Etwas lesen, etwas Fernsehen (es ist ja immerhin Weltmeisterschaft in Brasilien), doch beides sehr dosiert. Nach wie vor verspüre ich nämlich Kopfschmerzen, wenn ich meinem Hirn zu viel an Eindrücken zumute. Und an die Sonne darf ich auch nicht wegen des Doxycyclins. Das alles macht mir relativ wenig aus – ich bin einfach froh, nicht mehr im Spital sein zu müssen.

Dienstag, 17. Juni 2014

Heute läuft das von den Ärzten des Spitals ausgestellte Arztzeugnis ab. Ich fühle mich in keiner Art und Weise fähig, zur Arbeit zu gehen, weshalb ich froh bin, dass ich heute einen Termin bei meinem Hausarzt habe.

In dessen Praxis wird mir als erstes Blut abgenommen. Dann heisst es warten, das gehört bei Ärzten einfach dazu, und endlich kommt er mich abholen. Oft war ich in der Vergangenheit nicht hier, doch ich freue mich immer, wenn ich ihn sehe. Ich mag die Art und Weise, wie er mit seinen Patientinnen und Patienten umgeht. Er kommuniziert auf eine gute, sehr menschliche und vor allem verständliche Art und Weise. Man spürt sein grosses Fachwissen, wobei er nicht damit prahlen muss und nicht mit Fremdwörtern um sich schlägt wie andere Ärzte. Er zeigt stets Verständnis, sagt einem aber auch ganz klar und ohne Umschweife seine Meinung. Wirklich ein toller Arzt, ein toller Mensch, wie ich finde.

Er will wissen, wie es mir geht, scheint über meine ganze Vorgeschichte gut informiert zu sein.

«Ich fühle mich etwas besser», sage ich. Ich erzähle ihm, dass ich sehr schnell ermüde und Mühe habe, mich zu konzentrieren. Auch mein Rücken schmerzt ab und zu noch ziemlich, obwohl der Ausschlag weg ist. Auch sage ich ihm, dass ich mit meiner eigenen Ungeduld zu kämpfen habe. Dass ich einfach wieder «richtig» gesund sein möchte. Er ermahnt mich, geduldig mit mir und meinem Körper zu sein.

«Was Sie hatten – die Hirnhautentzündung – (die Tularämie ist noch nicht bestätigt) war nichts Harmloses. Sie müssen sich schonen und sich gut Sorge tragen. Die Hirnhautentzündung muss vollständig abklingen, ansonsten kann es zu chronischen Kopfschmerzen kommen», erklärt er mir sehr bestimmt. Auch sagt er mir, das Blutbild sei noch nicht optimal, ich hätte noch leicht erhöhte Leukozyt-Werte.

«Was sind denn diese Leukozyten genau?», will ich wissen. *Da hat doch damals schon der schüchterne Arzt auf dem Notfall davon gesprochen.*

«Die Leukozyten sind die weissen Blutzellen. Diese machen für den Organismus unverträgliche Stoffe beziehungsweise Krankheitserreger unschädlich», erklärt er mir.

Ach so, meine hauseigene Armee also. Wieder etwas dazu gelernt. Ich erhalte zum Schluss einen neuen Termin und bin für weitere zwei Wochen zu hundert Prozent arbeitsunfähig geschrieben.

Mittwoch, 18. bis Sonntag, 22. Juni 2014

Ich versuche, mich von den ganzen Strapazen der letzten Wochen zu erholen. Kolleginnen, Verwandte und Bekannte kommen mich besuchen, worüber ich mich sehr freue. Etwas Kontakt zur Aussenwelt, Ablenkung. Die einen oder anderen bemerken aber nicht, dass ich nach zirka einer Stunde überhaupt nichts mehr mitbekomme, nicht mehr zuhöre, was sie mir alles erzählen. Zu schnell werde ich noch müde, und mein Hirn scheint an einen Zeitschalter gekoppelt zu sein, der nach einer Stunde abschaltet. Ich sitze dann jeweils einfach da, sage ab und zu «Hm», «Ja», «Nein» und nicke – viel zustimmend nicken, das ist sehr wichtig! Schnell lerne ich, dass dieses Verhalten bei vielen meiner Mitmenschen absolut genügt. Hauptsache, sie können von sich sprechen und jemand sitzt daneben. Egal, ob diese Person zuhört oder nicht.

Ich beginne, viel über das menschliche Verhalten, auch über mein Eigenes, nachzudenken.

Am Samstag fühle ich mich körperlich wieder schlechter als die Tage zuvor. Ein mir bis dahin unbekanntes Empfinden ergreift Besitz von mir. Doch da ich zu dem Zeitpunkt noch über das grosse Talent des Verdrängens verfüge, kommt dieses einmal mehr zur Anwendung.

Montag, 23. Juni 2014
Heute habe ich einen weiteren Termin bei meinem Hausarzt. Das gleiche Prozedere wie letztes Mal erwartet mich. Blut abzapfen – warten – besprechen. Wieder will er wissen, wie es mir geht. Ich traue mich fast nicht, ihm die Wahrheit zu sagen. Ich glaube, ich habe etwas gestammelt von: «Seit Samstag fühle ich mich irgendwie wieder schlechter, keine Ahnung.» *Der denkt jetzt sicher, dass du einen Totalschaden hast,* höre ich meine innere Stimme sagen. Aber nein, mein Hausarzt zeigt, zu meiner grossen Erleichterung, Verständnis. Etwas Positives kann ich ihm trotz allem berichten: Ich bemerke, dass die Schmerzen im Rücken nachlassen. Es zwickt nur noch sehr selten. Immerhin etwas!

Auch mein Hausarzt hat eine gute Nachricht für mich: In der Hautbiopsie war nichts nachweisbar, sprich keine dieser Tularämie-Bakterien. Ich fühle mich, als ich das höre, schlecht. Schon wieder ein Negativ-Bescheid. Sprich, immer noch ist unklar, was mit mir los ist. Mein Hausarzt scheint zu spüren, wie ich mich fühle. «Es gibt so viele Viren und Bakterien – wir kennen niemals alle. Wichtig ist nur, dass wir die gefährlichsten ausschliessen können», versucht er mich zu beruhigen. Ich mag nichts mehr erwidern. Was würde es bringen? *Ich werde jetzt einfach wieder gesund und dann spielt es keine Rolle mehr, welchem Bakterium oder welchem Virus ich die ganze Geschichte zu verdanken habe.* Zum Schluss frage ich ihn nur noch, wie denn meine Blutwerte heute sind. Ich erhalte keine klare Antwort, habe den Eindruck, dass er mir ausweicht.

Donnerstag, 26. Juni 2014

Um dreizehn Uhr dreissig habe ich den Termin beim Hasenpest-Spezialisten. Seit dem Besuch bei meinem Hausarzt hat sich mein Gesundheitszustand nochmals deutlich verschlechtert. Des Öfteren verspüre ich nun wieder starke Kopfschmerzen, obwohl ich mein Hirn in den letzten Tagen wirklich extrem geschont habe. Wobei mir die Kopfschmerzen, ehrlich gesagt, nur mässig zu denken geben. Vielmehr zu denken gibt mir, wie ich mich sonst fühle. Ich finde kein Wort, das dieses Gefühl am besten beschreiben könnte. Doch folgender Vergleich trifft es, glaube ich, am besten: Ab und zu fühlt es sich an, als befände ich mich in einem freien Fall. Als würde mein ganzes System – wie ein Computer – herunterfahren, um kurz vor dem Kollaps neu gebootet zu werden.

Meine Schwester holt mich ab und fährt mich ins Spital. Der zwanzigminütige Fussmarsch wäre in meinem aktuellen Zustand ein Ding der Unmöglichkeit. Im Wartezimmer des Spitals fühle mich abermals absolut erbärmlich. Müde, schwach, wacklig auf den Beinen – *was ist nur los mit mir?*

Ich bin froh, als der Spezialist erscheint und mich mit in sein Büro nimmt. «Frau Zürcher, wie geht es Ihnen?», will er wissen. Ich erzähle in wenigen Worten, dass ich mich nach der Entlassung aus dem Spital etwa sieben Tage lang besser gefühlt habe, es seither aber von Tag zu Tag wieder schlechter geworden ist. Während ich erzähle: In mir freier Fall. *Bitte rechtzeitig booten,* flehe ich meinen Körper an. Ich will hier auf gar keinen Fall ohnmächtig werden.

Dem Hasenpest-Spezialisten scheint nicht zu gefallen, was er von mir hört. Er holt sich einen Notizblock und einen Stift. «Bitte erzählen Sie mir nochmals von Anfang an alles, was passiert ist», fordert er mich auf. *Machst du Witze?*, möchte ich ihn am liebsten fragen. *Jetzt war ich hier im Spital, deine Kollegen haben an mir rumgedoktert, du bist sogar einmal auf Visite gekommen und fragst mich, was genau alles passiert ist?* Nun ja, ich erzähle es ihm.

Nachdem ich meine Ausführungen beendet habe, meint er: «Ich möchte Sie gerne hierbehalten. Für mich klingt es wirklich nach einer Tularämie. Zwar hat die Hautbiopsie keine Bestätigung gegeben, doch dass sich ihr Gesundheitszustand nach sieben Tagen wieder verschlechtert hat, spricht eben für die Tularämie.» Weiter erklärt er mir irgendetwas von wegen, dass sich diese francisella tularensis Bakterien verstecken könnten, und als das Doxycyclin nicht mehr gewirkt habe (Doxycyclin wird eben auch zur Behandlung der Hasenpest eingesetzt), hätten sie sich reaktiviert.

Das klingt ja wie in einem Science-Fiction-Film! Bald kriechen wohl noch kleine grüne Männchen aus meinen Ohren. Ich muss mir trotz meines schlechten Allgemeinzustandes ein Grinsen verkneifen.

«Ich beabsichtige, Ihnen eine Doxycyclin-ähnliche Substanz zu geben, aber eben intravenös, was die Wirksamkeit deutlich erhöht», fährt er fort.

Wirklich alles, was er von sich gibt, verstehe ich nicht. Hauptsache, er unternimmt etwas. Mein Retter in der Not. Er schaut nun, dass es mir bald besser geht.

«Kann ich noch kurz nach Hause, meine Sachen packen gehen?»

«Wir legen Ihnen jetzt sofort eine Infusion. Danach können Sie von mir aus noch kurz nach Hause.» Er telefoniert, woraufhin eine Pflegerin erscheint. Sie führt mich in ein Nebenzimmer, wo ich mich auf eine – mir zwischenzeitlich gut bekannte – Pritsche legen soll. Ich habe wiederum fürchterliche Kopfschmerzen und bitte die Pflegerin, das Licht zu löschen oder es zumindest ein bisschen zu dimmen. Erneut gibt es das obligate Venen-Gestocher, eine Infusion wird gelegt. Auch der Hasenpest-Spezialist erscheint im Raum.

«Kann ich jetzt kurz nach Hause?», frage ich. «Ja», lautet seine Antwort und «Nein» jene der Pflegerin. Na toll! Sie beginnen zu diskutieren. Die Rangordnung scheint jedoch ziemlich klar zu sein: Das Weibchen gewinnt. Ich darf also nicht mehr nach Hause.

Der Spezialist verschwindet, um mit meiner Schwester zu sprechen. Später hat sie mir folgendes erzählt: «Er kam ziemlich nachdenklich in den Warteraum. Ich habe ihn gefragt: ‹Geht es ihr nicht gut?› Seine Antwort sei gewesen: ‹Nein, gar nicht gut.›»

Während der Hasenpest-Spezialist mit meiner Schwester spricht, erklärt mir die Pflegerin, weshalb sie nicht will, dass ich jetzt noch nach Hause gehe. «Wenn irgendetwas passiert, ein Infekt oder was auch immer, will ich nicht die Schuldige sein.» Sie sichert die Infusion, indem sie diese mit einem blauen, selbstklebenden Verband umwickelt. «So, ich bringe Sie jetzt auf die Notfallstation», sagt sie, als sie ihr blaues Kunstwerk fertiggestellt hat. Ich klammere mich an den Infusionsständer und gehe, ihr folgend, unsicher los. Am liebsten würde ich mich in einen Rollstuhl setzen, selbstverständlich bin ich aber viel zu stolz, um darum zu bitten. Auf halbem Weg kommen wir am Warteraum vorbei, wo meine Schwester sitzt. Sie steht auf und begleitet uns. Auch der Hasenpest-Spezialist erscheint abermals. «Sie kommen jetzt auf den Notfall für die weiteren Abklärungen», sagt er zu mir. Ich bin ihm so dankbar und absolut sicher, dass er sich jetzt darum kümmern wird, dass es mir wieder besser geht und ich vor allem endlich erfahre, was mit mir los ist. Hätte mir hier jemand gesagt, dass dies das letzte Mal ist, dass ich ihn zu Gesicht bekomme – ich hätte vehement den Kopf geschüttelt und gesagt: Niemals!

Mit dem Lift geht es ein, zwei Stockwerke tiefer, durch mir endlos erscheinende Gänge. Zum Glück begleitet uns die

Pflegerin, ohne sie hätten wir uns in dem Labyrinth bestimmt verirrt. Beim Warteraum der Notfallstation angekommen, fordert mich die Pflegerin auf, mich zu setzen, zu warten und verabschiedet sich von meiner Schwester und mir. Ich sitze da, ein Häufchen Elend, klammere mich immer noch Halt suchend an meinen Infusionsständer. Zum Glück ist es für einmal nur eine kurze Wartezeit. Da steht sie vor mir – die sympathische Pflegerin vom 10. Juni, die damals Nachtschicht mit dem schüchtern wirkenden Arzt hatte. Sie lacht mich an. Mir fällt ein Stein vom Herzen. Sie fragt, ob es mir noch nicht besser gehe und will wissen, was in der Zwischenzeit alles passiert ist. Während ich erzähle, bringt sie mich wieder in eine dieser Notfallkabinen. Ich darf mich hinlegen, endlich. Und dieses Mal ist es sogar ein richtiges Bett! Keine dieser unbequemen Pritschen. Mein Kopf schmerzt fürchterlich, mir ist flau im Magen. Nachdem die obligate Notfall-Verkabelung fertiggestellt ist und ein Apparat meine Herztöne wiedergibt, verlässt meine Lieblingspflegerin die Kabine. Meine Schwester (natürlich Lieblingsschwester) ist bei mir. Einmal mehr bin ich sehr froh, nicht alleine zu sein.

Nach einer Weile erscheint ein Pfleger in der Kabine. Er will von mir wissen, als wie stark ich meine Schmerzen auf einer Skala von eins bis zehn bezeichnen würde. Definitiv nicht meine Lieblingsfrage. *Eine Neun,* sagen tue ich: «Etwa sechs bis sieben.»

Kommentarlos nimmt er meine Antwort zur Kenntnis und verschwindet wieder aus der Kabine, um nach wenigen Minuten mit einem kleinen Trinkbecher zurückzukehren. Der Inhalt des Bechers: meine geliebten Tropfen! *Sie schicken mich also wieder auf einen Trip.* Meine Kopfschmerzen sind erneut so stark, dass ich die Tropfen dankend trinke. Im Bett liegend, die Decke anstarrend warte ich darauf, dass die Wirkung einsetzt. *Bitte, wirkt!* Doch inzwischen scheinen auch meine geliebten Tropfen nicht mehr genügend stark zu sein, um mir Linderung zu verschaffen. Die Kopfschmerzen bleiben – einfach ein kleines bisschen erträglicher – und auch der Zustand des totalen Unwohlseins im eigenen Körper geht nicht weg. Immer wieder erscheint Personal des Spitals in meiner Kabine. Sie schauen nach mir und messen meinen Blutdruck. Dieser ist stabil, vielleicht ein bisschen zu hoch für mein Alter. Auf mich wirkt das ganze Szenario so, als wüsste niemand so recht, was mit mir anzufangen ist.

Eine gefühlte Ewigkeit später erscheint eine nervös und unglaublich unsicher wirkende Assistenzärztin. Sie untersucht mich, schaut sich meinen Rücken an – wo kein Ausschlag mehr zu erkennen ist – hört Herz und Lunge ab und fordert mich auf, die mir bereits bestens bekannten Turnübungen mit meinen Augen zu machen. Dieses Mal geht es besser, besser als damals beim schüchternen Arzt. Ich bin ganz zufrieden mit meiner heutigen turnerischen Leistung. «Der Tularämie-Spezialist hat eine weitere Hautbiopsie angeordnet, ich weiss jedoch nicht, wo wir die machen sollen», sagt sie hilflos zu mir. *Was fragst du mich? Du bist die Ärztin!* Ich zeige ihr daraufhin, wo mein Hautarzt die erste Biopsie gemacht hat. Sie nickt und verschwindet wieder aus der Kabine. Ich höre, wie draussen im Gang über mich gesprochen wird. Jemand sagt: «Er ist schon nach Hause gegangen, ich kann ihn nicht erreichen», und eine andere Stimme: «Wir müssen ihn fragen, was wir tun sollen.» Hätte ich noch die Kraft dazu gehabt, wäre ich wohl einfach aufgestanden und nach Hause gegangen.

Nachdem eine weitere Stunde vergangen ist und unterdessen neben meiner Schwester auch meine Mutter bei mir ist, bekomme ich wieder Besuch von der Assistenzärztin. «Wir haben den Tularämie-Spezialisten nun erreicht. Er hat bestätigt, dass er eine zweite Hautbiopsie will, und er hat auch eine weitere Lumbalpunktion angeordnet.»

Zum Glück bin ich mit beiden Untersuchungen bereits vertraut, weiss, dass sie gut zu ertragen sind. Eine Pflegerin schmiert mir direkt neben der Narbe der ersten Biopsie eine Salbe ein, welche die Stelle betäuben wird, wie sie mir erklärt. Wenige Minuten nach dem Einschmieren der Salbe steht er vor mir: Räuber Hotzenplotz. *Oje, die Tropfen scheinen doch stärker zu wirken, als ich gedacht habe, wenn ich jetzt schon den Hotzenplotz vor mir sehe.* Angeschrieben ist der Mann allerdings nicht mit Hotzenplotz, sondern mit Oberarzt. Er wirkt total entnervt, sagt knapp: «Guten Tag. Zeigen Sie mal den Ausschlag.» Ich sage ihm, dass man nichts mehr sehen kann, der Ausschlag schon lange verschwunden ist. Diese Tatsache scheint seine Laune nicht zu verbessern. «Wie macht man so eine Biopsie?», fragt er energisch in die Runde. Zwischenzeitlich sind neben der Assistenzärztin auch drei Pflegerinnen im Zimmer anwesend. Auf seine Frage erhält der Oberarzt keine Antwort. «Drehen Sie sich bitte auf den Bauch», fordert er mich auf. Ich gehorche. Meine Mutter und meine Schwester bittet er, den Raum zu verlassen.

Als sich das Stanzwerkzeug, mit dem man den Hautfetzen herausschneidet, in mein Fleisch bohrt, schreie ich laut auf. Mein schmerzerfüllter Schrei hallt durch die Gänge der Notfallstation, die Zeit scheint für einen kurzen Augenblick still zu stehen. Tränen schiessen mir in die Augen. *Nicht weinen, ja nicht weinen!* Leider habe ich mich in dem Moment nicht unter Kontrolle. Die Tränen laufen mir in Strömen über die Wangen. Zum Glück kann ich mir ein lautes Schluchzen verkneifen. Immerhin etwas. Mein Schrei und meine Tränen scheinen den Oberarzt nicht im Geringsten zu beeindrucken. Mich dünkt es sogar, als zerre er noch stärker, noch energischer an dem Werkzeug. Ich spüre jede einzelne Hautfaser reissen. Erst später fällt mir ein, dass ich vor Jahren in der Schule gelernt habe, dass es im Mittelalter eine Hinrichtungsmethode gab, die sich Häuten oder Schinden genannt hat. Dabei wurde einem Menschen – bei vollem Bewusstsein – mit einem Messer die Haut vom Körper abgezogen. Genau das passiert hier gerade, wenn auch in einer viel kleineren Dimension. Dieser Oberarzt zerrt mir bei lebendigem Leibe ein Stück Haut ab.

In meinen Schmerz mischt sich Wut. Am liebsten würde ich ihn anschreien und ihm sagen, was ich von ihm und seinem Auftritt hier halte. Doch die Tropfen sind bekanntlich auch nicht mehr das, was sie einmal waren. Ich sage nichts. Nachdem er die Hautbiopsie gemacht hat – die Vermutung liegt nahe, dass es die allererste seiner Karriere war – darf eine der anwesenden Pflegerinnen die Wunde versorgen. Während sie ein Pflaster auf die Verwundung klebt, schaut sie mich mitleidig an und murmelt: «Entschuldigung.»

Wer nun denkt, das Thema «Hotzenplotz» sei hiermit abgehandelt, hat sich zu früh gefreut. Dies war leider erst der Anfang.

Während die immer noch schmerzende Wunde versorgt wird, montiert sich der Oberarzt einen Mundschutz und ein Paar Latexhandschuhe. «So, wir machen nun die Lumbalpunktion», teilt er mir unvermittelt mit und bittet mich, mich auf meine linke Körperseite zu drehen – sprich, ihm den Rücken zuzukehren.

«Bei der letzten Punktion durfte ich mich auf den Bettrand setzen», habe ich die Frechheit zu sagen. Er teilt mir relativ unmissverständlich mit, was er von meiner als Frage gemeinten Äusserung hält. Nämlich nichts! Also gehorche ich einmal mehr und lege mich wie gewünscht hin. Da ich dem Oberarzt gegenwärtig meinen Rücken zudrehe, kann ich nur noch seine Stimme hören. Ich höre, wie er mit der bislang schweigend anwesenden Assistenzärztin spricht. Er erklärt ihr, wie die Lumbalpunktion gemacht wird, wo sie in mich stechen muss. «Es ist ein ganz Zartes, da müssen wir die kleinste und feinste Nadel nehmen.» Seine Stimme hat einen unverkennbar lächerlichen Unterton. Jetzt wäre es bereits das erste Mal praktisch gewesen, wenn ich ihm nicht meinen Rücken zugedreht hätte. Zu gerne hätte ich ihn böse angefunkelt und ihm gesagt: «*Es* war vor fünfzig Jahren, Herr Oberarzt». Situationsbedingt denke ich mir nur ein wüstes Schimpfwort und sage nichts.

Nach einer gefühlten Ewigkeit spüre ich, wie die Assistenzärztin die Nadel ansetzt. «Nein, nicht hier», fährt er energisch dazwischen. So geht es einige Male hin und her, bis sie endlich zusticht. Wieder ein fürchterlicher Schmerz. Klar, das letzte Mal war ich total zu gedröhnt von den Tropfen. Mag schon sein, dass die ganze Untersuchung ohne Tropfen (oder ohne gut wirkende Tropfen) schmerzhafter ist. Doch was dann folgt, gleicht einer Odyssee. Sie kriegt es einfach nicht hin. X-Mal versucht sie, die Nadel so zu positionieren, dass sie an meine Nervenflüssigkeit kommt. Nichts passiert. *Haha, ihr könnt mich mal*, scheint sich mein Liquor da gedacht zu haben. Der Oberarzt wird wütend und ist nicht gerade freundlich zu der Assistenzärztin. Ich beginne schon zu denken, dass das heute wohl nichts mehr wird. Da höre ich ihn sagen: «Da ist sie ja!» Ich nehme an, er meint meine Nervenflüssigkeit. Wie eine Kuh werde ich gemolken, alles geht ziemlich zügig.

Als ich bereits wieder auf dem Rücken liege fragt er mich: «Möchten Sie Ihr Liquor sehen, Frau Zürcher?»

«Hm, warum nicht?» lautet meine leicht genervte Antwort. Also beugt er sich über mich, kommt mir dabei näher als mir lieb ist und hält mir das kleine, einem Reagenzglas ähnliche Gefäss vor die Augen. «Das Liquor ist klar, keine Verfärbungen, die auf Eiter hinweisen», erklingt seine Stimme. «Das ist bestimmt keine Hirnhautentzündung. Trinken Sie einfach ein bisschen Coca-Cola, das darin enthaltene Koffein wirkt auch bei Kopfschmerzen.»

Noch heute spüre ich beim Niederschreiben dieses Satzes die blanke Wut in mir hochsteigen. Wie bitte? Bestimmt habe ich mich verhört. Nein, kein Oberarzt dieser Welt würde so einen Müll von sich geben. Doch falsch gedacht. Mit einem süffisanten Grinsen wiederholt er den Satz nochmals. Ich kann nichts darauf erwidern. Hätte ich es getan, ich hätte wohl sofortiges Hausverbot in dem Spital erhalten. Wobei das, rückblickend, gar nicht so schlimm gewesen wäre.

Der Oberarzt und seine Sklavin verschwinden zügig aus der Notfallkabine. Ich sage in wütendem Ton zu den immer noch im Zimmer anwesenden Pflegerinnen: «Der wäre mal gescheiter Metzger geworden!» Über jedes einzelne Gesicht huscht ein Lächeln, und eine sagt: «Die Salbe muss mindestens sechzig Minuten wirken, damit eine Stelle unempfindlich wird.» Mir laufen die Tränen nun in Bächen über die Wangen. Meine Mutter und meine Schwester kommen in die Kabine gestürmt und haben beide feuchte Augen. Offensichtlich war mein Schrei weithin hörbar. Sie leiden mit mir.

Es dauert ziemlich lange, bis ich mich einigermassen beruhigen kann. Noch nie in meinem bisherigen Leben hat mich ein Mensch dermassen erniedrigt. Ich fühle mich, als wäre ich ein zartes Püppchen, das wegen ein bisschen Kopfschmerzen ein Riesentheater veranstaltet.

Nachdem ich mich endlich etwas beruhigt habe, nehme ich mein Smartphone zur Hand und google nach der Creme, die bei der Hautbiopsie verwendet wurde. Folgenden Satz finde ich unter anderem:

Die Anwendung der anästhesierenden Salbe hängt vom konkreten Einsatzort ab. Bei der Anwendung auf der Haut ist zu beachten, dass das Medikament etwa eine Stunde vor dem Eingriff aufgetragen werden muss. Die volle Wirkung an der behandelten Stelle wird erst nach dieser Einwirkdauer erreicht.

Voilà – sie hatte also Recht, die Pflegerin. Und ich habe damit Recht, dass ich behandelt wurde wie im Mittelalter. Für mich ist nach diesem Erlebnis eines mit absoluter Sicherheit klar: Sollte ich eines Tages eigene Kinder haben, das Märchen vom Räuber Hotzenplotz werde ich ihnen nie erzählen.

Es vergehen Stunden, oder es fühlt sich zumindest so an. Ich fühle mich schwach, von den ganzen Strapazen ausgelaugt, und mein Kopf schmerzt fürchterlich. «Gehst du mir bitte eine Coca-Cola holen?», frage ich meine Schwester. «Ich habe ja nur ein bisschen Kopfschmerzen, da hilft das jeweils ganz gut.» Sie verdreht die Augen.

Meine Lieblingspflegerin schaut kurz vorbei.

«Haben Sie keinen Hunger?», fragt sie mich. Wahrscheinlich hat sie das laute Knurren meines Magens gehört.

«Schon etwas.»

Sie lächelt mich mitfühlend an und sagt: «Ich hole Ihnen ein Joghurt, ist Waldbeere gut?»

Ich mag sie so gerne. «Ja, Waldbeere ist super.»

Etwas später kommt die Assistenzärztin erneut in meine Kabine. «Wie geht es Ihnen?», fragt sie. Ich sage ihr, dass ich mich schlecht fühle und dass ich den Eindruck habe, dass ich nicht ernst genommen werde. Ich erinnere mich nicht mehr genau, was sie mir darauf geantwortet hat. Gekommen ist sie, um mir mitzuteilen, dass mein Liquor – entgegen der Annahme des Oberarztes – nicht gut ist. Die Werte seien aber nicht ganz so schlecht wie bei der letzten Punktion. Daher sei es schwierig zu sagen, ob die erste Hirnhautentzündung einfach noch am Abklingen sei oder sich bereits eine neue ankündige.

Ich fühle mich so miserabel, das ist mit Sicherheit nicht einfach die «alte» Hirnhautentzündung, die am Abklingen ist. Doch sagen mag ich heute nichts mehr. Ich fühle mich ausgeliefert und hilflos.

«Wir behalten Sie hier, bis wir die Ergebnisse der Hautbiopsie haben. Der Tularämie-Spezialist hat angeordnet, dass Sie sofort intravenös Gentamicin erhalten», so die Assistenzärztin weiter. Daraufhin verabschiedet sie sich flüchtig.

Nachdem sie gegangen ist, frage ich Wikipedia, was es über dieses Gentamicin zu wissen gibt. *Gentamicin wird zur antimikrobiellen Therapie verschiedenster bakterieller Infektionen eingesetzt und ist gut wirksam. Jedoch wird es aufgrund seiner erheblichen Nebenwirkungen an Niere und Innenohr in der Humanmedizin nur noch als Notfallmedikament für schwere bakterielle Infekte, insbesondere für nosokomiale Infektionen, eingesetzt. Besonders häufig wird Gen-*

tamicin als Notfallantibiotikum in der Pädiatrie verwendet. Die WHO empfiehlt Gentamicin als Teil der Medikation gegen multipel resistente Tuberkulosebakterien.

Weiter lese ich nicht. *Na toll, jetzt fahren sie aber wirklich heftiges Geschütz auf.* Doch anscheinend benötige ich dieses Gentamicin, damit ich wieder gesund werde. Daher soll es mir recht sein. Im Stillen entschuldige ich mich bei meinem Körper und bitte ihn, er möge das Medikament gut vertragen.

Kurz nachdem die Assistenzärztin gegangen ist, erscheint eine Pflegerin der Inneren Medizin. Ich kenne sie noch von meinem ersten Aufenthalt her. Sie wirkt müde und erschöpft, sagt: «Guten Abend, Frau Zürcher. Ich bringe Sie nun auf Ihr Zimmer.» Meine Schwester ist inzwischen nach Hause gegangen, meine Mutter begleitet mich. Als ich in den Gang der Notfallstation geschoben werde, erhält die Pflegerin der Inneren Medizin von einer Kollegin der Notfallstation kurz die Infos zu meinem Fall. Was gemacht wurde, Stand der Dinge, etc.

Auf der Inneren Medizin angekommen, werde ich erneut in ein Sechsbettzimmer geschoben. Dieses Mal ist es rappelvoll. Ich schaue mir die anderen Patientinnen nicht an, bin viel zu sehr mit mir selber beschäftigt. Glücklicherweise bekomme ich erneut einen Fensterplatz zugewiesen. Die Pflegerin verabschiedet sich flüchtig und an ihrer Stelle erscheint ein Pfleger, etwa in meinem Alter, vielleicht ein Stück jünger. Er wirkt sympathisch, freundlich, lächelt mich an. «Soll ich Ihnen beim Umziehen helfen?», fragt er etwas verlegen. «Nein danke, das schaffe ich schon selber. Oder meine Mutter hilft mir wegen der Infusion», lautet meine Antwort. Ich freue mich, frische Kleider anzuziehen. Mein Oberteil ist völlig verschwitzt. Man könnte denken, dass das normal ist, nach dem ganzen Ärger auf der Notfallstation. Doch ich weiss, dass es nicht normal ist. Ich schwitze in letzter Zeit vergleichsweise viel stärker. Allerdings habe ich aktuell ganz andere Sorgen, als mir über die offensichtliche Fehlfunktion meiner Schweissdrüsen Gedanken zu machen.

Als ich umgezogen bin und völlig erledigt in meinem Spitalbett liege, verabschiedet sich meine Mutter von mir. Abermals spüre ich, wie sie sich um mich sorgt. Nachdem sie gegangen ist, erhalte ich nochmals von den Tropfen. Sie helfen mir wenigstens, Schlaf zu finden. Einen unruhigen Schlaf. Ich träume einen seltsamen Traum. In meiner Brust ist eine Art Höhle, eine Grotte. Darin steht eine dunkelrote, langstielige Kerze, die brennt. Ein starker, stürmischer Wind weht. Die Flamme der Kerze flackert und scheint jeden Moment den Kampf gegen den Wind zu verlieren. Da erwache ich. Ein fürchterliches, mir bis dahin unbekanntes Gefühl hat von mir Besitz ergriffen. Es ist schwierig, das Empfundene in Worte zu fassen. Es war Angst, Panik und zugleich Verstehen. Verstehen des grossen Ganzen. Ich erinnere mich, wie ich versucht habe, dieses Gefühlschaos einzuordnen. *Rational denken,* sage ich mir immer wieder. *Es war nur ein Traum.* Und trotzdem bleibt es da, dieses beängstigende, beklemmende Gefühl.

Freitag, 27. Juni 2014

In den frühen Morgenstunden erwache ich. Das Erste, was ich sehe, als ich meine Augen öffne, ist der Mageninhalt meines Vis-à-vis. Er hat mich also wieder, der Spitalalltag. Mir wird bei dem Anblick selber übel, ich drehe mich auf die Seite und schliesse meine Augen.

Gegen halb acht gibt es Frühstück. Ich verspüre keinen Hunger, will und kann nichts essen. Nicht einmal einen Schluck Kaffee trinke ich. «Sie haben ja gar nichts gegessen», sagt die zuständige Lernende stirnrunzelnd, als sie das Tablett holen kommt. *Sehr scharf beobachtet*, hätte ich ihr am liebsten gesagt. Doch ich fühle mich heute zu schwach um zu sprechen, murmle daher bloss «Hm».

Ich muss auf die Toilette und will meine Zähne putzen. Langsam setze ich mich an den Rand meines Bettes. In mir Achterbahn – oder wie schon einmal beschrieben: freier Fall. *Zusammenreissen, zusammenreissen! Du schaffst das*, motiviere ich mich selber. Nach einigen Minuten stehe ich langsam auf. Meine Beine zittern, fühlen sich an wie aus Wachs. Unsicher mache ich einen Schritt nach dem anderen, konzentriere mich dabei auf meine Atmung. Tief atme ich ein und langsam wieder aus. *Nur nicht umkippen, nur nicht das Bewusstsein verlieren!* Ich schaffe es, erreiche mein Ziel ohne Ohnmachtsanfall.

Es sind ungefähr fünfzehn Schritte von meinem Bett bis zum Waschraum. Ich fühle mich, als hätte ich einen Halbmarathon hinter mir. Erneut konzentriere ich mich nur auf meine Atmung. Als ich das Gefühl habe, dass es einigermassen geht, beginne ich, meine Zähne zu putzen.

Währenddessen schaue ich mich im Spiegel an. Hätte ich die Energie dazu gehabt, hätte ich wohl laut losgelacht. Was mir entgegenblickt, hat nicht im Entferntesten etwas mit der Franziska zu tun, die ich zu kennen meine. Meine Wangen sind eingefallen, ich bin bleich, und zwei grosse, schwarze Kreise umranden meine Augen. Es fällt mir schwer, mich von dem hinreissenden Anblick zu lösen. Schliesslich gelingt es mir und ich mache mich auf den Rückweg. Völlig erledigt, am Ende meiner Kräfte erreiche ich mein Spitalbett.

Einige Stunden später findet eine weitere Ärztevisite statt. Ein Assistenzarzt erscheint im Zimmer, kommt als erstes an mein Bett. «Wie geht's?», fragt er und mustert mich.

«Es geht mir nicht gut. Ich habe Kopfschmerzen, und vorhin war ich nur kurz auf der Toilette und bin nun dermassen erledigt; ich weiss einfach, dass etwas nicht stimmt mit mir.»

«Hm», ist das Einzige, was er darauf erwidert. Ich starre ihn fragend an. Seine linke Augenbraue hebt sich kaum merklich, ein weiteres «Hm», kommt über seine erstaunlich vollen Lippen, dann wendet er sich von mir ab. Völlig perplex liege ich da.

Schliesslich drehe mich auf die Seite, schaue aus dem Fenster und rolle mich zusammen wie ein Fötus. Mein Kopf beginnt erneut fürchterlich zu schmerzen, ich weine. Tränen der Wut, Tränen der Hilflosigkeit. *Warum hilft mir denn niemand?*, schreit mein Innerstes.

Die Zeit vergeht, und ich fühle mich immer schwächer. Bei jedem Ausatmen scheint Energie aus mir zu weichen. Ich denke an den Traum der vergangenen Nacht.

Wie aus dem Nichts erscheint eine Pflegerin an meinem Bett. Sie schaut mich an und sagt: «Sie sehen aber gar nicht gut aus. Geht es Ihnen nicht gut?»

Ich gebe ihr keine Antwort. Das erste Mal in meinem Leben gebe ich einem Menschen auf eine Frage bewusst keine Antwort. Ich habe sie verstanden, klar und deutlich. Doch ich bin a) zu schwach, um ihr zu sagen, wie es mir geht und b) was hätte es genutzt?

Sie lässt nicht locker. «Haben Sie Kopfschmerzen?»

Ich nicke nur. *Nicht nur Kopfschmerzen, mein ganzer Körper ist komisch, ich verliere «meine» Kraft,* wäre wohl die ehrlichste Antwort gewesen. Hätte sie eine solche Antwort verstanden? Die Pflegerin schiebt einen Paravent vor mein Bett, scheint mich von den anderen abschotten zu wollen. Ein kühles Tuch legt sich auf meine Stirn. «Ich hole Ihnen Morphin», höre ich sie sagen. Während sie die Tropfen holt, klingelt mein Telefon. Eine Nachricht meiner Arbeitskollegin, meinem Mami Nummer zwei. Auch sie will wissen, wie es mir geht. Ich schreibe ihr kurz und bündig zurück: «Der Sensenmann ist mir auf den Fersen.»

Diese sieben Worte von mir sollten einiges an Unannehmlichkeiten in dem Spital auslösen.

Selbstverständlich darf man sich fragen, ob meine Antwort an mein Mami Nummer zwei nicht etwas übertrieben war. Meine klare Antwort darauf ist: «Nein!» Es war ein Hilfeschrei – und er war da, der Sensenmann. Ich habe ihn angelächelt und gesagt: «Du kannst gehen, ich komme noch nicht mit dir mit.»

Die Pflegerin bringt mir die Morphintropfen. Ich vermute, dass ich schon früher Morphin erhalten habe, ich habe sie einfach bis dato immer «meine» Tropfen genannt. *Na, die nützen aber auch nichts mehr, wie ich gestern bereits erfahren musste.* Als ob sie meine Gedanken gelesen hätte sagt sie: «Die Tropfen helfen Ihnen bestimmt, wir haben sie nun stärker dosiert.» Dankend trinke ich die bitter schmeckende Flüssigkeit. Anschliessend lege ich mich auf den Rücken, schliesse meine Augen und flehe innerlich, dass diese Qualen aufhören. Meine Füsse werden warm, die Wärme kriecht wie eine Schlange meine Beine hoch, lullt mich ein. Ich werde müde. Schrecklich müde. *Das sind die Tropfen,* ist mein letzter Gedanke. Dann döse ich weg, lasse mich fallen. Fallen, in ein tiefes, schwarzes Loch. Wie lange ich geschlafen habe, weiss ich nicht mehr. Jegliches Zeitgefühl hat mich verlassen.

Irgendwann öffne ich meine Augen, schaue ängstlich, zögerlich um mich. Erleichterung macht sich breit, denn er ist weg, der Sensenmann oder wie ich ihn zukünftig nennen werde: der Schatten. An seiner Stelle steht die Pflegerin, welche mir die Morphintropfen gegeben hat. «Wir verlegen Sie in ein anders Zimmer, Frau Zürcher», teilt sie mir mit. Ihre Stimme klingt eigenartig, leicht gereizt.

Habe ich etwas verpasst? «Eine Arbeitskollegin von Ihnen hat angerufen und uns gebeten, Sie in ein anderes Zimmer zu bringen und uns besser um Sie zu kümmern.»

Aha, daher also der gereizte Unterton. Mir ist die Situation peinlich. Sofort ist mir klar, dass mit der Arbeitskollegin mein Mami Nummer zwei gemeint ist. Ich weiss, dass sie es nur gut meint und sich schrecklich um mich sorgt. Und doch ist mir nicht ganz wohl dabei.

Rückblickend darf ich sagen, dass es absolut richtig war, hat dem Personal des Spitals mal jemand Beine gemacht. Ich wollte anständig sein, Anstand zeigen, wo kein Anstand mehr gefragt war. Seit ich wieder hier bin, werde ich behandelt wie der grösste Simulant. Hotzenplotz hat mich unmenschlicher behandelt als jemals jemand zuvor, ich vegetiere vor mich hin, schüttle dem Schatten die Hand und bekomme auf meine Äusserungen nur «Hm» zu hören. Danke, Mami Nummer zwei, für deinen Einsatz! Auch wenn es, wie wir zwischenzeitlich wissen, nicht wirklich viel gebracht hat.

«Leider hat von uns niemand Zeit, Sie in ein anderes Zimmer zu bringen», fügt die Pflegerin an.

Was soll das heissen? Soll ich mein Bett selber in ein anders Zimmer rollen? Zum Glück realisiere ich auch in meiner schlechten Verfassung, dass es gescheiter ist, wenn ich jetzt einfach den Mund halte.

«Wir organisieren jemanden.» Mit diesen Worten verlässt sie mich.

Etwa eine Stunde später erscheint eine Frau an meinem Bett. Sie stellt sich vor und sagt: «Ich wurde gebeten, Sie in ein anderes Zimmer, in ein Zweibettzimmer zu bringen.» Sie macht sich an meinem Bett zu schaffen. Ich bleibe wie selbstverständlich darin liegen, in der naiven Annahme, sie werde das Bett samt Inhalt zügeln. Doch falsch gedacht! «Können Sie bitte aufstehen? Zimmer Nr. xy», teilt sie mir freundlich, aber bestimmt mit. Ich stehe auf, schwanke, muss mich rasch auf die Fensterbank setzen. Die Pflegerin nimmt davon keine Notiz. Sie zerrt mein Bett aus dem Sechsbettzimmer und rollt damit davon.

Ich raffe mich auf und mache mich auf den Weg in das von der Pflegerin genannte Zimmer. Wohlbemerkt: Das neue Zimmer war nicht gleich nebenan, sondern am anderen Ende des langen Ganges. Meine Beine haben gezittert, ich konnte kaum richtig atmen. Der Wand entlang bin ich geschlichen, habe versucht, an ihr Halt zu finden. *Einatmen, linkes Bein nach vorne. Ausatmen, rechtes Bein nach vorne. Einatmen, linkes Bein nach vorne ...* Ja, ich habe es geschafft! Ich habe das neue Zimmer erreicht und dies, trotz allem, erhobenen Hauptes. Darauf war und bin ich heute noch stolz.

Völlig entkräftet komme ich also in meinem neuen Zimmer an. Die für den Umzug zuständige Pflegerin ist bereits verschwunden. Das Zimmer ist klein und schmal. Knapp haben die zwei Betten Platz darin. Glücklich stelle ich fest, dass ich wieder den Fensterplatz erhalten habe. So kann ich aus dem Fenster in die Ferne schauen und fühle mich etwas weniger gefangen. Meine Zimmergenossin, eine Frau um die siebzig, lächelt mich freundlich an, sagt: «Hallo.»

Ich erwidere den Gruss, für mehr Worte bin ich zu schwach. Auf meinem Bett liegend starre ich die Decke an, ab und zu schliesse ich meine Augen. Ich kann nicht mehr sagen, ob ich Kopfschmerzen habe oder was genau mir Schmerzen bereitet. Ich scheine nur noch aus Schmerz zu bestehen. Jeder einzelne Atemzug ist ein Kräfteakt.

Eine neue Pflegerin erscheint. Sie ist gross, eine sehr attraktive Frau. Sie hat etwas von Aphrodite, der griechischen Göttin für Liebe, Schönheit und Begierde. Zumindest habe ich mir diese in meiner Fantasie immer ziemlich genau so vorgestellt. Sie will wissen, wie es mir geht. Ich kann kaum antworten, so schwach bin ich. Sie verlässt das Zimmer und kommt bald darauf mit Morphintropfen zurück. In dem Moment hätte ich alles genommen. Ich trinke gierig und warte, bis das Morphin Wirkung zeigt. Während ich darauf warte, frage ich mich, was wohl das Gentamicin mit mir anstellt. Bislang bemerke ich nur eine stetige Verschlechterung meines Allgemeinzustandes. Gemäss Wikipedia soll es doch angeblich ein gut wirksames Medikament sein. Meine Gedanken werden von der Schlange unterbrochen, welche sich erneut ganz warm um meine Beine schlängelt und an mir hochkriecht. Wiederum betrete ich den Zustand zwischen wach sein und schlafen. Dieses Mal wird mir übel dabei. Ich drücke auf den Knopf, der über meinem Kopf baumelt. Erstaunlich schnell steht die Pflegerin bei mir am Bett. Ich flüstere:

«Mir ist schlecht.» Rasch holt sie eine metallische, nierenähnliche Schale und stellt sie mir auf die Brust. *Was? Da hinein soll ich mich übergeben?* Ich meine, dass sie sich einen Spass erlaubt mit mir. Erst später habe ich gelernt, dass diese Schale – tatsächlich Nierenschale genannt – das offizielle «Gefäss für Mageninhalte» in Spitälern und dergleichen ist. Ich entscheide mich aufgrund dieser Sachlage dafür, nicht zu erbrechen.

Erneut verliere ich jegliches Zeitgefühl. Ich meine mich erinnern zu können, dass ich Besuch von einer Kollegin hatte. Ob ich mit ihr gesprochen habe, ob sie effektiv da war oder nur eine Einbildung – ich weiss es nicht mehr. Verlassen wir daher den 27. Juni. Es war kein guter Tag. Mit einunddreissig Jahren habe ich eine erste flüchtige Bekanntschaft mit dem Sensenmann, dem dunklen Schatten gemacht. Ich bin einfach nur unendlich dankbar, hat er mich nicht mitgenommen.

Samstag, 28. Juni 2014

Wie üblicherweise, wenn ich im Spital bin (zwischenzeitlich verfüge ich ja diesbezüglich bereits über etwas Erfahrung), wache ich früh auf. Die Frau neben mir ist auch schon wach. Als ich einen kurzen Blick in ihre Richtung riskiere, nutzt sie die Chance und plappert los. Sehr detailliert erzählt sie mir ihre ganze Krankengeschichte. Ohne Unterbruch schwätzt sie auf mich ein. Ich höre ihr gar nicht richtig zu. Denn während sie spricht, werde ich langsam richtig wach und bemerke etwas Wunderbares:

Es geht mir besser! Das Atmen fällt mir leichter, ich spüre Energie in mir. Am liebsten wäre ich aufgesprungen und hätte getanzt. Eine riesengrosse Erleichterung. Mir laufen Freudentränen über die Wangen. Mein Flehen wurde erhört, das Gentamicin wirkt. *Jetzt geht es euch an den Kragen, ihr Tularämie-Bakterien.* Neben mir spricht es immer noch.

«Was haben Sie denn?», will die Frau plötzlich wissen. Ich erzähle ihr mit einigen Abkürzungen meinen bisherigen Leidensweg.

«Ach so», ist ihre Antwort, und weiter geht's: «Wissen Sie, ich wäre fast gestorben.»

«Es tut mir sehr leid, dass es Ihnen so schlecht geht», antworte ich. Am liebsten hätte ich sie gefragt, wie der Schatten denn bei ihr ausgesehen hat. Sie erzählt munter weiter, ich höre nicht mehr zu. Schaue aus dem Fenster und freue mich darüber, dass ich wieder Leben in mir spüre.

Als uns das Frühstück serviert wird, mache ich mich gierig über den Kaffee, das Joghurt und das Brötchen her. Ich habe Hunger, was für ein wunderbares Gefühl! Während ich esse, schaue ich aus dem Fenster. In der Ferne sehe ich die Alpen, verschneite Berggipfel. Ich wünschte, ich könnte draussen in der Natur sein, den Duft des Waldes einatmen und eine ausgedehnte Wanderung unternehmen. *Schon bald machst du das wieder,* tröste ich mich selber. Dass dem nicht so sein wird, konnte ich ja nicht wissen.

Nach dem Frühstück döse ich vor mich hin, stelle mich schlafend. Denn nur so habe ich Ruhe von meiner Zimmergenossin.

Bald ist es Zeit für eine weitere Ärztevisite. Mental habe ich mich bereits auf den Besuch des Assistenzarztes eingestellt, der gestern bei der Visite bei mir war. Die passende Antwort auf ein weiteres «Hm» habe ich mir schon zurechtgelegt. Als sich die Türe öffnet, werde ich jedoch enttäuscht: Herein kommt der mir gut bekannte Oberarzt, gefolgt von einem anderen jungen Assistenzarzt. Der Oberarzt links von mir, der Assistenzarzt rechts von mir; beziehen sie Stellung.

«F r a u   Z ü r c h e r», spricht mich der Oberarzt gedehnt an. «Wie geht es Ihnen heute?»

Voller Freude erzähle ich, dass ich mich ein kleines bisschen besser fühle. Rückblickend hätte ich das wohl nicht sagen sollen. Doch zu dem Zeitpunkt war es so – ich habe mich besser gefühlt.

«Zeigen Sie mal Ihren Rücken», fordert er mich auf. Ich gehorche, obwohl zwischenzeitlich bekannt sein sollte, dass der Ausschlag verschwunden ist. Beide beginnen, nach einem letzten Überbleibsel zu suchen. Selbstverständlich wird auch noch rasch unter das Pflaster der hotzenplotz'schen Hautbiopsie gekuckt. Schüchtern frage ich: «Wie sieht die Wunde aus?» So wie Hotzenplotz an mir gerissen hat, muss dort ein grosses, klaffendes Loch sein.

«Sieht ganz normal aus», meldet sich der Assistenzarzt zu Wort. Wie aus dem Nichts fragt mich der Oberarzt: «Seit wann haben Sie den Ausschlag auf Ihrem Dekolleté?» *Soso, der schaut mir in mein Dekolleté und gar nicht auf meinen Rücken!* Verwirrt schaue ich an mir runter. Tatsächlich: Mein ganzes Dekolleté ist übersät von einem seltsamen Ausschlag. Kein richtiger Ausschlag mit Pusteln und so, einfach eine fleckenartige Rötung. Ich benütze bei meiner an den Oberarzt gerichteten Antwort das Lieblingswort des gestrigen Assistenzarztes: «Hm.»

Der heutige Assistenzarzt wird aufgefordert, Fotos des Ausschlages zu machen. Er zückt beschwingt sein Smartphone und macht Aufnahmen von meinem Dekolleté.

Machst du hier gerade mit deinem privaten Smartphone Fotos von meinem Dekolleté? Wie meistens – ausser unter der Einwirkung von Morphin – bin ich viel zu schüchtern, um so etwas zu sagen. Daher teile ich bloss mit, dass ich noch nie einen solchen Ausschlag hatte und keine Ahnung habe, woher er kommt. Ich werde noch darüber informiert, dass ich weiterhin das Gentamicin erhalten soll und dass hoffentlich bis kommenden Montag die Ergebnisse der Hautbiopsie vorliegen. «Wir testen Sie auch noch einmal auf Borreliose und FSME», teilt der Oberarzt mit. «Wir betreiben aktuell eine sehr breite Diagnostik.»

Das beruhigt mich ein bisschen, das klingt gut. Und am kommenden Montag weiss ich dann bestimmt endlich, was mit mir los ist. Die beiden verabschieden sich und wenden sich meiner Zimmergenossin zu.

Wenige Minuten, nachdem die Visite abgeschlossen ist, erscheint die Pflegerin – Aphrodite – in unserem Zimmer. «Darf ich duschen?», will ich wissen. Sie nickt und fragt: «Natürlich, schaffen Sie es alleine?»

«Ja!» *Schliesslich bin ich gestern auch alleine halbtot den Gang entlang gegangen.* Sie bringt mir ein Handtuch, löst die Schläuche und wickelt mir eine Art Robidog-Beutel um die Infusion, damit sie nicht nass wird. Schliesslich sind die Duschvorbereitungen abgeschlossen und ich betrete die Toilette/Dusche. Es ist die gleiche, in der ich vor einigen Wochen in fremdem Urin stand. Der Ort ekelt mich an. Der Mülleimer quillt über, das Lavabo ist völlig verspritzt und staubig, und am Boden liegen überall Haare. Ich frage mich, ob das bei meinem ersten Aufenthalt auch schon so unappetitlich war.

Die Antwort auf meine Frage sollte ich später von meiner Zimmergenossin erhalten: «Die Toiletten werden nur Montag bis Freitag einmal täglich gereinigt. Am Wochenende nicht, daher ist es samstags und sonntags immer etwas schmutziger.» Dass dies die Erklärung einer aktuell etwas verwirrten Frau ist, ist mir absolut klar. Es kann niemals sein, dass in einem Spital, wo Hygiene das A und O ist, die Toiletten zwei Tage lang nicht gereinigt werden.

Ich überwinde meinen anfänglichen Ekel und dusche. Herrlich, wie das warme Wasser über meinen Körper fliesst. Ich wasche meine Haare. Einhändig wegen der Infusion – ein richtiges Abenteuer. Auch rasiere ich mir noch kurz die Achselhaare und einmal über jedes Bein. Wenn ich eines nicht will, dann wie eine Neandertalerin aussehen. Hätte ich zu diesem Zeitpunkt gewusst, dass ich schon bald ohne jegliches Haar am Körper dastehen werde, hätte ich das mit dem Rasieren wohl gelassen.

Zurück im Zimmer putze ich mir ausgiebig die Zähne, kämme meine Haare. Meine Zimmergenossin schaut mir dabei zu. «Sie haben wundervolles Haar», sagt sie. «Danke», entgegne ich. Ich mag es nicht besonders, wenn man mir Komplimente macht, bin oftmals überfordert damit. Ich binde mir die Haare zu einem Knoten, setze mich nur mit Unterwäsche und einem T-Shirt bekleidet auf mein Bett. Langsam creme ich meine Füsse und meine Beine ein. Dabei spüre ich, wie die mir bereits gut bekannte Müdigkeit erneut von mir Besitz ergreift. *Einmal duschen und schon völlig k.o. Wo soll das bloss enden?*

In dem Moment öffnet sich die Türe und mein Chef betritt den Raum. Als er mich nur in Unterwäsche und T-Shirt bekleidet sieht, tritt er etwas peinlich berührt den Rückzug an, ich sage: «Fünf Minuten.»

Über seinen Besuch freue ich mich. Es ist Samstag, und er kommt extra zu mir ins Spital. Eine freundliche, nette Geste. Verständlicherweise will er wissen, wie es mir geht. Darauf zu antworten fällt mir schwer. Wie viel einfacher war es, als ich noch sagen konnte: «Ich habe eine Hirnhautentzündung.» Daraufhin haben die Menschen jeweils den Blick gesenkt und wussten: «Nicht gut.» Aktuell kann ich sagen: «Eventuell eine Tularämie.» Da senkt niemand den Blick, alle schauen mich nur mit grossen, fragenden Augen an. Ich versuche zuweilen zu erklären, was es mit dieser Tularämie auf sich hat, vorstellen kann sich niemand etwas darunter. Und es hätte auch keinen Unterschied gemacht, wenn ich gesagt hätte: «Ich habe die Hasenpest.» Ich könnte auch sagen – und das wäre wohl die ehrlichste Antwort: «Ich kann nicht sagen, was mit mir los ist. Ich fühle mich schwach, ohne Energie. Und wenn ich ein kleines bisschen Energie verspüre, dann ist sie bei der kleinsten Aktivität gleich wieder verpufft. Ich schlafe schlecht, habe oft Kopfschmerzen, und das Atmen ist mir auch schon leichter gefallen. Etwas stimmt nicht mit mir, doch ich kenne kein Wort, um diesen Zustand zu benennen.»

Nachdem geklärt ist, wie es mir geht oder ich es zumindest versucht habe zu erklären, sprechen wir ein bisschen über Gott und die Welt. Ich sage meinem Chef, dass ich so rasch wie möglich wieder arbeiten möchte. Beim Schreiben dieses Satzes muss ich schmunzeln. Zum Glück können wir Menschen nicht – oder zumindest nicht erwiesenermassen – in die Zukunft schauen.

Nachdem mein Chef gegangen ist, geht es Schlag auf Schlag. Samstage scheinen die offiziellen «Ich gehe jemanden im Spital besuchen»-Tage zu sein. Drei Kolleginnen kommen, viele rufen an, die Fensterbank quillt über von Blumen, und auch meine Mutter und meine Schwester kommen vorbei. Erst nachdem alle gegangen sind, merke ich, wie absolut erschöpft ich bin. Wiederum habe ich sehr starke Kopfschmerzen. Ich traue mich aber nicht, es der Pflegerin zu sagen. Zu sehr fürchte ich mich davor, dass sie dann sagt: «Selber schuld, das kommt davon, wenn man so viel Besuch empfängt.» Zum Glück besitze ich noch alle meine Zähne, also beisse ich zum wiederholten Male darauf und versuche zu schlafen.

Sonntag, 29. Juni 2014
Mitten in der Nacht werden meine Zimmergenossin und ich durch den Besuch eines anderen Patienten geweckt.

Der alte Mann ist völlig verwirrt und auf der Suche nach seiner Ehefrau in unserem Zimmer gelandet. Nachdem die heute Nacht zuständige Pflegerin den Mann in sein Zimmer begleitet hat, meine Zimmergenossin wieder schläft, versuche auch ich, erneut einzuschlafen. Dabei höre ich mir immer wieder den Song von Lene Marlin «A Place Nearby» an. Obwohl es mir im Vergleich zu vorgestern besser geht, habe ich das starke Bedürfnis, über das Sterben und den Tod nachzudenken. *Woher kommt das bloss? Verliere ich langsam meinen Verstand?*

Aufgrund meines heutigen Wissens läuft mir, beim Schreiben dieser Worte, ein kalter Schauer über den Rücken. Offensichtlich spürt der eigene Körper, unser Innerstes genau, wie es um einen steht. Nur verdrängt unsere heutige Gesellschaft solche Intuitionen allzu oft. Für mein weiteres Leben habe ich daraus gelernt, dass ich auf mein Gefühl, auf meine Intuition mehr achtgeben muss. Man spürt unter anderem, wenn das Leben aus einem zu weichen beginnt.

Schliesslich finde ich doch noch etwas Schlaf und erwache erst wieder, als das Frühstück verteilt wird. Ich verspüre keinen so grossen Hunger wie noch gestern, weshalb ich nur eine Kleinigkeit esse. Mir ist abermals unwohl, unwohl auf eine eigenartige Art und Weise. Ich bemerke, dass mein Herz ungewohnt schnell und stark schlägt. Gerade so, als wäre es vor irgendetwas auf der Flucht. Die Worte der Oberärztin des Notfalldienstes kommen mir in den Sinn: «Wissen Sie, dass Sie ein nicht normales Herzgeräusch haben?» Diesem angeblichen Herzgeräusch hat bislang niemand mehr Beachtung geschenkt, ich auch nicht. Heute nun löst mein rasendes Herz ein erstes Mal Angst in mir aus. Also erzähle ich der Pflegerin (Aphrodite), als sie das nächste Mal in unser Zimmer kommt, dass ich einen stark erhöhten Puls habe und mich unwohl fühle. Sofort holt sie das Messgerät. An die genauen Werte kann ich mich nicht mehr erinnern. Der Puls lag aber um die hundertzwanzig Schläge pro Minute, und auch der Blutdruck war deutlich zu hoch. «Ich werde es den zuständigen Ärzten mitteilen», sagt sie. So warte ich also – einmal mehr – gespannt auf die Ärztevisite, währenddessen mein Herz vor sich hin rast.

Zur Visite erscheinen, wie schon gestern, der Oberarzt sowie jener Assistenzarzt, welcher gestern mein Dekolleté fotografiert hat. Wie es mir geht, werde ich gefragt. Darauf zu antworten empfinde ich von Tag zu Tag schwieriger. «Im Vergleich zu gestern fühle ich mich heute wieder schlechter, im Vergleich zu vor zwei Tagen geht es mir schon etwas besser, aber eben auch nicht gut. Kopfschmerzen, müde und neuerdings schlägt mein Herz auch noch so komisch», sage ich. Dass ich mit dieser Aussage unglaubwürdig geklungen haben mag, kann ich mir gut vorstellen. Doch was hätte ich sonst sagen können?

«Zeigen Sie mal Ihr Dekolleté», werde ich von dem Oberarzt aufgefordert. Ich gehorche und siehe da: Nichts mehr zu erkennen. «Ah, das war also nur ein Ausschlag aufgrund der Visiten-Nervosität», sagt der Oberarzt zu dem Assistenten. Beide lachen. Ich wünsche mir in dem Moment, es möge sich eine Erdspalte öffnen und mich verschlucken. Bestimmt bin ich rot angelaufen wie eine Tomate, was die Vermutung des Oberarztes nur noch unterstrichen hat. *Das passt ja somit in den «Simulanten-Verdacht»*, geht es mir durch den Kopf. Mit jener Feststellung ist auch die heutige Visite zu Ende. Auf mein rasendes Herz wird nicht weiter eingegangen. Der Assistenzarzt bemerkt bloss: «Ein erhöhter Puls, respektive ein erhöhter Blutdruck ist bei angeblichen (man beachte speziell das Wort «angeblichen») Schmerzen völlig normal.»

Hier hätte ich intervenieren sollen und darauf beharren, dass mit meinem Herzen etwas nicht stimmt. Jeder von uns kennt das Gefühl eines erhöhten Pulses, wenn er Schmerzen oder zum Beispiel Fieber hat. Dass mein Herzrasen damit nichts zu tun hatte, war für mich absolut klar. Dank der «Visiten-Nervosität» habe ich mich aber so dermassen geschämt, dass ich kein Wort mehr über meine Lippen gebracht habe.

Nach erfolgter Visite muss ich auf die Toilette. Mit den ganzen Schläuchen und den verschiedenen Infusionen ist es immer ein ziemlicher Aufwand, bis ich aus dem Bett gekrochen bin. Meine Zimmergenossin will mir helfen, öffnet mir die Türe unseres Zimmers sowie die angrenzende Türe zur Toilette. Bevor ich etwas sehen kann, sagt sie: «Oh mein Gott! Da willst du nicht rein (zwischenzeitlich sind wir per du), das darf nicht wahr sein.» Schnell schliesst sie die Türe der Toilette wieder. Neugierig wie ich bin, möchte ich nun doch ganz gerne wissen, was es denn da zu sehen gibt, respektive was ich eben nicht sehen soll. Ich öffne die Türe einen Spalt, und was erblickt mein sich in der Zwischenzeit doch einiges gewöhntes Auge? Der ganze Raum ist mit frischem Kot verschmiert, Boden, Wände und die Toilette selber kaum noch als solche zu erkennen. In dem Moment erscheint die Pflegerin (Aphrodite) und sagt: «Ich habe es der Lernenden gesagt, sie wird die Toilette reinigen.»

Oje, die arme Lernende. Wenn sie diese Sauerei sieht, überlegt sie sich bestimmt noch einmal gründlich, ob sie den richtigen Beruf gewählt hat. Zudem erinnere ich mich an die Worte meiner Zimmergenossin: «Samstags und sonntags werden die Toiletten nicht gereinigt.» Deshalb muss es also die Lernende tun. An dieser Stelle ist es Zeit, allen in Pflegeberufen tätigen Menschen meinen grössten Respekt auszusprechen. Ich könnte es nicht.

«Komm, ich zeige dir eine Toilette, die kaum benutzt wird», sagt meine Zimmergenossin schelmisch zu mir. Wir schleichen aus unserem Zimmer, sie schaut vorsichtig links und rechts den Gang hinunter; niemand zu sehen. Wir huschen auf die gegenüberliegende Seite des Ganges. Ich samt Infusionsständer und nicht ganz so flink wie zu früheren Zeiten. Meine Zimmergenossin führt mich in eine Art Abstellkammer. Eine grosse, mobile Badewanne steht darin, viele unbenutzte Infusionsständer und andere Utensilien. Und tatsächlich: In einer Ecke sehe ich eine Toilette. So ist es gekommen, dass meine Zimmergenossin und ich nur noch «über die Strasse», wie wir zu sagen pflegten, auf die Toilette gegangen sind.

Nach dem Mittag bekomme ich Besuch einer Kollegin. Es ist lieb, dass mich so viele Menschen besuchen kommen. Wobei auch einmal gesagt werden muss, dass Spitalbesuche anstrengend sind. Einerseits anstrengend für jene, die mich besuchen kommen (Was wollen sie schon gross sagen ausser «Das kommt schon wieder gut»?) und andererseits Anstrengung pur für mich. Wachsam zuhören und immer wieder das Gleiche erzählen. Doch zweifellos gibt es Ausnahmen: am späteren Nachmittag erscheinen meine Eltern. Es ist das erste Mal seit ich ab und zu im Spital zu sein pflege, dass mich mein Vater besuchen kommt. Spitalbesuche sind der absolute Horror für ihn. Und dies erst recht, wenn sein eigenes Kind vor ihm im Spitalbett liegt. Daher schätze ich seinen Besuch umso mehr. Er setzt sich auf einen Stuhl neben meinem Bett und erzählt mir etwas. Ich weiss nicht mehr genau, was es war, doch das spielt auch überhaupt keine Rolle. Hauptsache, er ist da. Ich bin so dankbar für meine Eltern und meine Schwester. Ohne sie wäre alles noch viel schlimmer.

Nachdem meine Eltern gegangen sind, bekomme ich ein leckeres Abendessen. Heute durfte ich wünschen, was ich gerne essen möchte. *Das ist ja ganz was Neues. Doch wahrscheinlich wollen sie einfach, dass ich etwas esse.* Anschliessend steht Fussball auf dem Programm. Ich schaue mir das Spiel Niederlande gegen Mexiko an. Da ich nun schon fast offiziell eine Simulantin bin, muss ich mich wohl auch nicht mehr schonen. Also lasse ich meinen Schädel brummen und schaue mir das Spiel an. Die Nacht verläuft ruhig, ohne ungebetene Besucher.

Montag, 30. Juni 2014

Heute muss ich in zwei Etappen duschen. Mein Herz macht nach wie vor Kapriolen, und mir wird nach dem Haare waschen so schwindlig, dass ich mich hinsetzen muss. *Jetzt krieg dich bitte mal wieder ein! Die ganze Situation wird nicht besser, wenn du nun auch noch Schwierigkeiten machst,* spreche ich im Stillen mit meiner Kardia. Als ob sie mich gehört hätte, beruhigt sich mein Puls langsam, und ich kann zu Ende duschen.

Zur Visite kommt nur der Assistenzarzt, immer noch derselbe wie die letzten beiden Tage. Sie fällt kurz aus, er hat mir nichts Nennenswertes mitzuteilen. Während er neben meinem Bett steht, wird mir bewusst, wie unglaublich unwohl mir in seiner Gegenwart ist.

Ansonsten verläuft der Tag ruhig. Keine Besucher, heute müssen sie alle wieder arbeiten.

Nach dem Mittagessen kommt jene Lernende zu mir ins Zimmer, die gestern die Toilette/Dusche reinigen musste. Vor sich schiebt sie einen Rollstuhl.

«Ich bringe Sie ins MRI, Frau Zürcher.»

«MRI?», frage ich. Ich weiss nichts von der anstehenden Untersuchung und kann nur vermuten, dass mich der Assistenzarzt heute Morgen, anlässlich der Visite, darüber hätte informieren sollen.

Dankbar, nicht gehen zu müssen, setze ich mich in den Rollstuhl. Da wir auf dem Weg ins MRI beim Haupteingang vorbei müssen, deckt die Lernende meine nackten Beine mit einem Tuch ab. Und los geht's. Wir flitzen durch die Gänge des Spitals, schneller, immer schneller, und lachen dabei beide vor uns hin. Es tut richtig gut, einfach mal wieder herzhaft zu lachen.

Im MRI-Raum sitzen viele Menschen. Alle starren mich an.

«Hallo», sage ich schüchtern.

Eine Frau und ein Mann führen mich in einen sehr kleinen Raum mit einem riesigen Gerät darin. «Bitte legen Sie sich auf diesen Untersuchungstisch hier», bittet mich der Mann. Der Tisch ist so schmal, dass ich meine Arme fest an meine Seiten drücken muss, damit sie nicht ins Leere fallen. Erneut wird mir diese komische Konstruktion auf meinen Kopf montiert. Jene, die mir am 10. Juni schon Frau «Ich-habe-so-viel-zu-tun» verpasst hat.

«Haben Sie Platzangst?», will die Frau wissen.

«Nein, bislang hatte ich diesbezüglich nie Probleme», entgegne ich. «Ich werde die Augen schliessen, so schlimm kann es nicht sein.»

Es kann also losgehen – das erste MRI meines Lebens. Da das Gerät sehr laute Geräusche von sich gibt, darf ich Musik hören. Mit voller Lautstärke dröhnen Nirvana auf mich ein. Während Kurt Cobain mir «Smells like teen spirit» vorträllert, wird mein Hirn gescannt. *Wahrscheinlich wollen der Oberarzt und sein Assistent den Simulanten-Verdacht bestätigt sehen. Sicher hoffen sie, dass sich in meinem Kopf ein Hohlraum befindet.* Bei diesem Gedanken muss ich lachen. Wie unendlich froh bin ich doch, ist mein Lachen bislang – trotz allen Widrigkeiten – nicht auf der Strecke geblieben.

Gerade als ich beginne, die Untersuchung richtig gemütlich zu finden, ist sie auch schon wieder vorbei. Für meinen Kreislauf wohl etwas zu beschwingt, will ich aufstehen, um mich in den bereitstehenden Rollstuhl zu setzen. *Wohoooo ... Alles dreht sich um mich.* Schon stützen mich zwei kräftige Arme. *Dankeschön, jetzt hätte ich doch beinahe einen Abflug à la Kurt Cobain gemacht.*

Als ich wieder im Rollstuhl sitze, erscheint ein älterer Mann. Ohne sein Namensschild zu lesen, ist mir sofort klar, dass es sich um den zuständigen Arzt handeln muss.

«Was haben Sie?», fragt er mich ohne Umschweife.

«Ursprünglich mal eine Hirnhautentzündung und seither sehr oft schreckliche Kopfschmerzen. Zudem fühle ich mich gesamthaft einfach nicht gut», so meine Antwort.

Er meint lakonisch: «Auf dem MRI ist nichts zu erkennen. Hirndruck, alles völlig unauffällig und ihrem Alter entsprechend normal.» Er dreht sich um und schenkt mir keine Beachtung mehr. Ich bin wie gelähmt, sage kein Wort.

Die Lernende holt mich ab und fährt mich zurück in mein Spitalzimmer. Dort angekommen lege ich mich auf das Bett und beginne zu weinen. Heisse Tränen der Wut rollen über meine Wangen. Ganz still weine ich vor mich hin, ich will nicht, dass mich meine Zimmergenossin hört. Es mag sein, dass mein Hirndruck normal ist und das MRI keine Auffälligkeiten gezeigt hat. Doch weshalb glaubt mir niemand, wenn ich sage, dass etwas nicht stimmt mit mir? Ich bin verzweifelt, wie ich es bis dahin noch nie war. In diesen Tagen lerne ich, dass es nichts Schlimmeres gibt, als wenn einem nicht geglaubt wird.

Ich muss eingeschlafen sein. Als ich die Augen öffne, ist es bereits halb fünf, und der Oberarzt steht an meinem Bett. Mitleidig schaut er auf mich herab. «Frau Zürcher, wir haben die Ergebnisse. Borreliose und FSME sind abermals negativ. Ebenfalls konnten in der gemachten Hautbiopsie keine francisella tularensis Bakterien nachgewiesen werden.»

«Das heisst, es ist immer noch nicht klar, was ich habe?», frage ich.

«Ja, doch wir betreiben wirklich eine enorm breite Diagnostik, das kann ich Ihnen versichern», fährt er fort. «Jedoch muss ich auch ganz klar festhalten, dass es nicht unser primäres Ziel ist herauszufinden, was Ihnen fehlt, sondern die gefährlichsten Erkrankungen auszuschliessen.»

Als hätte kurzerhand jemand anderes die Regie über mein Sprachzentrum übernommen, frage ich: «Kann es sein, dass ich Krebs habe?»

Der Oberarzt lächelt mich beruhigend an und antwortet: «Nein, das kann nicht sein.»

Er informiert mich im Weiteren darüber, dass die Hautbiopsie nun noch nach Spiez ins Labor geschickt wurde, dazu gleich mehr. Weiter fragt er mich: «Leiden Sie an Migräneattacken?»

«Ja», beantworte ich seine Frage, «ich habe ab und zu sehr starke Migräneanfälle. Doch dies hier ist mit absoluter Sicherheit keine Migräne. Eine Migräne ist bei mir a) nach maximal vierundzwanzig Stunden vorbei und b) fühlen sich Migränekopfschmerzen komplett anders an.»

«Migränen können in verschiedenen Arten auftreten», erwidert er.

Gut, dann wäre das ja geklärt. Ich habe eine Migräne! Hört also bitte sofort auf, mir dieses Gentamicin zu geben und lasst mich nach Hause, hätte ich den Oberarzt am liebsten angeschrien. Wen wundert es, ich habe nichts gesagt. Geweint habe ich, als er gegangen ist. Einmal mehr geweint.

Nun noch kurz eine Info zu besagtem Labor in Spiez, wo die von mir auf hotzenplotz'sche Art und Weise gemachte Gewebeentnahme hingeschickt wurde. Mein Vater sollte mir etwas später erklären, dass dieses «Labor in Spiez» ein Labor des Bundesamtes für Bevölkerungsschutz ist. Der Hasenpest-Spezialist hat also nicht nur die üblichen kantonalen und regionalen Labors eingeschaltet, sondern kurzerhand noch jenes des Bundes. Zwischenzeitlich dürfte auch klar sein, was ich daraufhin getan habe: gegoogelt. Auf der Homepage des Labors, unter der Rubrik «Bakteriologie», steht unter anderem folgendes:

Die Gruppe Bakteriologie ist spezialisiert für den Nachweis von bakteriellen B-Kampfstoffen. Obwohl diese in den hoch entwickelten Ländern Europas kaum mehr als natürlich vorkommende Krankheiten auftreten, ist ein absichtlicher Einsatz nicht auszuschliessen. Die Anthrax-Briefe, die im Herbst 2001 in den USA verschickt wurden, haben diese Thematik in das Bewusstsein der Bevölkerung gerückt. Für die Bewältigung solcher Ereignisse ist der schnelle und zuverlässige Nachweis von zentraler Bedeutung. Das LABOR SPIEZ ist Partner im schweizerischen Regionallabornetz. Dieses umfasst sechs Labors, die eingerichtet sind für eine

Primärdiagnostik von pathogenen Erregern mit Potential für bioterroristischen Missbrauch.

Dr. Sensation – wie ich den Hasenpest-Spezialisten auch zu nennen pflegte – war fieberhaft auf der Suche nach einer Bestätigung seines Tularämie-Verdachts. Währenddessen wucherte in mir der Krebs weiter, unbemerkt und mit todbringender Intensität.

Dienstag, 1. Juli 2014

Ich habe schlecht geschlafen. Immer und immer wieder diese quälenden Gedanken, dass mich niemand ernst nimmt, mir niemand Glauben schenkt. Zur Ärztevisite erscheint erneut nur der Assistenzarzt. Auf der rechten Seite meines Bettes bezieht er Stellung. Standardfrage: «Wie geht es Ihnen?» Standardantwort: «Gleich wie immer in den letzten Tagen. Etwas besser als am 27. Juni, doch eben auch nicht gut!»

«Nützen die Schmerzmittel, die wir Ihnen geben?»

Oje, was sage ich denn jetzt bloss? Nebst dem Gentamicin erhalte ich nämlich noch Dafalgan und Novalgin in Hülle und Fülle. Wobei diese, wenn ich ehrlich bin, nicht wirklich zu nützen scheinen. Besser geht es mir nach deren Einnahme jeweils nicht. Ich entschliesse mich einmal mehr für die Wahrheit und teile dies dem Assistenzarzt so mit.

«Na, dann können wir die Schmerzmittel ja auch weglassen. Denn wissen Sie, Schmerzmittel können auch Kopfschmerzen verursachen.» Er grinst mich frech an. Weiter fragt er mich: «Können Sie nachts gut schlafen?»

Meine erneut ehrliche Antwort lautet: «Nicht wirklich gut. Wie man halt schläft, wenn man Schmerzen hat, sich unwohl fühlt.»

«Sehen Sie, auch Schlafstörungen können Kopfschmerzen auslösen.»

Habe ich gerade gesagt, ich hätte Schlafstörungen? In mir steigt Wut empor. *Nichts sagen, das bringt doch alles nichts,* sage ich mir immer und immer wieder. Der Assistenzarzt verkündet weiter, dass ich heute nach Hause kann. Er werde die Entlassungspapiere vorbereiten. «Der Tularämie-Spezialist wird nach dem Mittag noch vorbeikommen und Ihnen die weitere Vorgehensweise erklären», lässt er mich noch wissen. Mit diesen Worten geht eine weitere, enttäuschende Ärztevisite zu Ende.

Abermals liege ich auf meinem Bett und kämpfe mit den Tränen. Ich weiss nicht mehr, was ich tun soll, bin mit der ganzen Situation völlig überfordert. Rückblickend darf ich sagen, dass ich aus jenen Situationen viel gelernt habe. Nie mehr in meinem ganzen Leben werde ich mich von Mitmenschen, egal ob Arzt oder nicht, in dieser Art und Weise behandeln lassen.

Das Klingeln meines Telefons reisst mich aus meinen Gedanken. Es ist mein Hausarzt. «Frau Zürcher, ich habe den Bericht erhalten, dass Sie erneut im Spital sind. Wie geht es Ihnen, wie ist der aktuelle Stand der Dinge?»

Er ist einfach der beste Arzt, den es gibt! Von ihm könnten sich andere Ärzte ein grosses Stück abschneiden. Ich erzähle ihm kurz, was ich weiss, respektive dass ich eben nichts weiss. Dass immer noch nach einer Bestätigung für die Tularämie gesucht wird. Auch erzähle ich von der soeben stattgefundenen Visite. Rasch bemerke ich, dass mein Hausarzt überhaupt nicht erfreut ist. Er fragt nach dem Namen des Assistenzarztes und sagt mir: «Schmerztabletten können schon zu Kopfschmerzen führen. Jedoch müssten diese über einen viel längeren Zeitraum eingenommen werden.» Nach dem Telefonat mit meinem Hausarzt geht es mir zumindest mental etwas besser. Ich rufe meine Mutter an und sage ihr, dass ich heute endlich nach Hause kann und bitte sie, mich am Nachmittag abzuholen.

Gegen drei Uhr ist sie dann bei mir, meine Mutter. Den Assistenzarzt habe ich nicht mehr zu Gesicht bekommen, und auch der Hasenpest-Spezialist ist noch nicht erschienen. Deshalb ist einmal mehr Warten angesagt. Sehnsüchtig darauf warten, endlich nach Hause zu können. Mehrmals frage ich die Pflegerin, wann denn nun jemand komme. Sie entschuldigt sich immer wieder und sagt: «Ich schaue.»

Es ist ungefähr fünf Uhr, als der Oberarzt erscheint. Der Tularämie-Spezialist habe keine Zeit gehabt. Meine Mutter sitzt neben mir am Bett und hört aufmerksam zu. Relativ schnell ist klar, dass mein Hausarzt angerufen haben muss und den für mich zuständigen Personen des Spitals gesagt hat, dass ich mich nicht ernstgenommen fühle. Der Auftritt des Oberarztes gleicht einer Rechtfertigung sondergleichen. Er betont erneut, dass man sehr breite Diagnostik betrieben habe und die gefährlichsten

Erkrankungen ausschliessen könne. Betreffend der Tularämie warte man noch auf das Resultat aus dem Labor in Spiez. Ich könne aber trotzdem nach Hause und müsse einfach täglich ambulant vorbeikommen, um das Gentamicin zu erhalten. Dies solange, bis die Resultate aus Spiez vorlägen.

Ich frage ihn: «Weshalb sind meine Blutwerte denn nicht optimal?» Bislang habe ich es nicht erwähnt, doch seit ich hier bin, habe ich konstant eher erhöhte Leukozyt-Werte. Erinnern wir uns kurz an die Worte meines Hausarztes auf meine Frage, was die Leukozyten sind: *Die Leukozyten sind die weissen Blutzellen. Diese machen für den Organismus unverträgliche Stoffe bzw. Krankheitserreger unschädlich.* Meine Werte bewegen sich zwar innerhalb des sogenannten Referenzwertes, sind aber trotzdem eher zu hoch für meine Verhältnisse. Oder mit anderen Worten: Mein Körper kämpft gegen etwas an.

«Die Leukozyt-Werte können auch erhöht sein, wenn Sie sich zum Beispiel das Knie angeschlagen haben», so seine Antwort.

Als der Oberarzt sein Gewissen reingewaschen hat und gerade gehen will, erscheint der Assistenzarzt. Mit sich bringt er ein Arztzeugnis, welches mich noch bis zum 11. Juli zu hundert Prozent krankschreibt. Zudem bringt er eine Medikamentenverschreibung mit. Nebst dem Gentamicin, welches ich ambulant erhalten werde, verschreibt er mir Aspegic. Was Aspegic ist? Ein Schmerzmittel, das unter anderem bei Migräneattacken eingenommen werden kann.

Beim Verlassen des Spitals schwöre ich mir hoch und heilig: Nie mehr in meinem ganzen Leben werde ich hierhin zurückkehren! Und wenn, dann nur bewusstlos. *Du wirst jetzt gesund, etwas Anderes gibt es nicht! Leide, beisse auf die Zähne, egal was. Doch NIE WIEDER wirst du hierhin, in dieses Spital, zurückkehren.*

Mein Schicksal sollte ein anderes sein.

Meine Mutter begleitet mich nach Hause. Da ich alles andere als in einem guten Allgemeinzustand bin, beschliesst sie kurzerhand, dass sie einige Tage bei mir bleibt. Ich bin sehr froh darüber, bemerke ich doch selber, dass ich zwar offensichtlich gesund genug bin, um nicht mehr im Spital sein zu müssen, aber noch Meilen von «richtig» gesund entfernt. Sie kocht mir ein leckeres Abendessen, und ich bin einmal mehr einfach nur unendlich dankbar, wieder zu Hause zu sein.

Mittwoch, 2. Juli 2014

Ich erwache erst, als mich der Wecker aus meinen Träumen reisst. Im ersten Moment weiss ich nicht, wo ich bin, stelle dann aber erleichtert fest, dass ich nicht mehr im Spital liege, sondern zu Hause in meinem eigenen Bett. Ein zufriedener Seufzer kommt über meine Lippen.

Heute Nachmittag steht die erste ambulante Gentamicin-Gabe auf dem Programm. Doch eben – zum Glück erst am Nachmittag. So stehe ich auf, gönne mir eine ausgiebige Dusche und freue mich sehr darüber, dass ich mir die Haare wieder mit beiden Händen waschen kann.

Nach dem Frühstück widme ich mich meinen zwei grossen Balkonkästen. Darin wachsen verschiedene Kräuter, Ringelblumen, Johanniskraut, echte Kamille und vieles mehr. Zu gerne hätte ich einen eigenen Garten, um mich richtig austoben zu können. In meiner Abwesenheit hat sich meine Schwester um meine Pflanzensammlung gekümmert. Einen grünen Daumen hat sie nicht wirklich, ihre Finger gehören eher auf einen Gitarrenhals als in Erde, doch sie hat sogar die ersten Ringelblumen für mich geerntet und nach meinen Anweisungen getrocknet. Bei dem Gedanken muss ich lächeln. An solch kleinen Dingen erkennt man, wie gerne einen jemand hat. Ungefähr eine Stunde hege und pflege ich meine Pflanzen. Dabei werde ich ganz ruhig und lasse meinen Gedanken freien Lauf. Wie ein Film gehen mir nochmals die Ereignisse der letzten Tage durch den Kopf. Während ich gedanklich bei Ober- und Assistenzärzten bin, bemerke ich, wie müde ich abermals bin. *Es wird Zeit, dass du wieder zu Kräften kommst. Langsam wird es echt mühsam, diese ständige Müdigkeit.* Ich spreche im Stillen mit meinem Körper, bitte ihn, wieder normal zu funktionieren und, egal was los war, es möge jetzt vorbei sein.

Nach dem Mittagessen machen meine Mutter und ich uns auf den Weg ins Spital. Keine Sorge, ich habe nicht vor, meinen Vorsatz von gestern bereits zu brechen. «Nie mehr in dieses Spital», hat sich auf einen stationären Aufenthalt bezogen. Hingehen, Gentamicin erhalten und wieder ab nach Hause, das verkrafte ich gerade noch.

Als ich das Spital betrete und am Empfang fragen will, wo ich hingehen muss, kreuzt eine der Lernenden der Abteilung der Inneren Medizin meinen Weg. «Was machen Sie denn schon wieder hier?», fragt sie unverhohlen.

Mädchen, zuerst denken und dann sprechen, hätte ich ihr gerne gesagt. «Keine Sorge, ich muss nur zur ambulanten Gentamicin-Gabe», entgegne ich.

«Ach so.»

Danke, Ihnen auch einen schönen Tag! Und die besten Grüsse an die Herren Ärzte.

Die Frau am Empfang erklärt mir, ich müsse mich auf dem onkologischen Ambulatorium melden. Beim Wort «onkologisch» läuft es mir kalt über den Rücken. Vor meinem inneren Auge sehe ich kahlköpfige, ausgehungerte und bleiche Gestalten mit grossen dunklen Schatten unter den Augen. In mir steigt Angst auf. Angst davor, diese Menschen zu sehen, ihnen zu begegnen. Ich weiss, dass ich mich hilflos fühlen werde in deren Gegenwart. *Ich will nicht dorthin,* sagt meine innere Stimme.

Heute, nachdem ich mich auch zu diesen «sonderbaren Wesen» zählen darf, schäme ich mich für meine damaligen Gedanken. Sie waren falsch, verletzend und absolut fehl am Platz. Ich hatte schlichtweg keine Ahnung davon, was es heisst, Krebspatient zu sein. Ich liess mich von in unserer Gesellschaft häufig vorherrschenden Vorurteilen und Meinungen blenden. Am eigenen Körper habe ich zwischenzeitlich erfahren, wie verletzend diese Hilflosigkeit sein kann. Wie weh es tut, wenn man spürt, dass Menschen einem eigentlich lieber nicht begegnen möchten,

Menschen den Kontakt sogar abbrechen, nur, weil man Krebs hat. Krebs ist eine sehr tragische Krankheit. Dass sie Furcht und Unsicherheit auszulösen vermag, ist bis zu einem gewissen Punkt normal. Doch wir Krebspatienten sind keine Geister, vor denen man sich fürchten muss. Genau das hätte mir zum damaligen Zeitpunkt jemand sagen sollen. Zurückblickend frage ich mich, ob diese Situation – dass ich das Gentamicin auf dem onkologischen Ambulatorium erhalten soll – einfach in meinen Lebensplan gehört hat. War es Vorsehung? Quasi eine Vorbereitung auf das, was noch kommen sollte?

Es bleibt mir nichts Anderes übrig, als mich auf den Weg in Richtung onkologisches Ambulatorium zu machen. Meine Mutter begleitet mich. Wahrscheinlich hat sie gespürt, wie schwer mir dieser Gang gefallen ist. Links, geradeaus, rechts, links, geradeaus – da lese ich es, in grossen, fetten Buchstaben: **ONKOLOGIE**.

Eine Pflegerin mit einem warmherzigen Lachen nimmt mich in Empfang. Bei ihrem Anblick verfliegt meine Angst. Während meine Mutter im Warteraum Platz nimmt, führt mich die Pflegerin in einen auf mich riesengross wirkenden Raum. Der Raum gleicht einer Halle, einer Halle voller überdimensional grosser Fernsehsessel. Auf der einen Seite sind die Sessel jeweils erhöht, wohl zur Abschottung vor den anderen Patienten. Die Pflegerin weist mir den Sessel ganz links an der Wand zu. Leicht gebückt schleiche ich mich dorthin und vermeide es dabei tunlichst, mich umzuschauen. *Immer schön auf den Boden blicken, nicht, dass du noch ein Gespenst siehst und zu schreien anfängst.* Schnell lasse ich mich auf dem Sessel nieder. Zum einen, um eben keinen dieser Krebspatienten sehen zu müssen und zum anderen, weil die ganze Aufregung all meine Energie aufgebraucht hat. Mein Herz schlägt einmal mehr rekordverdächtig schnell, und mir ist leicht schwindlig. Es ist gut möglich, dass ich den damaligen Zustand – dort, im onkologischen Ambulatorium des Spitals – nicht nur dem in mir wuchernden Krebs zu verdanken hatte, sondern primär meiner eigenen Angst vor dem Krebs. Beim Niederschreiben dieser Sätze werde ich nachdenklich. Ich fürchtete mich vor etwas, das bereits da war. Ich war zum damaligen Zeitpunkt selber Krebspatientin. Nur wusste ich noch nichts davon, zumindest nicht offiziell.

«So, ich werde Ihnen jetzt die Infusion legen», reisst mich die Pflegerin aus meinen Gedanken. Man könnte meinen, ich hätte mich zwischenzeitlich daran gewöhnt, mit einer fiesen Nadel gestochen zu werden. Doch dem ist nicht so. Ich sage: «In Ordnung. Aber ich schaue besser weg, sonst wird mir bloss übel.»

Nachdem die Infusion gelegt ist und die Pflegerin mir Blut abgenommen hat, erhalte ich das Gentamicin. «Es dauert zirka dreissig bis vierzig Minuten. Ich hole Ihre Mutter, dann haben Sie etwas Ablenkung», sagt sie zu mir. Während sie meine Mutter holt, verrenke ich meinen Kopf und schaue vorsichtig hinter dem Stuhl hervor. Was erblickt mein Auge? Definitiv nicht das, was ich erwartet hatte. Es sind kaum andere Patienten da. Nur eine Frau und ein Mann. Beide schätzungsweise zwischen siebzig und achtzig Jahre alt. Schlank sind sie, und man könnte sagen, dass ich schon gesündere Gesichtsfarben gesehen habe. Doch ansonsten sehen sie recht gesund aus. Als hätten sie geahnt, dass ich mich nach ihnen umschauen würde, schauen sie mich an. Beide lächeln und nicken mir zu. Meine Lippen bewegen sich zu einem stummen «Guten Tag». Ich bin beinahe ein bisschen enttäuscht. *Ob ich hier wirklich im onkologischen Ambulatorium bin?* Wo sind denn nun die von mir so gefürchteten Krebspatienten? Die beiden – Grossmutter und Grossvater – bekommen bestimmt keine Chemotherapie verabreicht. Dafür sehen sie viel zu gesund aus. Während ich darüber sinniere, ob die beiden Krebs haben oder nicht, betreten meine Mutter und die Pflegerin den Raum. Meine Mutter setzt sich zu mir, die Pflegerin geht zu Grossvater und fragt ihn:

«Geht es bei Ihnen? Die wievielte Chemotherapie ist das jetzt?»

«Ich weiss es nicht mehr», antwortet Grossvater. «Irgendwann hört man auf zu zählen.» *Also doch Krebs.*

Während das Gentamicin tropfweise in mich sickert, denke ich darüber nach, was es wohl wirklich heisst, krebskrank zu sein. Die Schauergeschichten meiner Fantasie wurden an diesem Nachmittag ganz offensichtlich zerschlagen. Ich bin so in meine Gedanken versunken, dass ich beinahe erschrecke, als die Pflegerin plötzlich neben mir steht und sagt: «So, für heute hätten Sie es geschafft. Warten Sie bitte auf die Ärztin, sie will noch kurz mit Ihnen die Blutwerte besprechen.»

Bereits wenige Minuten später steht sie auch schon neben meinem Stuhl, die zuständige Assistenzärztin.

«Ah, hallo», sage ich zögerlich. Vor mir steht die Tochter meines Hausarztes. Ich kenne sie vom Sehen, weil ihr Ehemann mit meinem Ex-Freund zusammen Fussball gespielt hat. Sie schaut mich unschlüssig an, überlegt und sagt dann:

«Hallo, wir kennen uns, oder?» Nachdem aufgeklärt ist, von wo wir uns tatsächlich kennen, erklärt sie mir, dass meine Blutwerte stabil sind. Stabil heisst in dem Fall: Nicht besser, aber auch nicht schlechter. Stabil, nicht gut. «Gib auf dich acht, du warst stärker erkrankt, als dir vielleicht bewusst ist», gibt sie mir zum Abschied mit auf den Weg. «Wir sehen uns morgen wieder.»

Beim Verlassen des Spitals sage ich zu meiner Mutter: «Hast du gehört? Die Blutwerte sind zwar stabil, aber nicht besser. Das ist doch nicht normal, oder?» Meine Mutter lächelt und meint sarkastisch: «Hast du dir das Knie angeschlagen? Du weisst ja, schon das alleine genügt, um die Leukozyt-Werte ansteigen zu lassen.» Wir schütteln beide den Kopf und verlassen lachend das Spital.

Zu Hause lege ich mich hin. Ich bin einmal mehr schrecklich müde. Trotzdem – trotz der Müdigkeit – habe ich aber das Gefühl, dass es mir besser geht. Das Gentamicin wirkt. Oder ich will auf jeden Fall ganz stark, dass es wirkt.

Gegen Abend, meine Mutter steht in der Küche und kocht für mich, setze ich mich an meinen Laptop. Meine Recherchen gelten dem Thema Krebs / Chemotherapie. Ich möchte mir Wissen aneignen und zu verstehen versuchen. Nun gut, lange habe ich nicht gelesen. Denn schon nach wenigen Minuten ist mir klar, dass die ganze Thematik sehr komplex ist. Jede Krebsart eine andere Therapieform mit sich bringt und sogar gleiche Krebsarten in verschiedenen Ländern anders therapiert werden. Dass es aggressivere und weniger aggressive Krebsarten gibt, und, und, und ... Ein richtiger Dschungel, das Thema Onkologie. *Schluss damit, kümmere du dich mal besser um deine eigene Genesung. Wenn du wieder gesund bist, kannst du dich immer noch mit diesem Thema auseinandersetzen.* Ich konnte ja nicht wissen, dass der von mir zu gehende Weg anders aussehen würde. Nämlich nicht: Gesund werden und dann über das Thema Krebs informieren, sondern: Krebs haben und dann gesund werden. Einmal mehr zeigt dies: Zum Glück wissen wir nicht, was alles auf uns zukommt.

Donnerstag, 3. Juli 2014

Am nächsten Tag wird mir bei der Gentamicin-Gabe der gleiche grosse Fernsehsessel zugewiesen. Die heute zuständige Pflegerin hat Mühe, mir eine Infusion zu legen. Mein Körper scheint langsam genug davon zu haben, ständig angezapft zu werden. Nach dem dritten Versuch gelingt es schliesslich, der Venenkatheter steckt in einer meiner Venen.

«Ich bringe Ihnen etwas zu trinken. Ist Tee in Ordnung? Sie haben bestimmt noch nicht viel getrunken, das merkt man beim Stechen.»

«Stimmt, ich habe wirklich nicht viel getrunken, und Tee ist in Ordnung.»

In einem Zug trinke ich den lecker schmeckenden Tee aus und lasse mich dann in den Stuhl fallen. Während ich mit Gentamicin versorgt werde, halte ich ein Nickerchen. Die Zeit vergeht schnell, bevor ich gehen darf, schaut wieder die Tochter meines Hausarztes nach mir. «Soweit alles unverändert», teilt sie mir mit. Ich müsse morgen nochmals kommen, die Ergebnisse aus Spiez lägen noch nicht vor. «Ich frage heute nochmals im Labor nach, und sollte ich etwas erfahren, werde ich dich heute Nachmittag anrufen», lässt sie mich wissen.

Zu Hause esse ich eine Kleinigkeit, lege mich kurz hin und nehme anschliessend einen Spaziergang in Angriff. Ich erinnere mich, als wäre es gestern gewesen. Voller Ambitionen bin ich losmarschiert. Ich liebe Spaziergänge und Wanderungen. Stundenlang könnte ich laufen. Dass sich mein körperlicher Zustand in den letzten Wochen verändert hat, ist mir selbstverständlich bewusst. Ich beschliesse daher, nur eine sehr kleine Runde von etwa einer Stunde zu machen.

Von meinem zu Hause bis zum Wald sind es rund zwanzig Minuten Fussmarsch. Obwohl ich für meine Verhältnisse in einem extrem langsamen Tempo gehe, verspüre ich bereits beim Erreichen des Waldrandes die Erschöpfung in mir hochsteigen. *Nun reicht es aber, reiss dich mal zusammen!*, motiviere ich mich selber. Weiter geht's. Durch den Wald, der Weg steigt an. Nicht steil, aber stetig bergauf. Bereits nach wenigen Schritten pocht mein Herz, als wäre ich zehn Kilometer gerannt. Meine Lunge brennt. *Weitergehen!* Als ich die Anhöhe erreicht habe, bin ich völlig ausser Atem. Ich bleibe stehen und will ganz tief und langsam atmen, meinen aufgebrachten Puls beruhigen. Dabei habe ich das erste Mal das eindeutige Gefühl, dass ich nicht wie gewohnt atmen kann. Es fühlt sich an, als würde sich meine Lunge nur oberflächlich mit Luft füllen, als stünde einer tiefen Atmung etwas im Wege. Ganz in der Nähe erblicke ich eine rote Parkbank. Mit letzter Kraft schleppe ich mich dorthin, lasse mich völlig erschöpft nieder. In dem Moment weiss ich – einmal mehr – mit absoluter Sicherheit, dass etwas nicht stimmt mit mir. Für die ständige Müdigkeit habe ich eine Erklärung: Meningitis. Auch dafür, dass meine Kondition in einem grottenschlechten Zustand ist. Doch dieses Gefühl, nicht richtig atmen zu können – seltsam. Während ich darauf warte, dass sich mein Herz langsam beruhigt, kreisen meine Gedanken um meinen körperlichen Zustand, um meine aktuelle gesundheitliche Verfassung. Die Situation ist äusserst belastend für mich. Spüren, dass etwas nicht stimmt, aber nicht wissen, was es ist. Und dabei keine Aussicht darauf haben, in Bälde zu erfahren, was nicht stimmt.

Daher habe ich an diesem 3. Juli 2014 im Wald, auf dieser Parkbank sitzend, einen Entschluss gefasst:

Ab dem heutigen Datum geht es mir wieder gut. Ich bin gesund, kräftig. Alles, was an gesundheitlichen Problemen war, ist jetzt vorbei! Von jetzt an werde ich nur noch sagen, dass es mir besser geht, ich auf dem Weg der Besserung bin. Alles andere hat keinen Platz mehr.

Oh ja, ich habe diesen Vorsatz umgesetzt – und wie! Rückblickend kann ich sagen, dass er hier so richtig begonnen hat, mein persönlicher Kampf gegen den Krebs.

Nachdem ich mich etwas erholt habe, mache ich mich auf den Heimweg. Niemandem habe ich bislang von diesem Spaziergang erzählt. Ich wollte es nicht. Was ich wollte war: wieder gesund sein.

Freitag, 4. Juli 2014
Da ich am gestrigen Tag nichts von der Tochter meines Hausarztes gehört habe, gehe ich heute erneut zur Gentamicin-Gabe. Im onkologischen Ambulatorium erhalte ich schliesslich den Bericht, dass ich nicht an Tularämie erkrankt bin. Auch vom Labor in Spiez konnte kein Nachweis dafür erbracht werden, was mir fehlt. Alles wurde wiederholt getestet. Jede erdenkliche Geschlechtskrankheit, Borreliose, FSME und eben die gute alte Tularämie. Ohne brauchbares Ergebnis. *Ich bleibe also weiterhin ein Mysterium.*

«Du bekommst das Gentamicin heute trotzdem», erklärt mir die Tochter meines Hausarztes. «Morgen musst du nicht mehr kommen.» Hätte ich geahnt, was noch alles auf mich zukommen sollte, hätte ich diese heutige Gentamicin-Gabe wohl – meinem Körper zu liebe – dankend abgelehnt.

Beim Verabschieden versichere ich der Tochter meines Hausarztes, dass es mir bereits viel besser gehe, ich jetzt wieder gesund werden würde und schon alles wieder gut kommt.

Am Nachmittag steht ein Termin bei meinem Hausarzt auf dem Programm. Der Assistenzarzt des Spitals hat mich ja bis zum 11. Juli arbeitsunfähig geschrieben. Da mein Hausarzt seine Praxis jedoch – infolge Ferien – für die nächsten Wochen schliessen wird, habe ich bereits heute einen Termin bei ihm. Auch ihm versichere ich, dass es mir besser geht. Dass ich noch geschwächt sei, doch ich könne spüren, dass das Schlimmste überstanden ist. Er schreibt mich ab 12. Juli für weitere ein bis zwei Wochen zu hundert Prozent krank. Anschliessend könne ich selber entscheiden, ob ich mich in der Lage fühle, wieder arbeiten zu gehen und wenn ja, zu wieviel Prozent. Wir vereinbaren, dass ich mich am Montag, 28. Juli wieder bei ihm melden werde.

Zu guter Letzt überzeuge ich auch meine Mutter davon, dass es mir besser geht und sie nach Hause gehen kann. Wie überzeugend ich doch sein kann. Niemand hat daran gezweifelt, dass es mir besser geht.

Samstag, 5. bis Dienstag, 15. Juli 2014

In diesen Tagen liegt mein Hauptfokus darauf, so zu tun, als sei ich wieder gesund. Mich und mein Umfeld davon zu überzeugen, dass ich auf dem Weg der Besserung bin. Ich schlafe viel, erhalte den einen oder anderen Besuch von Freunden und gehe täglich spazieren. Immer wieder mache ich dieselbe Runde durch den Wald. Jedes Mal komme ich dabei an meine körperlichen Grenzen. Doch ich will es nicht wahrhaben, immer wieder sage ich mir: *Du bist gesund! Alles ist in bester Ordnung.*

Wie sagt ein Sprichwort? «Pessimisten stehen im Regen, Optimisten duschen unter den Wolken.» Ich denke, dieses Zitat passt ganz gut zu meiner damaligen Situation. Und wenn man lange genug unter Wolken duscht, so spürt man irgendwann tatsächlich eine Veränderung. So war es bei mir. Leise kam der Tag, an dem ich mir nicht mehr sagen musste «Du bist jetzt gesund». Ich fühlte mich gesünder, stärker – auf dem Weg zu vollständiger Gesundheit.

Mittwoch, 16. bis Montag, 21. Juli 2014
Ich verbringe einige Tage bei meinen Eltern im Emmental. Ich will zusätzliche Kraft tanken und nirgendwo kann ich das so gut wie in der hügligen, schroffen und zugleich lieblichen Landschaft des Emmentals. Dort sind meine Wurzeln, dort bin ich zu Hause.

Dienstag, 22. bis Sonntag, 27. Juli 2014
Nach dem Kurzurlaub bei meinen Eltern taste ich mich langsam an den Alltag heran. Ich freue mich darauf, arbeiten zu gehen. Halbtags werde ich anfangen. Doch ich erinnere mich auch, dass ich grossen Respekt hatte. Respekt davor, wieder die Leistung eines gesunden Menschen zu erbringen. Obwohl mir das «Ich bin gesund» zwischenzeitlich in Fleisch und Blut übergegangen ist und ich felsenfest daran glaube, spürt doch ein kleiner Teil in mir, dass ich vor allem in den letzten Tagen nochmals schwächer geworden bin.

Denke an deinen Entschluss! Alles ist gut, beruhige ich mich immer wieder aufs Neue.

Montag, 28. Juli 2014

Schweissgebadet wache ich auf. Mein T-Shirt ist völlig durchnässt, mein Atem geht schnell. Im ersten Moment weiss ich nicht, wo ich bin. Nur langsam lichtet sich der Nebel, und in mein Bewusstsein schleichen sich die Worte: *Heute ist dein erster Arbeitstag nach rund zwei Monaten Abwesenheit.* Wow, dass mich diese Tatsache dermassen ins Schwitzen bringt, hätte ich nicht gedacht. Ich fasse mir an die Stirn. Sie glüht. Ob ich Fieber habe? Ich schaue auf die Uhr. Kurz nach drei Uhr morgens. *Nein, kein Fieber. Das darf nicht sein. Du hast schlecht geträumt,* beruhige ich mich selber.

Ich stehe auf, ziehe mir ein frisches T-Shirt an und lege mich erneut schlafen. Rund vier Stunden später klingelt mein Wecker. Langsam werde ich wach und stelle fest, dass ich schon wieder sehr stark geschwitzt habe. Schon Ende Juni habe ich ja bemerkt, dass meine Schweissdrüsen wohl meinen, besonders aktiv sein zu müssen. Doch dieses nächtliche, extrem starke Schwitzen ist ganz was Neues.

Nachdem ich aufgestanden bin, schleppe ich mich unter die Dusche. Endlich wieder einmal mein morgendliches Ritual. Wie hatte ich es vermisst! Jeder Handgriff sitzt noch. Schnell, schnell, rasch einen Kaffee, und schon mache ich mich auf den Weg zur Arbeit.

Ich lebe in der gleichen Ortschaft, in der ich auch arbeite. Den Arbeitsweg gehe ich immer zu Fuss und mache mir jeden Tag ein Spiel daraus, so schnell wie möglich im Büro zu sein. Wenn ich zügig gehe, schaffe ich es in fünf bis sechs Minuten. Heute jedoch gehe ich langsam. Sehr langsam. Nach zwölf Minuten erreiche ich endlich meinen Arbeitsplatz. Ich bin völliger ausser Atem, meine Lunge schmerzt, und das vor acht Uhr morgens. *Der Tag fängt ja gut an.* Auf meinem Schreibtisch stehen Blumen und eine Karte. Meine Arbeitskolleginnen und -kollegen wünschen mir einen guten Start nach meiner langen Abwesenheit. Darüber freue ich mich sehr, freue mich, wieder arbeiten zu dürfen.

Ich setze mich an meinen Schreibtisch, starte meinen Computer und stelle fest, dass doch einiges an Arbeit auf mich wartet. Ich beschliesse, es trotzdem ruhig anzugehen. *Eines nach dem anderen.*

Im Verlaufe des Vormittags rufe ich meinen Hausarzt an und teile ihm mit, dass ich beabsichtige, ab heute zu fünfzig Prozent zu arbeiten.

Als ich dann um die Mittagszeit wieder zu Hause bin, will ich nur noch schlafen. Ich verspüre keinen Hunger, keinen Durst, nur Müdigkeit. Ich schliesse meine Wohnungstüre ab, ziehe mich aus und verkrieche mich unter meine Bettdecke. Sogleich versinke ich in einen tiefen, traumlosen Schlaf. Das Klingeln meines Weckers lässt mich aufschrecken. *Was zur Hölle ...* Ich schaue auf die Uhr – es ist Zeit aufzustehen!

Dienstag, 29. Juli 2014

Es ist sechs Uhr vierzig am Morgen des 29. Juli 2014. Ich habe gerade achtzehn Stunden am Stück geschlafen. Mein

Bettlaken, mein Kissen, alles völlig durchnässt, getränkt von meinem Schweiss. Ekelhaft! Dass das nicht normal ist, scheint ausser Frage zu sein. Doch was soll's? Ich bin gesund! Ich kämpfe mich aus den Federn. Dafür, dass ich solange geschlafen habe, fühle ich mich überhaupt nicht erholt. Meine Lunge schmerzt und mein Herz schlägt zum wiederholten Mal in einem rekordverdächtigen Tempo. *Du musst essen,* sage ich mir. Ich schleppe mich in die Küche, trinke ein Glas Milch und esse ein Müesli mit frischen Früchten. Das sollte mir etwas Energie geben. Anschliessend dusche ich und bin um ungefähr acht Uhr im Büro. Dort schreibe ich als Erstes eine Mail an meine Arbeitskolleginnen und -kollegen. Es ist mir ein grosses Anliegen ihnen mitzuteilen, dass ich zwar wieder arbeite und zuversichtlich bin, wieder gesund zu werden, doch dass ich aktuell nicht im Besitz meiner vollen Kräfte bin. Dass ich, bedingt durch die Hirnhautentzündung, noch sehr geschwächt bin. Was hätten sie wohl gesagt, wenn ich ihnen geschrieben hätte, wie lange ich nach dem gestrigen ersten Arbeitstag geschlafen habe?

Ansonsten verläuft der Morgen ruhig. Ich kümmere mich weiter um die Aufarbeitung meiner Pendenzen.

Am Mittag mache ich mich auf den Heimweg. Abermals bin ich schrecklich müde, würde mich am liebsten gleich wieder hinlegen und schlafen. Auch verspüre ich im Nackenbereich einen seltsamen Schmerz. Einen brennenden, ziehenden Schmerz, der sich in Richtung meiner linken Halsseite ausdehnt. *Nicht schon wieder, langsam gehst du mir ziemlich auf die Nerven, mein Lieber!* Ich führe Selbstgespräche mit meinem Körper. Als ich zu Hause angekommen bin, zwinge ich mich, eine Kleinigkeit zu essen. Hunger verspüre ich kaum in diesen Tagen. Nach dem Essen schleppe ich mich in die nahegelegene «Engel-Apotheke». Ohne gross zu erklären weshalb und wofür, kaufe ich mir Perskindol-Pflaster, Tigerbalsam und ein Lavendel-Entspannungsbad. Wie für mich üblich, habe ich mir für alles bereits eine gute Erklärung zurechtgelegt. Die undefinierbaren Nackenschmerzen sind bestimmt muskulär bedingt, ich bin es einfach nicht mehr gewohnt, am Computer zu arbeiten.

Wieder zu Hause, gönne ich mir ein Lavendelbad, klebe mir anschliessend das stark wärmende Perskindol-Pflaster auf meine Nackenpartie und lege mich auf mein Bett. *Nur kurz ein bisschen entspannen.* Bevor ich meine Augen schliesse, schaue ich auf meine Uhr. Es ist fünf Uhr nachmittags.

Mittwoch, 30. Juli 2014

Erneut reisst mich der schrille Klang meines Weckers aus einem seltsamen, traumlosen und extrem tiefen Schlaf. Wiederum habe ich vierzehn Stunden am Stück geschlafen. Erholt fühle ich mich dennoch überhaupt nicht. Eher wie nach einer durchzechten Nacht. Mein Schädel brummt gerade so, als ob ich zu tief ins Glas geschaut hätte. Ich stehe auf, ziehe mich an und mache mich auf den Weg zur Arbeit. Mein Nacken schmerzt stärker als gestern, ich habe Mühe, meinen Kopf zu bewegen. Vor allem die linke Seite meines Halses schmerzt. Doch: Mir geht es gut, ich bin auf dem Weg zu vollständiger Gesundheit! Ich blende ihn aus, diesen Schmerz. Oder versuche es zumindest krampfhaft.

Die Zeit scheint heute viel langsamer zu verstreichen als üblich. Ich bin froh, als ich endlich wieder nach Hause gehen kann. Schlafen, nur noch schlafen. Also lege ich mich um drei Uhr ins Bett und schlafe ein. Wieder dieser traumlose, tiefe Schlaf. Sechzehn Stunden schlafe ich, ohne mich zu bewegen. Ich liege sechzehn Stunden wie tot in meinem Bett.

Donnerstag, 31. Juli 2014
Nur noch heute arbeiten! Morgen ist der 1. August, Schweizer Nationalfeiertag, und somit frei, ist mein erster Gedanke, als mich der gute alte Wecker zurück ins Leben holt. Ich fühle mich scheusslich. Müde, mein Nacken und mein Hals schmerzen, meine Lunge brennt, mein Herz rast, mir ist schwindlig.

Ich weiss heute nicht mehr, wie ich in der Lage war, an diesem Tag zur Arbeit zu gehen. Ich erinnere mich nur noch, dass ich den Nachhauseweg kaum noch geschafft habe. Meine Beine haben gezittert, und ein paar Mal hatte ich das Gefühl, gleich ohnmächtig zu werden. Nun gut, irgendwann bin ich zu Hause angekommen. Auf die Nahrungsaufnahme habe ich, wie so oft in letzter Zeit, verzichtet. Ich wollte nur noch schlafen; was ich dann auch getan habe.

Freitag, 1. August 2014

Kurz nach Mitternacht wache ich ein erstes Mal auf. Ausnahmsweise ist es nicht mein Wecker, der mich aus dem Schlaf reisst, sondern mein Körper höchstpersönlich. Ich bin aufgewacht, weil ich von Kopf bis Fuss zitternd im Bett liege. Ein bis dahin noch nie erlebter Schüttelfrost lässt meine Glieder unkontrollierte Bewegungen machen. Mein Kissen, mein Laken – alles abermals durchnässt von meinem Schweiss. Mein Kopf dröhnt. Ich fasse mir an die Stirn. Sie glüht. *Mist,* denke ich, *ich habe ganz bestimmt hohes Fieber.* Mühsam erhebe ich mich aus dem Bett, schleiche mich ins Badezimmer und suche nach dem Fieberthermometer. Kniend durchforste ich den Wandschrank. *Hier irgendwo muss er doch sein!* Das Stöbern nach dem kleinen Thermometer kostet mich alle noch in mir vorhandene Energie. Endlich gefunden, mache ich mich wieder auf den Weg zurück ins Bett. Ich lege mich hin und warte, bis sich mein Puls ein kleines bisschen zu beruhigen scheint. Dieses bereits im Spital empfundene, äusserst seltsame Gefühl ergreift abermals Besitz von mir. Ein beklemmendes Gefühl und diese Gewissheit, dass etwas ganz und gar nicht stimmt mit mir.

Als mein Atem ein bisschen ruhiger geht, stecke ich mir das Fieberthermometer unter die rechte Achselhöhle, schliesse meine Augen und warte auf den Piepton. Zögernd schaue ich nach: 38,7 Grad. Voilà, mein Verdacht hat sich bestätigt. *Toll, nach allem nun auch noch eine Grippe! Hört das denn nie auf?* Ich bin den Tränen nahe.

Den schweizerischen Nationalfeiertag des Jahres 2014 habe ich mehrheitlich verschlafen. Ich befand mich in einer Art Schwebezustand, habe nichts gegessen und mich nur ab und zu gezwungen, einen kleinen Schluck Wasser zu trinken.

Samstag, 2. August 2014

Von diesem Tag weiss ich noch weniger zu berichten als von dem vorhergegangenen. Ich lag komatös im Bett, fühlte mich schwach und ausgelaugt. Fieber hatte ich nur ab und zu. Manchmal, meistens eher gegen Abend, sind sie gekommen, diese seltsamen Fieberschübe. Doch genauso unverhofft wie sie kamen, sind sie wieder verschwunden. Und geschwitzt habe ich – zum Glück musste niemand das Bett mit mir teilen.

Meine Eltern, meine Schwester sowie meine Freunde haben natürlich regelmässig nach mir gefragt, wollten wissen, wie es mir geht. Ihnen allen habe ich gesagt: «Ich habe mir eine Grippe eingefangen, aber ansonsten geht es mir recht gut.» Meine Worte entsprachen nicht der Wahrheit, das steht ausser Frage. Doch ich wollte auch zum damaligen Zeitpunkt noch nur das Eine: wieder gesund sein. Auch hatte ich schlichtweg nicht mehr die Energie dazu, mir zum widerholten Male Gedanken über meinen Gesundheitszustand zu machen.

Sonntag, 3. August 2014

Auch von diesem Tag habe ich nicht mehr viele Erinnerungen. Nur eine – und das war in dem Moment das absolut Wichtigste für mich: Kein Fieber mehr! Ich schlafe nach wie vor sehr viel, gebe mir die grösste Mühe, eine Kleinigkeit zu essen. *Es ist wichtig, dass ich versuche, bei Kräften zu bleiben,* sage ich mir immer und immer wieder.

Montag, 4. August 2014
Sechs Uhr, mein Wecker klingelt. Dieses vertraute Geräusch, das mir einen weiteren Arbeitstag ankündigt. Meine Augenlider fühlen sich schwer an, als ich sie öffne. An meinen Armen und Beinen scheint in der Nacht jemand Zementsäcke angebracht zu haben. Ich schaffe es kaum aus den Federn. Langsam und gequält schleppe ich mich unter die Dusche. Kälter als üblich rieselt das Wasser über meinen Körper. *Ich muss unbedingt wach werden!* Die kalte Dusche hilft ein bisschen, meine Glieder oder zumindest meinen Kreislauf in Schwung zu bringen. Im Spiegel jedoch schaut mich eine unglaublich blasse Frau mit müden, tiefliegenden Augen an. Und siehe da: Mein Dekolleté ist wieder mit diesem komischen Ausschlag übersät. *Ob ich in der Nacht unbewusst vom Oberarzt und seinem Assistenten geträumt habe?* Denn war es nicht so, dass nur die beiden Herren diesen auszulösen vermögen? Als ob mich mein Körper für meine zynischen Gedanken strafen möchte, beginnt der Ausschlag zu jucken. *Immer mal wieder was Neues, toll,* denke ich, während meine Fingernägel bereits mit grossem Druck über den Ausschlag gleiten. *Nicht kratzen, es wird nur noch schlimmer mit dem Juckreiz!* Einfacher gedacht als getan.

Der Schmerz in meinem Nacken und Halsbereich hat sich über Nacht nochmals verstärkt. Ich fühle mich total verspannt, er zieht sich auf der linken Seite meines Halses hoch. Ich nehme zwei Schmerztabletten auf einmal. Auf eine andere Art und Weise weiss ich mir in dem Moment nicht zu helfen.

Schliesslich mache ich mich auf den Weg zur Arbeit. Während ich gehe, habe ich das Gefühl, nicht genügend Luft zum Atmen zu bekommen. Ich keuche vor mich hin, und mein Herz schlägt so stark, gerade so, als wolle es mir jeden Moment aus der Brust springen. Immer wieder bleibe ich stehen und versuche, ruhig und kontrolliert zu atmen. Einen neuen Rekord bezüglich «so schnell wie möglich im Büro sein» habe ich an diesem Tag mit Bestimmtheit nicht aufgestellt.

Zudem plagt mich seit neustem ein eigenartiger Husten. Nicht der Erste meines Lebens und eigentlich nicht weiter schlimm, und doch fühlt sich dieser Husten anders an als alle bis dahin erlebten. Was denken Sie, was ich getan habe? Genau: Ignoriert. Mich an meinen Arbeitsplatz gekämpft und meine Arbeit erledigt. Wie ich das getan habe, daran kann ich mich nicht mehr erinnern. Auch weiss ich nicht mehr, wie ich nach Hause gekommen bin, was ich am Nachmittag dieses Augusttages getan habe. Vermutlich geschlafen, wie meistens in letzter Zeit.

Diese Tage Anfang August sind nur noch schwache Erinnerungen in meinem Kopf. Die eine oder andere Situation etwas klarer, doch Vieles, das Meiste, hüllt sich in einen dichten, undurchdringlichen Nebel. Wenn ich mich zu erinnern versuche, fühlt es sich an wie Emmentaler Käse: immer wieder grosse, klaffende Löcher. Ich empfinde es so, als hätte ich die Tage vom 1. bis 4. August 2014 nicht gelebt. Nun ja, vielleicht trifft es diese Wortwahl gar nicht mal so schlecht. Ich habe diese vier Tage meines Lebens wirklich nicht gelebt. Hätte ich nicht mehrheitlich geschlafen und wenn ich wach war, die Augen konsequent vor der Wahrheit verschlossen, so hätte ich ihn wohl wiedergesehen, den dunklen Schatten. Dieses Mal nicht am Ende meines Spitalbettes, sondern viel mehr direkt vor mir, die Hand nach mir ausgestreckt.

Dies war der erste Teil meiner Geschichte. Wie alles begann. Die eigentliche Geschichte, die beginnt erst jetzt.

Es ist offiziell: Er ist da

Dienstag, 5. August 2014
Ab dem heutigen Tag ist sie wieder da, meine Erinnerung. Klar und deutlich, bis ins kleinste Detail. Ein Bild nach dem anderen reiht sich vor meinem inneren Auge auf, und dies mit einer Klarheit und Intensität – es raubt mir noch heute beinahe den Atem. Doch schön der Reihe nach.

Mein guter alter Wecker reisst mich aus dem Schlaf. Ich höre den schrillen Ton und weiss: Es ist Zeit aufzustehen. Mein Körper fühlt sich an wie betäubt. Über Nacht scheint auch noch das letzte Quäntchen Energie aus mir gewichen zu sein. Ich reagiere entnervt, wütend. Dieses Gefühl der absoluten Kraftlosigkeit – ich habe es dermassen satt! Am liebsten würde ich meine Wut laut herausschreien, doch ich denke an meine Nachbarn und beschliesse, es nicht zu tun.

Entschuldigung, ihr lieben Nachbarn, denn ich habe dann doch geschrien. Mein morgendlicher Schmerzschrei dürfte weithin hörbar gewesen sein. Als ich mich nämlich wie immer relativ schwungvoll zu erheben versuche, trifft er mich mit einer bis dahin noch nie gefühlten Wucht. Ein fürchterlicher Schmerz zieht sich wie ein heiss glühender Draht meine linke Halsseite empor, strahlt aus in meinen Nacken und meinen linken Arm hinunter. *Ach du Scheisse, Herzinfarkt?*, geht es mir durch den Kopf. Ich lege mich wieder hin. Meine Pumpe schlägt zwar so schnell, als gäbe es kein Morgen mehr, doch ich habe nicht das Gefühl, dass der Schmerz von ihr kommt. Ich beruhige mich. Viel langsamer als zuvor erhebe ich mich erneut. Wenn ich mich zuerst auf die rechte Körperseite drehe, mich auf meinen rechten Arm abstütze und so den Oberkörper hebe, geht es einigermassen. Der Schmerz ist zwar da, aber nicht mit dieser kaum auszuhaltenden Stärke. So gelingt es mir, mich aus dem Bett zu erheben. Ich gehe ins Badezimmer und ziehe mich aus. Bevor ich in die Dusche steige, schaue ich in den Spiegel. Viel sehe ich nicht, meine Augen sind klein und zugeschwollen. Erst beim zweiten Blick werde ich auf einen Schlag hellwach. «Ach du meine Güte, was ist denn das jetzt?» Laut spreche ich die Frage aus. Ungläubig schaue ich mein Spiegelbild an.

Sagen Ihnen die Namen Kilian Wenger, Matthias Sempach und Christian Stucki etwas? Ich gehe einmal davon aus. Nun, an diesem Morgen des 5. August 2014 habe ich einen Halsumfang, da wären die Herren Wenger, Sempach und Stucki vor Neid erblasst. Vom Nacken her, am unteren Ende meiner linken Halsseite erhebt sich eine massive Schwellung. Zögernd fasse ich sie an. Sie glüht. Leicht drücke ich dagegen, schreie abermals auf. Ich erinnere mich gut, dass ich ziemlich überfordert war mit der ganzen Situation. Keinen blassen Schimmer hatte ich, was diese Schwellung zu bedeuten hat. Ich liess mich auf den kalten Fussboden gleiten und wollte weinen. Doch da waren keine Tränen mehr, ich hatte nicht mehr die Kraft dazu. In meiner Verzweiflung dringt der rationale Part meines Wesens durch. Mühsam stehe ich auf, hole mir aus meinem Arbeitszimmer einen Notizblock sowie einen Stift und beginne eine Auflistung aller meiner körperlichen Symptome zu machen, die ich als besorgniserregend einschätze.

Die Liste liest sich folgendermassen:
- starke Schmerzen Halsseite links
- Schwellung Halsseite links
- Herzrasen
- extrem starkes Schwitzen
- unerklärlicher Gewichtsverlust
- Fieberschübe
- seltsamer Husten
- Hautausschlag (seit neustem mit Juckreiz verbunden)
- Müdigkeit / Abgeschlagenheit
- Schmerzen im Bereich der Lunge
- Kopfschmerzen

Nachdenklich betrachte ich die Liste. Mir gehen die Worte der Ärzte des Spitals durch den Kopf. Sie alle hatten mir mehrfach gesagt, dass ich an nichts Schwerwiegendem leide, dass zwar unklar ist, was ich habe, aber mit Bestimmtheit nichts Besorgniserregendes. *Reagiere ich hier gerade komplett über?*, frage ich mich. Ich habe grosse Scheu davor, mich bei einem Arzt zu melden. Abermals als Simulantin abgestempelt zu werden, ich könnte es nicht ertragen.

Plötzlich jedoch erklingt eine bis dahin noch nie gehörte Stimme in mir: «Du musst zum Arzt und zwar sofort!» Still erklingt sie und doch mit einer Vehemenz, jeder Widerspruch erscheint zwecklos.

Mein Körper ist offensichtlich noch nicht gesund genug, braucht noch mehr Erholung. Ich spreche mit meinem Hausarzt, sage ihm, dass es noch zu früh ist, um wieder zu arbeiten.

Als Erstes rufe ich jedoch meinen Arbeitgeber an und melde mich krank. Pünktlich um acht wähle ich die Nummer der Praxis meines Hausarztes und verlange für heute einen Termin. Weshalb und wieso sage ich nicht. Meine Stimme muss sehr bestimmt geklungen haben, denn die Praxisassistentin antwortet bloss: «Heute, zehn Uhr dreissig.» Nach dem Telefonat schleppe ich mich unter die Dusche. Ein letzter, qualvoller, vergeblicher Versuch, meinem Körper etwas mehr Leben einzuhauchen. Anschliessend lege ich mich aufs Bett, auf den Rücken, momentan die einzige Position, in der ich einigermassen schmerzfrei bin.

Nach allem hier bereits Beschriebenen ist es schwierig, meine aktuelle körperliche Verfassung in Worte zu fassen. Ich würde sagen, es war der Tiefpunkt. Alles bis dahin Erlebte war im direkten Vergleich weniger schlimm. Ich wollte, doch mein Körper konnte nicht mehr. *Ende Feuer,* schien er mir zu sagen.

Während ich auf dem Bett liege und darauf warte, dass die Zeit vergeht, schreibe ich eine SMS an meine Schwester. Ich weiss, dass sie bei ihrem Freund übernachtet hat, heute nicht arbeitet und erst im Laufe des Vormittags nach Hause kommt. «Hallo Kleine, wie geht es dir? Mir leider nicht gut. Ich muss wieder zum Arzt. Habe einen Termin um

10.30 Uhr. Kannst du mich evtl. hinfahren? Je nach dem wann du zurück bist. Ich wäre dir sehr dankbar.»

Erstaunlich schnell schreibt sie mir zurück: «Ja klar, ich hole dich 10.20 Uhr ab.»

Später hat sie mir erzählt, dass sie um viertel vor neun aufgewacht sei und eigentlich noch ein bisschen länger hätte schlafen wollen. Doch aus irgendeinem Grund sei sie aufgestanden, ins Wohnzimmer gegangen und habe auf ihr Handy geschaut. Nur so habe sie meine Nachricht rechtzeitig gesehen. Zufall? Oder hat meine Schwester gespürt, dass ich ganz dringend ihre Hilfe benötigte?

Da ich nicht die leiseste Ahnung habe, weshalb ich seit heute Morgen aussehe wie der Schwinger Christian Stucki – zumindest was meinen linkseitigen Hals angeht – und ich doch immer alles verstehen möchte, frage ich einmal mehr Google. «Schwellung Hals» tippe ich in das Suchfeld. Was da alles an Vorschlägen auftaucht; ich scheine nicht die einzige Person mit einer Schwellung am Hals zu sein. Querbeet lese ich, bis ich auf Netdoktor auf einen spannenden Artikel stosse. Dort steht unter anderem folgendes:

Eine Schwellung am Hals kann unterschiedliche Ursachen haben – angefangen von entzündeten Lymphknoten im Rahmen einer viralen oder bakteriellen Infektion über Schilddrüsenerkrankungen («Kropf») bis hin zu gut- und bösartigen Tumoren.

Weiter finde ich eine Auflistung der Ursachen und der möglichen Erkrankungen, welche eine solche Halsschwellung hervorrufen können. Ein Punkt lautet wie folgt:

Lymphdrüsenkrebs (malignes Lymphom):
Eine Schwellung am Hals, in den Achselhöhlen oder in der Leiste aufgrund von vergrösserten Lymphknoten ist möglicherweise ein Anzeichen für Lymphdrüsenkrebs. Die Halsschwellung tritt meist in Kombination mit Nachtschweiss, Müdigkeit und Juckreiz auf. Allerdings ist diese Krebsart bei Erwachsenen im Vergleich zu anderen Krebsformen eher selten.

Nachtschweiss? Müdigkeit? Juckreiz? – Check, alles erfüllt! Ohne die geringste Empfindung tippe ich nun auf Google «Lymphdrüsenkrebs» ein. 122 000 Ergebnisse spuckt die Suchmaschine aus. Ich überfliege die Artikel, lese dabei immer wieder die Begriffe «Hodgkin-Lymphom» und «Non-Hodgkin-Lymphom». Völlig emotionslos habe ich schliesslich einen Artikel nach dem anderen gelesen. Weshalb ich in dem Moment absolut nichts empfunden habe, weiss ich nicht. Weder Angst noch Besorgnis – einfach nichts! Noch heute sehe ich mich auf meinem Bett liegend diese Artikel lesen. In einer Seelenruhe.

Kurz nach zehn Uhr starte ich das Projekt «Mich aus dem Bett erheben». Mein Hals schmerzt stark, jede Bewegung ist eine zu viel. Ich ziehe mir Jeans und einen schwarzen Pullover an. Den Stucki-Hals drapiere ich mit einem farbigen Schal.

Pünktlich fährt meine Schwester vor, es regnet. Noch bevor ich die Autotür schliessen kann, sagt sie besorgt: «Fräni, du siehst schlecht aus.»

«Warte, bis du meinen Hals siehst», sage ich und ziehe mir den Schal über den Kopf.

Die Augen meiner Schwester weiten sich und ihr Mund öffnet sich leicht. «Iiiiii, was ist das?»

«Keine Ahnung», entgegne ich. «Aber auf jeden Fall schmerzt es ganz fies.»

Wir fahren los, sprechen nicht mehr viel. Meine Schwester setzt mich vor der Praxis ab und sagt, sie gehe in den nebenan liegenden Supermarkt einkaufen und warte dann wieder hier, vor der Praxis, auf mich.

Die Praxisassistentin bittet mich als erstes ins Labor. Für meine Verhältnisse ist es schon eine Ewigkeit her, seit mir das letzte Mal Blut abgezapft wurde. Inzwischen schon mit erstaunlich viel Routine halte ich ihr den Arm hin. Ich schaue zu, wie sich die Nadel in meine Armvene bohrt. Tatsächlich, ich habe zugeschaut! Eine jede Lebenssituation hat auch ihr Gutes. Ich scheine ganz offensichtlich meine Angst vor dem Gestochenwerden überwunden zu haben. Mir wird weder schlecht noch werde ich ohnmächtig. *Wieder etwas gelernt,* denke ich stolz. Nachdem mehrere Röhrchen mit meinem Blut gefüllt sind, darf ich im Wartezimmer Platz nehmen. Besorgt schaut mein Hausarzt – meine Krankenakte in der Hand – kurz darauf ins Wartezimmer.

«Frau Zürcher.» Seine Stimme klingt irgendwie seltsam.

Ich erhebe mich, lächle ihn schwach an und frage, noch bevor wir das Sprechzimmer erreicht haben: «Wie sind meine Blutwerte?»

Ohne Umschweife, jedoch mit einem mir bis dahin bei meinem Hausarzt unbekannten Unterton sagt er: «Gar nicht gut.»

Ich zucke zusammen, sage nichts mehr, bis sich die Türe hinter mir schliesst und ich mich setzen kann.

«Warum sind Sie hier?», will mein Hausarzt wissen. Ich erkläre ihm, dass ich seit Tagen schrecklich müde bin. Nur noch schlafe, kaum noch Energie und Kraft habe.
«Ich denke, es ist noch zu früh, um wieder zu arbeiten. Ich benötige mehr Erholungszeit.»
«Gut, dann schreibe ich Sie voll arbeitsunfähig. Ab heute, in Ordnung?» Er schaut mich fragend an, ich nicke bloss. Ohne weitere Worte schiebt er mir das entsprechende Arztzeugnis zu.
«Da wäre noch was», höre ich meine zögerliche Stimme. Ehe er etwas sagen kann, entblösse ich meinen Schwinger-Hals. Auch seine Augen scheinen sich für einen kurzen Moment zu weiten, nur ganz kurz, dann hat er seine Mimik wieder unter Kontrolle. Er erhebt sich, tritt hinter mich. Behutsam legt er eine Hand auf die Schwellung. «Sie müssen zum Ultraschall. Das muss sich jemand genauer anschauen», meint er.
«Wieder in das Spital?», höre ich mich fragen.
«Ja, ich melde Sie an. Gehen Sie nach Hause und warten Sie auf den Anruf des Spitals. Man wird Sie heute für die Untersuchung aufbieten, ich leite alles Nötige in die Wege.»
Völlig niedergeschlagen verlasse ich seine Praxis. Draussen regnet es immer noch, meine Schwester wartet auf mich. Ich steige in das Auto und sage: «Ich muss wieder ins Spital», mehr Worte bringe ich nicht über meine Lippen. Ich schluchze vor mich hin. Alle Hilflosigkeit,

Wut und Ungewissheit der letzten Monate bricht aus mir heraus. «Ich will nicht mehr in dieses Spital», sage ich immer und immer wieder.

«Ich weiss», sagt meine Schwester, «ich weiss.»

Und doch muss ich.

«Ich fahre kurz zu mir nach Hause. Ich muss unbedingt noch ein paar Dinge erledigen. Am Nachmittag komme ich zu dir und wir warten gemeinsam auf den Anruf des Spitals.»

«In Ordnung.»

Zuhause lege ich mich aufs Bett und warte. Ich starre die Decke an, weine. Unendlich viel geweint habe ich in diesen Stunden.

Nach dem Mittag kommt, wie versprochen, meine Schwester. «Hast du gegessen?», fragt sie mich.

Ich schüttle den Kopf. «Ich habe keinen Hunger.»

«Du musst eine Kleinigkeit essen! Ich mache dir Pasta, das gibt Energie.» Ohne meine Antwort abzuwarten, marschiert sie zielstrebig in die Küche, wo ich kurz darauf Pfannendeckel klappern höre.

«Fräni, komm, essen!» Ich schleppe mich an den Tisch und schaue auf den Teller Pasta vor mir. Ich fühle mich viel zu schwach um zu essen. Doch meiner Schwester zuliebe versuche ich es. Sie schaut mir dabei besorgt zu. Ich kenne meine Schwester in- und auswendig. Ihr äusserst besorgter Blick ist mir nicht entgangen. Gesagt hat sie nichts, mich nur beunruhigt beobachtet.

Nachdem ich schätzungsweise einen Zehntel der mir aufgetischten Portion gegessen habe, gebe ich auf. «Ich kann nicht mehr. Ich muss mich hinlegen.» Meine Schwester runzelt die Stirn, sagt immer noch nichts. Ich lege mich hin, sie räumt die Küche auf und legt sich anschliessend neben mich ins Bett. Wie früher, als wir noch klein waren. Da sind wir oft, wenn es draussen geregnet hat, zusammen auf einem Bett gelegen und haben uns Geschichten angehört. Schon damals war meine Schwester der Spassvogel von uns beiden. So auch heute, sie versucht mich abzulenken. Sie meint es gut, und ich mache mit, so gut ich kann. Wir hören uns Musik an und warten darauf, dass mein Telefon klingelt und sich jemand vom Spital meldet. Zwischendurch muss ich immer wieder sehr stark husten. Ich glaube sogar, dass der Husten nochmals schlimmer geworden ist. Ganz tief aus meiner Brust scheint er zu kommen, und ich klinge, wenn ich huste, eher wie ein Wasserkocher als wie ein menschliches Wesen.

Die Stunden ziehen sich dahin, nichts passiert. In der Zwischenzeit ist es kurz vor fünf Uhr. «Ruf an», befiehlt mir meine Schwester, ich wähle die Nummer des Spitals. Ich werde weiterverbunden und scheine schliesslich die zuständige Person am Telefon zu haben. Ich erkläre ihr kurz, weshalb ich anrufe, dass ich auf einen Termin warten würde.

«Ja Frau Zürcher, das ist richtig. Sie wurden bei uns zu einer Ultraschall-Untersuchung angemeldet. Wann hätten Sie denn diese Woche Zeit?»

Ich stocke, meine mich – mal wieder – verhört zu haben. «Nun, ich denke, ich muss heute noch vorbeikommen, es ist dringend.»

Augenblicklich verändert sich die Stimme der Frau. «Ich melde mich nochmals bei Ihnen», höre ich sie noch sagen, dann ist die Leitung tot. Perplex schaue ich von meinem Telefon zu meiner Schwester.

«Was ist?», fragt sie.

«Die wollen mich im Verlaufe der Woche einmal sehen. Meinst du nicht, das ist dringend?» Ich bin unsicher, zweifle daran, ob es richtig war, der Frau zu sagen, dass ich noch heute zur der Untersuchung kommen muss.

«Spinnst du?», fragt meine Schwester auf ihre liebenswert direkte Art und Weise. «Hast du dich heute schon im Spiegel angeschaut und dir schon Mal beim Husten zugehört? Es ist dringend!» Wiederum diese mir bis dahin unbekannte Bestimmtheit in ihrer Stimme.

Es vergehen mindestens dreissig Minuten, da ruft sie wieder an, die Ultraschall-Frau. «Wir haben kaum Kapazität, Frau Zürcher. Doch wenn es unbedingt sein muss, dann kommen Sie heute achtzehn Uhr fünfundvierzig zu uns. Seien Sie bitte pünktlich.» *Als wäre ich jemals nicht pünktlich gewesen.*

Alles in mir sträubt sich, als ich kurz vor viertel vor sieben das Spital betrete. Meine Schwester begleitet mich. Von der Dame am Empfang wird mir der Weg erklärt. Gleiche Richtung wie in das onkologische Ambulatorium, am Schluss einfach links statt rechts. Dort soll ich warten.

Im Warteraum angekommen, habe ich mich kaum gesetzt, als eine Pflegerin meinen Namen ruft. Ich erhebe mich, sie sagt: «Wir machen vor der Ultraschalluntersu chung zuerst noch ein Thorax-Röntgen.» Ich verzichte darauf, sie zu fragen, was «Thorax» ist. Für mich zählt in dem Moment nur eines, nämlich endlich zu erfahren, was mit meinem Körper nicht stimmt. Endlich eine Diagnose zu haben! Die Pflegerin führt mich in einen steril wirkenden Raum mit Röntgengerät. «Ziehen Sie Ihren BH aus und stellen Sie sich bitte mit der Brust voran an diese Wand», weist sie mich an. In dem Moment verstehe ich, was «Thorax» bedeutet. *Ah, die wollen ein Röntgen meines Brustkorbes,* schlussfolgere ich. Und gleichzeitig die Frage: *Warum man das wohl bislang nie gemacht hat?*

Meine Gedanken werden vom Atemkommando der Pflegerin unterbrochen. «Luft anhalten bitte», ich gehorche, «und weiter atmen». Das war es auch schon, das erste Thorax-Röntgen nach beinahe zwei Monaten Leiden.

Nachdem ich mich wieder angezogen habe, führt mich die Pflegerin in einen anderen Raum. Dort weist sie mich an, mich auf den Untersuchungstisch zu legen und zu warten. Wie gewohnt schwerfällig lege ich mich hin, starre die weisse Decke an und warte. Irgendwann steckt eine Frau mit Brille und wirrem Haar ihren Kopf durch die Türe. Aufgrund ihres weissen Arztkittels gehe ich davon aus, dass es sich um die für den Ultraschalluntersuch zuständige Ärztin handelt.

Sie steckt also ihren Kopf durch die Türe und fragt: «Was haben Sie denn?» Ohne ein Wort zu sprechen, richte ich mich mühsam ein Stück auf und zeige ihr meinen Hals. Auch ihre Augen weiten sich für den Bruchteil einer Sekunde. «Ich komme gleich wieder», sagt sie und verschwindet aus der Türe. Es ziehen viele Minuten ins Land, bis sie erneut auf der Bildfläche erscheint. In einem nun erstaunlich ernsthaften Tonfall wendet sie sich abermals an mich: «Ich habe nun Ihre Akte gelesen. Sie waren in den vergangenen Wochen ja bereits mehrfach bei uns hospitalisiert. Sie hatten eine Gürtelrose? Und auch eine Hirnhautentzündung?»

«Ja, ungefähr so war es», sage ich. Gerne hätte ich hinzugefügt: «Lesen Sie die Akten einer Patientin immer erst dann, wenn Sie sich vergewissert haben, dass die Person offensichtlich an etwas leidet?» Doch wie schon so oft sage ich nichts.

Sie setzt sich neben mich auf einen Hocker, schmiert meine geschwollene Halspartie mit einem kühlen Gel ein und fährt anschliessend mit viel Druck mit dem Ultraschallkopf über meinen Hals. Ich muss auf die Zähne beissen, um nicht laut aufzuschreien. Eine gefühlte Ewigkeit untersucht sie mich. Immer wieder fährt sie über meine Halspartie, ab und zu kommt ein besorgt klingendes «Hm» über ihre Lippen.

Als mir die ganze Untersuchung langsam zu bunt wird, verrenke ich meinen Kopf, um selber auf den Ultraschall-Monitor zu schauen. Ich sehe ein schwarz-weisses Bild mit vielen, riesengrossen schwarzen Flecken.

«Was ist das? Diese schwarzen Flecken?», frage ich.

«Ihre Lymphknoten.»

«Wieso sind die denn so gross? Das ist doch nicht normal, oder?»

«Nein, das ist überhaupt nicht normal», meint die Ärztin. Und noch bevor ich nach dem Weshalb fragen kann, fügt sie an: «Sie haben einen Halsvenen-Verschluss.»

«Ach so», sage ich. «Wenn es weiter nichts ist! Dann kann ich ja jetzt wieder nach Hause.»

Ich meine, ein leichtes Zucken ihrer Mundwinkel zu bemerken. Sie hätten ruhig lachen dürfen, meine Liebe. Denn ich war mir in dem Moment der Ernst der Lage überhaupt nicht bewusst.

«Sie haben eine Jugularvenenthrombose», sagt sie schliesslich. Obwohl ich nur «Thrombose» verstehe, realisiere ich langsam, dass das nichts Gutes zu bedeuten hat. Als könne sie meine Gedanken lesen, sagt die Ärztin nun: «Das ist Ihre Halsvene.»

«Aber warum? Warum habe ich eine Halsvenen-Thrombose?»

«Das weiss ich auch nicht genau. Vielleicht vom vielen Herumliegen in den letzten Wochen. Sie müssen auf jeden Fall hierbleiben. Ich melde Sie auf der Notfallstation an. Sind Sie alleine hier?»

«Nein, bitte nicht! Ich will nicht hierbleiben», flehe ich sie an. «Bitte, bitte, lassen Sie mich nach Hause gehen.»

«Nein, das wäre ein nicht zu kalkulierendes Risiko. Sie müssen bleiben.» Auch ihre Stimme lässt keinen Widerspruch zu. «Sind Sie alleine hier?», fragt sie nochmals.

«Nein, mit meiner Schwester. Sie wartet im Warteraum.»

Die Ärztin nickt und verschwindet aus der Kabine.

In mir bricht eine Welt zusammen. Ich wollte gesund sein und nie mehr zurückkehren in dieses Spital. Meine Wünsche haben sich nicht erfüllt. Hier liege ich also, mit Hals-Lymphknoten so gross wie Tennisbälle und einer verstopften Vena jugularis interna.

Die Ärztin reisst mich aus meinen trüben Gedanken. «Kommen Sie, Ihre Schwester ist da.»

Mühsam erhebe ich mich und trete aus dem Raum in den kalten, unwirklichen Spitalgang. Meine Schwester wartet auf mich. Sie wirkt abermals sehr besorgt. Als ich sie sehe, kämpfe ich mit den Tränen. *Nein, reiss dich zusammen! Heulen macht es auch nicht besser.*

«Wissen Sie, wo der Notfall ist?», fragt uns die Ärztin. Ich stammle ihr den Weg vor.

«Nein, es gibt eine Abkürzung.» Sie streckt ihren dünnen, langen Zeigefinger in die entgegengesetzte Richtung. «Kommen Sie, ich zeige es Ihnen.»

Zielstrebig geht sie meiner Schwester und mir voran. Flink bewegt sie sich um jede Ecke und legt dabei ein Tempo vor, dass ich Mühe habe, Schritt zu halten. «Können wir etwas langsamer gehen?», frage ich schliesslich. Daraufhin verlangsamt sie ihr Tempo und lächelt mich mitfühlend an. «Kommen Sie, gleich haben Sie es geschafft.» Auf der Notfallstation angekommen, überlässt sie mich einem Pfleger, schüttelt mir die Hand und wünscht mir alles Gute.

Besagter Pfleger weist mir eine mir leider bereits sehr gut bekannte Notfallkabine zu. Ich muss mich hinlegen und werde verkabelt. Das Gerät, welches meine Herztöne auch akustisch wiedergeben kann, schaltet er stumm. Verständlicherweise, denn mein Herz absolviert mal wieder einen Marathon. Um die hundertvierzig Schläge pro Minute legt es aufs Parkett. Reife Leistung! Auch wird mir sofort eine Infusion gelegt, und ich erhalte umgehend Liquemin. Liquemin ist ein Arzneimittel, das die Blutgerinnung hemmt. Dies wegen meiner Thrombose.

Wie aus dem Nichts beginne ich zu husten. Es ist ein Hustenanfall der übleren Sorte, ich kann mir dabei selber kaum zuhören. Meine Schwester sagt nichts, schaut mich nur mit einem mitleidigen Gesichtsausdruck an. Die Ärmste. Wie muss es für sie gewesen sein, mich so zu sehen? Ab und zu verlässt sie die Kabine und telefoniert mit unseren Eltern. Auch sie machen sich grosse Sorgen um mich. Meine Schwester beruhigt sie und sagt ihnen, dass sie jetzt nichts für mich tun können.

Noch während ich huste, betritt ein alter Bekannter die Notfallkabine: Jener Assistenzarzt, den ich anlässlich einer Visite kennenlernen durfte. Jener, welcher während der Visite nur «Hm» gesagt hatte. Er will wissen, was passiert ist. Ich gebe, so gut es trotz Hustenanfall geht, Auskunft. Obwohl er erneut nicht viel sagt, spiegelt auch sein Gesicht Besorgnis wider. Auf leisen Sohlen verschwindet er daraufhin aus der Kabine. Der Pfleger erscheint wieder und verabreicht mir über die Infusion irgendwelche Medikamente. Leider bin ich zu sehr mit Husten beschäftigt, als dass ich ihn hätte fragen können, was denn da bitte in mich gepumpt wird. Später habe ich in einem Bericht gelesen, dass es Augmentin und Metronidazol waren. Augmentin wird unter anderem eingesetzt bei Infektionen der oberen Atemwege und des Hals-Nasen-Ohren-Raumes sowie bei Infektionen der unteren Atemwege, zum Beispiel chronischer Bronchitis, Lungenentzündung, etc. Metronidazol ist ein antiparasitäres und entzündungshemmendes Antibiotikum.

Heute schlussfolgere ich, dass mir das Augmentin aufgrund meines seltsamen Hustens verabreicht wurde. Wofür das Metronidazol war – keine Ahnung. Das Augmentin hilft, der Husten lässt ein bisschen nach. Völlig erschöpft liege ich auf dem Notfallschragen und schwitze vor mich hin. Ich meine, auch abermals leichtes Fieber zu haben. Doch trotz allen Widrigkeiten und obwohl es mir schlecht geht, lasse ich den Kopf nicht hängen. Ich lächle meine Schwester an und sage ihr immer wieder: «Es wird schon nicht so schlimm sein.»

Dieser Tag war der bisherige Tiefpunkt. Mein Körper zeigte mir mit jeder Faser, dass er krank ist und dringend Hilfe benötigt, wenn er weiter funktionieren soll. Nun hätte diese Tatsache Angst, Panik und Traurigkeit in mir auslösen können. Doch es geschah etwas komplett Anderes, etwas Erstaunliches: Je schwächer mein Körper wurde, umso stärker schien mein Innerstes zu werden. Ich spürte eine Kraft, einen unbändigen Willen in mir heranwachsen. In wenigen Tagen sollte ich noch nähere Bekanntschaft mit diesem Gefühl in mir machen.

Während ich in Gedanken versunken erstaunt diese, nennen wir es «Veränderung», in mir beobachte, betritt unvermittelt ein Arzt, den ich bis dahin noch nicht gesehen habe, die Kabine. Er stellt sich mir als zuständiger Arzt des Notfallzentrums vor. «Ich habe mit dem Inselspital in Bern telefoniert. Wir verlegen Sie noch heute dorthin. Es ist ein zu grosses Risiko für uns, Sie hier zu behalten.» Sagt's, drückt mir die Hand und verschwindet wieder.

Ich bin völlig perplex, kann im ersten Moment überhaupt nicht reagieren. Meine Schwester nimmt meine Hand und sagt: «Das ist gut, Fräni. Es ist besser, wenn du in die Insel nach Bern kommst. Dort kümmert man sich richtig um dich.» Wie sehr sollte meine Schwester Recht behalten.

Der Assistenzarzt kommt abermals vorbei. Weshalb ist mir nicht ganz klar. Er teilt mir mit, was ich bereits weiss. Dass ich nun ins Inselspital nach Bern verlegt werde. «Kann ich mit der Rega fliegen?», frage ich. «Oh Fräni», schmunzelt meine Schwester. Auch der Assistenzarzt lächelt mich an. Ein aufrichtiges, ehrliches Lächeln. «Nein», meint er, «das wäre viel zu teuer. Wir haben ein Ambulanz-Team avisiert. Die werden Sie gleich abholen.»

Wissen Sie, weshalb ich die Frage mit der Rega gestellt habe? Bestimmt nicht, weil ich unbedingt Helikopter fliegen wollte. Nein, ich wollte ein Gefühl dafür bekommen, wie ernst die Lage wirklich war. Hätten sie mich mit der Rega nach Bern geflogen, so hätte ich gewusst, dass es sehr schnell gehen muss, dringend ist. Dass es die Ambulanz sein wird, hat mich ein bisschen beruhigt. Denn ich lag nicht alleine auf dem Notfallschragen. Der mir bestens bekannte, dunkle Schatten war auch wieder da. Geduldig, lauernd sass er am Fussende des Schragens.

«Hör mal, auch auf die Gefahr hin, dass ich mich wiederhole: Ich komme nicht mit dir mit! Du verschwendest also bloss deine Zeit bei mir», spreche ich im Stillen mit ihm.

Ein eisiger Hauch weht um meine Nase, und er flüstert mir geheimnisvoll zu: «Das werden wir noch sehen.»

So sind wir dann halt zu viert nach Bern ins Inselspital gefahren: das Ambulanz-Team, bestehend aus Fahrer und Begleitperson für mich, meine Wenigkeit und mein ganz persönlicher, dunkler Begleiter.

Bevor die Reise nach Bern losgeht, sage ich, dass ich noch ganz dringend auf die Toilette muss. Schwerfällig erhebe ich mich. Ich kann mich kaum noch auf meinen Beinen halten. Ich fühle mich so unglaublich geschwächt und müde. Am Schluss ist es so gekommen, dass mich der Pfleger links und der Assistenzarzt rechts gestützt haben und mit mir bis zur Toilette gegangen sind. Dieser Moment war sehr bewegend, berührend. Berührend, wie die beiden Männer mich gestützt haben, mir geholfen haben.

Zurück in der Notfallkabine muss ich mich auf den Schragen des Ambulanz-Teams legen. Ich werde, für meinen Geschmack viel zu warm, eingepackt und festgezurrt. Alles geht schnell, der Fahrer der Ambulanz und seine Begleiterin sind sehr nett. Ich fühle mich wohl. Der Abschied von meiner Schwester ist schwieriger. Ich habe ihr mehrfach gesagt, dass sie nicht mit nach Bern kommen muss, dass es vernünftiger ist, wenn sie nach Hauses geht und zu schlafen versucht. «Du kannst mich morgen besuchen kommen», sage ich ihr. Und doch macht es mich traurig, sie hier zurückzulassen. Zurückzulassen mit der Ungewissheit, was mit mir in den kommenden Stunden passieren wird. Als ob das Ambulanz-Team spüren könnte, dass der Abschied nicht einfach ist, lassen sie uns wenig Zeit dafür. Meine Schwester drückt mir einen Kuss auf die Wange, und schon werde ich in den Lift geschoben, der uns ins Untergeschoss zum Ambulanzfahrzeug bringt.

Die Fahrt nach Bern verläuft gut. Ich schwitze vor mich hin, habe schon nach wenigen Kilometern das Gefühl in meiner Transport-Verpackung zu schwimmen. Ich sage es der Frau, welche neben mir im hinteren Teil der Ambulanz Platz genommen hat. Sie gibt mir daraufhin ein Cold Pack, welches ich mir dankend auf meinen Bauch lege. Eine Wohltat!

Wir erreichen gegen halb elf das Areal des Inselspitals Bern. Das erste Mal verspüre ich Angst. Angst vor dem, was nun mit mir passieren wird. *Nun werde ich also Patientin des Universitätsspitals Bern.* Dies erscheint mir eine Nummer grösser, als Patientin eines Regionalspitals zu sein und zeigt mir auf unbarmherzige, unmissverständliche Art und Weise auf, dass ich krank bin. Wie schwer krank, sollte ich in den kommenden Stunden und Tagen erst noch erfahren.

Hier habe ich ihn verabschiedet, meinen Vorsatz vom 3. Juli. Ich musste den Tatsachen ins Auge schauen.

Ich werde vom Ambulanz-Team durch mir einmal mehr endlos erscheinende Gänge geschoben. Links, rechts, in einen Lift und schliesslich in eine Notfallkabine auf der Notfallstation. In der Kabine warten bereits zwei Frauen auf mich. Die eine stellt sich mir als die für mich zuständige Pflegerin vor, die andere als die zuständige Oberärztin. Beide sind mir auf Anhieb sympathisch, und die Tatsache, dass sie bereits auf mich gewartet haben, gibt mir ein gutes Gefühl. Für einmal bin nicht ich diejenige, die warten muss.

Das Ambulanz-Team befreit mich aus der Transportverpackung. «Meine Güte, Sie haben in der Tat sehr stark geschwitzt, Frau Zürcher», stellen beide erstaunt fest. Mir ist die Situation peinlich. Denn es stimmt – ich bin nassgeschwitzt. Schnell streift mir die Pflegerin ein frisches Nachthemd über, und ich lasse mich in das bereitstehende Spitalbett fallen. Ich bin müde. Hundemüde, möchte nur noch schlafen. An Schlaf ist jedoch nicht zu denken. Die Oberärztin fordert mich auf, ihr kurz meine Krankheitsgeschichte zu erläutern. *Kurz wird schwierig,* denke ich. Ich versuche es zumindest und erzähle ihr nur, was mir für sie als wichtig erscheint. Sie macht sich, während sie aufmerksam zuhört, fleissig Notizen, und ab und zu erscheint eine kaum merkliche Sorgenfalte auf ihrer Stirn. Ich habe das Gefühl, dass irgendetwas mit ihr passiert, etwas in ihr vorgeht, während ich erzähle. Als ich meine Ausführungen beendet habe meint sie: «Als erstes möchte ich Ihnen sagen, dass ich Sie heute Nacht über alles informieren werde, was ich weiss. Sie werden also immer den genau gleichen Wissensstand haben wie ich. Wir machen nun als erstes ein CT, Bereich Hals/Thorax. Die Aufnahmen schauen wir uns an, und danach komme ich wieder bei Ihnen vorbei. Wir bräuchten zudem noch dringend einen Schwangerschaftstest. Können Sie Wasser lösen?»

«Nein, ich muss nicht auf die Toilette, und zudem fühle ich mich inzwischen auch zu schwach, um den Weg zu einer Toilette auf mich zu nehmen.»

«Sie müssen nicht zur Toilette laufen», meldet sich die Pflegerin zu Wort. «Ich gebe Ihnen einen Nachttopf.»

Hätte ich mich in dem Moment in einem Spiegel gesehen, so hätte ich wohl beobachten können, wie sich meine Augen entsetzt geweitet haben. «Also ich finde, ich bin mit einunddreissig Jahren definitiv zu jung für den Nachttopf», sprudelt es aus mir heraus. Einmal mehr zaubere ich ein Lächeln auf die Lippen zweier meiner Mitmenschen.

«Wir werden sehen», erwidert die Pflegerin. Die Ärztin verschwindet aus der Kabine und die Pflegerin rollt mich samt meinem Bett direkt in den CT-Raum. Auch dort wartet man bereits auf mich. Zwei Frauen in weissen Hosen und dunkelblauen T-Shirts lächeln mich an und helfen mir auf den mir bereits bekannten, schmalen CT-Untersuchungstisch. Als ich mich einigermassen bequem niedergelassen habe, erklärt mir eine der Frauen, dass zuerst ein CT ohne Kontrastmittel und direkt anschliessend eines mit Kontrastmittel gemacht würde. «Das Kontrastmittel spritzen wir Ihnen direkt, via den bereits gelegten Zugang, in Ihren rechten Arm.» Wie um ihre Aussage zu untermauern, zurrt sie leicht an dem kleinen Schlauch, der aus meinem rechten Arm kommt.

Mit Kontrastmittel kam ich in meinem bisherigen Leben noch nie in Berührung. *Was das wohl mit mir macht?*

«Es kann gut sein, dass Sie durch das Kontrastmittel ein spontanes Wärmegefühl empfinden werden. Dieses lässt jedoch bereits nach kurzer Zeit wieder nach.»

Ich nicke, um ihr zu signalisieren, dass ich alles verstanden habe. Die beiden Frauen verlassen den Raum und beziehen in einem Nebenraum Stellung. Durch eine Glasscheibe beobachten sie mich. So entspannt wie möglich liege ich auf dem Untersuchungstisch, der sich nun zu bewegen beginnt. Hin und her werde ich gefahren, ab und zu aufgefordert, die Luft anzuhalten. Das Kommando «Ausatmen» erklingt mit Sicherheit bereits nach wenigen Sekunden, doch ich erinnere mich gut, dass ich Mühe hatte, den Atem solange wie von mir gefordert zu halten. Meine ganze Lunge schmerzt. Nachdem das erste CT gemacht ist, höre ich via Lautsprecher: «Wir spritzen nun das Kontrastmittel, Frau Zürcher.» Wiederum nicke ich. Ein zischendes Geräusch ertönt, der Schlauch, welcher aus meinem rechten Arm kommt, strafft sich kaum merklich, und mir wird augenblicklich warm. *Sie ist wieder da, die Morphin-Schlange!* Das Gefühl ist ähnlich, nur dass sich die Wärme des Kontrastmittels auf meinen Unterleib zu konzentrieren scheint. *Ich mache mir gleich in die Hosen,* denke ich. Ein unangenehmes Gefühl. Doch noch bevor ich bezüglich spontanem Harndrang etwas sagen kann, rebelliert wie aus dem Nichts mein Magen. Mir ist auf einmal schrecklich übel. Zu dem undefinierbaren Schweiss, der aus mir fliesst, als gäbe es kein Morgen, kommt nun noch der kalte Schweiss des Übelseins. Abrupt richte ich mich auf und keuche: «Mir ist schlecht.» Die beiden Frauen kommen angerannt, und da ist es auch schon zu spät. Ich verteile meinen Mageninhalt – die mit viel Liebe gekochte Pasta meiner Schwester – in dem CT-Raum. «Entschuldigung, Entschuldigung», stammle ich immer und immer wieder, nachdem der Übelkeitsanfall vorbei ist. Die beiden Frauen scheint mein Erbrochenes nicht wirklich zu beeindrucken. Als ich das Gefühl habe, dass es einigermassen geht, bringen wir die CT-Untersuchung zu Ende. *Wahrscheinlich ist es der ganze Stress der letzten Stunden, der mir hier gerade einen üblen Streich gespielt hat.*

Die Pflegerin holt mich ab. Unterdessen liege ich wieder im viel komfortableren Spitalbett. «Sie musste stark erbrechen», höre ich eine CT-Frau zu ihr sagen. Sie nickt bloss, nimmt es stillschweigend zur Kenntnis. Zurück in der Notfallkabine hängt sie einen Beutel glasklarer Flüssigkeit an meinen Infusionsständer.

«Was ist das?», will ich wissen, während sie den Beutel mit meiner Infusion verbindet.

«Bloss isotonische Kochsalzlösung, Flüssigkeit», erwidert sie.

Die wollen mich so dazu bringen, dass ich Wasser lösen muss. Inzwischen weiss ich, dass es auch deshalb war, um den venösen Zugang offen zu halten. Das muss so sein – das «Ich muss auf Toilette» ist ein in meinem Fall dankbarer Nebeneffekt. Also liege ich da, starre die Decke oder die Uhr an der Wand an und teste meine Blase auf ihr Fassungsvolumen.

Mittwoch, 6. August 2014
Es ist bereits nach Mitternacht, als die Oberärztin abermals die Kabine betritt. Ihr Gesicht spiegelt ein Gemisch aus Besorgnis und Mitgefühl wider. Stumm zieht sie sich einen Stuhl neben mein Bett und setzt sich auffallend langsam hin.

«Nun, Frau Zürcher, wir haben die Ergebnisse des CTs. Die Thrombose reicht hinunter bis in Ihren linken Arm. Von dem Venenverschluss sind Ihre Vena jugularis interna und Ihre Vena subclavia betroffen. Diesbezüglich sind wir uns über die weitere Vorgehensweise noch nicht im Klaren. Ich versuche gleich anschliessend einen Angiologen, das ist ein Venenspezialist, ans Telefon zu bekommen», erklärt sie mir. «Entweder werden Sie sofort operiert, oder wir belassen es mit der Gabe von Heparin, zur Blutverdünnung. Ich werde Sie informieren, sobald ich mehr weiss.»

«In Ordnung», entgegne ich. «Können Sie mir sagen, weshalb ich diese Thrombose habe?»

«Ja, das kann ich.» Sie schaut mir fest in die Augen und sagt: «In Ihrem Mediastinum wächst etwas.» Da sie zu wissen scheint, dass ich keine Ahnung habe, was das Mediastinum ist, legt sie ihre rechte Hand zwischen Hals und Brust, um es mir zu zeigen. «Dieses Etwas ist bereits sehr gross, etwa die Grösse eines Kinderkopfes und hat aufgrund seiner Grösse Ihre Halsvene gestaut. Es kann a) sein, dass es sich um einen sehr stark vergrösserten Lymphknoten handelt, wobei ich das nicht glaube. Dafür ist es viel zu gross. B) kann es sein, dass es ein gutartiger Tumor ist oder c) ein bösartiger Tumor. Frau Zürcher, ich will ehrlich sein zu Ihnen. Ich denke, dass es sich um einen bösartigen Tumor, um ein sogenanntes Lymphom handelt. Ich habe selber eine ähnliche Geschichte hinter mir, und Ihre Symptome kommen mir sehr bekannt vor.»

Ich glaube, sie hat mir dann einen kurzen Abriss davon geschildert, was sie erlebt hat. Ich kann mich nicht mehr besonders gut daran erinnern. Ich habe sie einfach angeschaut, ohne jegliche Gefühlsregung, und gefragt: «Heisst das, es kann sein, dass ich Krebs habe?» Diese Frage hatte ich vor achtunddreissig Tagen bereits einmal dem Oberarzt des anderen Spitals gestellt. Die Antwort lautete damals: «Nein, das kann nicht sein.» Heute, kurz nach Mitternacht, am 6. August 2014, erhalte ich auf dieselbe Frage die Antwort: «Das ist sehr wahrscheinlich.»

Ich fühle mich wie in einem Tunnel. In meinen Ohren rauscht es, mein Kopf fühlt sich absolut leer an. Keine Gedanken, keine Gefühle nur ein Wort im Kopf: Krebs. Am Fussende des Bettes grinst er mich frech an, der dunkle Schatten. Lächelnd flüstert er: «Siehst du, so einfach wirst du mich nicht los. Das letzte Wörtchen ist noch nicht gesprochen.»

Die Oberärztin holt mich aus meiner Erstarrung. Sanft berührt sie meinen rechten Oberarm, sagt mit leiser Stimme: «Geht's?»

Ich weiss nicht, ob es geht. Ich weiss eigentlich gar nichts in dem Moment. Ich habe wohl «ja» gesagt, doch in mir war nur Leere. Ein brutaler Schlag mitten ins Gesicht.

Ich bemerke, dass sich vereinzelte Tränen ihren Weg über meine Wangen bahnen. Mein Körper weint, meine Seele ist erstarrt. Die Ärztin steht auf, geht um mein Bett herum und greift sich eines dieser Papiertücher, die eigentlich zum Trocknen der Hände gedacht sind. «Ich schreibe Ihnen meine E-Mail-Adresse auf. Sie dürfen sich jederzeit, falls sich die Diagnose bestätigt, bei mir melden, wenn Sie Fragen haben.»

Heute kann ich so sehr nachvollziehen, was in ihr in dem Moment vorgegangen ist. Sie wurde an ihre eigene Krankheitsgeschichte erinnert, wusste, was mir unter Umständen bevorsteht. Auch denke ich, dass sie zwar nicht in der Position war, um eine definitive Diagnose zu stellen, sie sich jedoch schon zu dem Zeitpunkt sehr sicher war, dass ich Krebs habe.

«Ich lege es Ihnen in Ihre Handtasche, das Papiertuch mit meiner E-Mail-Adresse. In Ordnung?»

Ich nicke und sage: «Ich wäre jetzt gerne alleine.»

Sie respektiert meinen Wunsch und verlässt die Kabine. Mir entgeht dabei nicht, dass sie die Schiebetüre nicht ganz hinter sich schliesst und in den kommenden Stunden immer, in regelmässigen Abständen, jemand den Kopf durch die Türe hereinstreckt. Sie wollten überwachen, wie ich mit der Nachricht umgehe.

Ja, wie bin ich damit umgegangen? Als der erste Schock überwunden ist, mein Hirn langsam wieder seine Arbeit aufnimmt, ist mein erster Gedanke: *Wie sage ich das bloss meiner kleinen Schwester?* Das war in dem Moment meine grösste, meine einzige Sorge. *Ich kann meiner kleinen Schwester doch nicht sagen, dass es sehr wahrscheinlich ist, dass ich Krebs habe!*

Dieser Gedanke bringt mich zum Weinen. Meine Schwester und ich haben ein sehr enges Verhältnis. Wir haben bereits viel zusammen erlebt, und sie ist nicht bloss meine Schwester, sondern in der Tat meine engste Vertraute. Niemand kennt mich so gut wie sie. Und ich betone es oft: Sie ist meine «kleine» Schwester. Ich möchte sie beschützen, wünsche ihr stets nur das Beste und möchte ihr nie wehtun. Dass ihr die Nachricht grossen Kummer bereiten wird, steht ausser Frage. Deshalb habe ich geweint. Dass ich meinen Eltern, meinen Freunden, Bekannten und Verwandten mit dieser Nachricht ebenfalls Kummer bereiten werde, habe ich in dem Moment nicht realisiert. In dem Augenblick war alleine meine Schwester in meinen Gedanken.

Heute denke ich, dass ich zu diesem Zeitpunkt nicht wirklich verstanden habe, was mit mir passiert. Ich verstand, was mir gesagt wurde, konnte es jedoch in keiner Art und Weise einordnen. Ich stand unter Schock, war wie gelähmt. Doch ich erinnere mich auch, dass nebst dem Schock wieder diese Kraft in mir war.

Leise zwar, sehr leise, pocht sie in mir. Als ich mich auf sie zu fokussieren beginne, werde ich ruhiger. Es ist noch nicht definitiv. *Es ist wahrscheinlich, aber nicht definitiv,* sage ich mir. Und daran, an diesem kleinen Strohhalm, halte ich mich fest.

Die Pflegerin reisst mich schliesslich aus meinen Gedanken. «Können Sie nun Wasser lassen?», fragt sie mich.

Da mir gerade so ziemlich alles egal ist, lasse ich mir diesen völlig uncoolen Topf unter meinen Hintern schieben und pinkle nach einer Pause von ungefähr achtundzwanzig Jahren wieder einmal im Liegen. Ich will nicht weiter darauf eingehen. Das Inselspital konnte den – in meinen Augen absolut unnötigen – Schwangerschaftstest machen, und ich mache jetzt wieder für die nächsten fünfzig Jahre Pause mit dem Pinkeln im Liegen!

«Wir müssen noch auf das Ergebnis der Besprechung mit den Angiologen warten. Wenn das weitere Vorgehen bezüglich der Thrombose klar ist, kommen Sie auf die Station, in Ihr Zimmer», erklärt mir die Pflegerin.

Während ich also auf die Oberärztin warte, beginnt mein Hirn zu rattern. Eine Frage nach der anderen spuckt es plötzlich aus. Was genau ist das Mediastinum? Was ist ein Lymphom? Ist es das, was ich heute schon gelesen habe? Dieses Hodgkin-Dingsbums? Was für eine Krebsart ist das? Habe ich Lungenkrebs? Lymphdrüsenkrebs? Wie geht es nun weiter? Werde ich operiert? Erhalte ich eine Chemotherapie? Eine Bestrahlung? Wie genau funktioniert eine Chemotherapie überhaupt? Wie lange muss ich wohl hierbleiben? Verliere ich meine Haare? Werde ich ständig erbrechen müssen? Und die Frage aller Fragen: Werde ich sterben?

Beim Gedanken an den Tod muss ich erneut weinen. Es sind leise, stille Tränen. Wahrscheinlich hatte ich einfach nicht mehr die Kraft, um richtig, heftig zu weinen.

Die Situation ist völlig surreal. Auf der einen Seite erfüllt mich das erste Mal eine tiefe, mir den Hals zuschnürende Angst. Eine kaum auszuhaltende Ungewissheit vor der Zukunft lastet auf mir. Auf der anderen Seite bin ich unglaublich ruhig, beherrscht, und ohne grosse Gefühlsregungen. Aber ich war – das mag nun seltsam klingen – absolut dankbar, alleine zu sein. Noch heute danke ich dem Himmel, dem Universum oder wem auch immer, dass ich alleine war, als mir die Ärztin gesagt hat, dass ich wahrscheinlich Krebs habe. Wobei dies so nicht ganz korrekt ist. Ich war nicht ganz alleine. Er war immer noch da – der Schatten. Und ausnahmsweise war ich damit einverstanden. Es war gut so.

Gegen viertel nach zwei erscheint die Oberärztin endlich wieder in der Kabine. «Gemäss unserem Angiologen ist ein operativer Eingriff nicht nötig. Wir behandeln Sie mit Heparin, verdünnen so ihr Blut, damit von dem Thrombus keine Gefahr mehr ausgeht.»

Ich nicke, obwohl ich immer noch nicht ganz verstehe, warum ich diese Thrombose habe. Um nachzufragen bin ich nach all den Hiobsbotschaften aber schlichtweg zu müde.

«Sie werden nun auf die Station verlegt, es holt Sie gleich jemand ab. Ich wünsche Ihnen von Herzen alles Gute und eben: Sie dürfen sich jederzeit bei mir melden.»

Ich drücke ihre Hand, lächle sie an. Sie ist eine wunderbare Ärztin mit viel Charisma. Dies bestimmt, das darf ich heute sagen, auch dank dem, was sie durchlebt hat.

Eine neue Pflegerin betritt die Kabine. Ich döse vor mich hin, bin erschöpft, kraft- und mutlos. Sie spricht mit mir, ich kann mich nicht mehr daran erinnern was genau. Ich erinnere mich bloss noch, dass sie geklungen hat wie Königin Beatrix der Niederlande, blonde Haare hatte, und um den Hals trug sie eine Kette mit grossen Kugeln, assortiert in den Regenbogenfarben. Sie schiebt mein Bett durch das ruhige, schlafende Inselspital in ein dunkles Zimmer. Ich registriere, dass es ein Zweibettzimmer ist und eine andere Person darin schläft. Ich erhalte das Bett gleich neben der Türe, nur eine kleine, schmale Nische. «Hier, nehmen Sie diese Tablette», fordert mich Königin Beatrix auf. «Das ist ein Temesta, damit Sie ruhig schlafen können.»

«Ich will und brauche das nicht, ich kann auch so schlafen», sage ich mit müder Stimme. Doch sie lässt nicht locker, und ich bin zu erschöpft und traue mich auch nicht wirklich, ihrer königlichen Hoheit zu widersprechen. Also nehme ich die Tablette, lasse sie auf meiner Zunge zergehen und gleite zum wiederholten Mal in einen tiefen, traumlosen Schlaf. Ich habe keine Kraft mehr für irgendwelche düsteren Gedanken. Mein Körper ist bekanntlich seit längerem am Ende seiner Kräfte, und da mein Verstand nun weiss weshalb, habe ich auch seelisch keine Energie mehr. Ich bin einfach da. Eine leere Hülle. Der Schatten kuschelt sich an mich, tröstet mich auf seine ganz eigene Art und Weise. So verbringe ich meine erste Nacht im Inselspital Bern.

In den frühen Morgenstunden werde ich wach, als sich jemand an meinem linken Arm zu schaffen macht. Königin Beatrix nimmt mir Blut ab. «Wir müssen den Blutspiegel regelmässig kontrollieren, bis wir die genaue Dosierung für das Heparin gefunden haben», erklärt sie mir. Ich gebe ihr darauf keine Antwort. Das Temesta lullt mich immer noch ein, und ich bin zu müde um zu sprechen.

Langsam dringen die Ereignisse der letzten Stunden in meinen noch verschlafenen Geist. Meine Gedanken beginnen zu kreisen, ich habe Angst, fühle mich hilflos und alleine. Als wäre ich in einen Sog geraten, der mich unbarmherzig in die Tiefe zieht.

So kommt es, dass ich diesen Mittwoch mehrheitlich damit verbringe zu schwimmen. Zu schwimmen, um nicht unterzugehen.

Bereits am frühen Vormittag informiere ich meine Eltern darüber, dass in meinem Mediastinum etwas wächst, was dort nicht hingehört. Bei meiner Schwester melde ich mich nicht. Ich bin zu feige, bringe es nicht übers Herz. Meine Eltern haben es ihr schliesslich gesagt, worüber ich sehr froh und dankbar bin. Im Weiteren lerne ich die für mich zuständige Pflegerin kennen. Eine junge, warmherzige Frau aus der Sonnenstube unseres Landes. Deutsch scheint nicht ihre Muttersprache zu sein, wie ich schnell feststelle. Ihren Akzent, wenn sie Deutsch spricht, mag ich auf Anhieb. Genauso wie ihre ruhige, fröhliche Art. Auch die für mich zuständige Stationsärztin finde ich auf Anhieb toll. Sie strahlt viel Wärme aus und kommuniziert klar und verständlich mit mir. Ich fühle mich also, so gut es in dieser Ungewissheit überhaupt geht, wohl, geborgen und gut aufgehoben.

Während die Stunden verstreichen, beginne ich zu flechten. Ich flechte mir ein Seil aus dem Strohhalm. *Es ist noch nicht erwiesen, dass ich Krebs habe. Es kann auch ein gutartiger Tumor sein!* Daran halte ich mich in den kommenden, schier nicht auszuhaltenden Stunden fest. Es macht keinen Sinn, mir den Kopf über etwas zu zerbrechen, das noch nicht erwiesen ist.

Da ich so mit Seilflechten beschäftigt bin, verspüre ich keinen Hunger. Ich esse kein Frühstück, und als die Pflegerin aus der Sonnenstube das Tablett mit dem Mittagessen vor mich hinstellt, mir der warme Dampf und der Geruch des Essens in die Nase steigen, ist es definitiv vorbei mit essen. Dankend lehne ich ab.

Am Nachmittag tauchen rund um mein Bett herum, wie aus dem Nichts, vier Personen in weissen Arztkitteln auf. Meine Mutter ist bei mir und scheint ebenfalls überrascht über den Massenauflauf an Ärzten. Einer sticht aus der Menge hervor. Ein schlanker, gross gewachsener, dunkelhaariger und äusserst gutaussehender Mann. In der Tat: Selbst mir, die ich doch so sehr mit mir selber beschäftigt bin, fällt auf, dass gerade ein Duplikat von Robert Downey junior an meinem Bett steht.

«Guten Tag, Frau Zürcher.» Seine angenehme Stimme erfüllt das Zimmer. «Ich bin von der Thorax-Chirurgie. Wir werden Sie morgen früh operieren und versuchen, Gewebe des Tumors zu entnehmen.»

Im ersten Moment höre ich nur das Wort «Tumor». Ein Schauer durchläuft meinen Körper. An den Gedanken «Es wächst ein Tumor in mir» muss ich mich definitiv noch gewöhnen. Ich verdränge das ungute Gefühl und konzentriere mich auf Robert. «Muss das sein, diese Operation?», frage ich ihn. Ich bin noch nie operiert worden und habe dementsprechend einen ziemlichen Bammel davor.

«Ja, das muss sein», erwidert er ruhig und schaut mir direkt in die Augen. Er erklärt mir, dass die Biopsie notwendig ist, um im Labor bestimmen zu können, was genau denn da in mir heranwächst wie ein Kind.

Ich frage ihn: «Bekomme ich eine Vollnarkose?»

«Ja.» Er zeigt mir, wo sie beabsichtigen, mich aufzuschneiden. Direkt am oberen, inneren Ansatz meiner rechten Brust. Ich erkläre Robert, dass ich keine gute Narbenbildung habe und sie beim Nähen der Wunde darauf achten müssen. In der Fachsprache heisst das, dass mein Körper zu einer Keloid-Bildung neigt. Robert versteht, nickt und sagt:

«Gut, ich werde darauf achten.»

«Werden Sie mich operieren?», frage ich weiter.

«Ja, ich bin für die Operation zuständig», erwidert er sachlich.

Gut, dann ist gut. Obwohl ich diesen Menschen nicht kannte und er gerade mal fünf Minuten an meinem Spitalbett gestanden hat, hat er es geschafft, dass ich ihm vertraut habe. Und abgesehen davon wird man schliesslich nicht alle Tage von Iron Man persönlich operiert.

Gegen Abend besucht mich meine Schwester. Mit traurigem Gesichtsausdruck schimpft sie mit mir: «Fräni, du hättest mich ruhig persönlich darüber informieren können, was mit dir los ist. Ich habe mir schreckliche Sorgen gemacht!» Sie schimpft nicht wirklich, und ich denke sie weiss, dass es ihr, wäre die Sachlage andersherum, genau gleich ergangen wäre. Ich für meinen Teil bin einfach unglaublich froh, dass sie gekommen ist und mir – wie meine Eltern – bedingungslos zur Seite steht. Mit meinem Vater telefoniere ich. Er hat es ja nicht so mit Spitalbesuchen. Er verspricht mir aber, dass er mich am kommenden Sonntag besuchen wird. Ansonsten spricht er gewohnt wenig, gibt mir jedoch auch mit wenig Worten unglaublich viel Kraft. Denn Zuspruch und Kraft ist das, was ich in dem Moment gebraucht habe. Keine Ratschläge, was ich denn nun wie zu tun habe. Nein, einfach für mich da sein, mir Mut machen und mir Kraft schenken.

Wissen, dass in meinem Mediastinum ein bereits Kinderkopf grosser Tumor wächst, doch nicht wissen, ob er gut- oder bösartig ist – diese Tatsache versetzte mich in eine äusserst undankbare Situation. In eine Situation Namens Aushalten. Ich konnte nichts weiter tun als warten, warten, was als nächstes passiert. Einen Zustand aushalten, untätig sein, dies gehörte bis zum damaligen Zeitpunkt nicht gerade zu meinen Stärken. Doch was blieb mir anderes übrig? Ich wollte den Weg, der für mich am angenehmsten zu gehen war beschreiten, und so habe ich mich den Gegebenheiten angepasst. Begriffen, dass meine jetzige Aufgabe, die Aufgabe der nächsten Stunden, darin besteht, die Situation anzunehmen und auszuhalten. Dies war – so weiss ich heute – eine erste grosse, unendlich wichtige Erkenntnis. Ein erster Schritt in die richtige Richtung.

Das Abendessen lasse ich ebenfalls ausfallen, wobei ich wohl sowieso nicht viel gekriegt hätte, sollte Frau vor einer Operation doch nüchtern sein. In der darauffolgenden Nacht wälze ich mich von einer Seite auf die andere, finde nur wenig Schlaf. Ich bin nervös und aufgeregt, habe grossen Respekt vor der bevorstehenden Operation.

Nun noch ein paar Worte zu meiner Zimmergenossin: Sie ist eine Frau in meinem Alter, und wie sie mir erzählt, hat sie einen langen Leidensweg hinter sich. Ich erinnere mich, dass mir ihre Krankheitsgeschichte zu denken gegeben hat und mich auch ein wenig von meiner eigenen Situation ablenkte. Aufgewachsen ist sie in einem fernen Land mit weissem Sandstrand, türkisfarbenem Meer und Kokospalmen in Hülle und Fülle. Obwohl es ihr nicht gut geht, strahlt sie Lebensfreude, Mut und Zuversicht aus. Ihr Lächeln ist ansteckend. Wie bestimmt in ihrer Kultur üblich, hat sie ständig Besuch. Ihre Mutter ist jede freie Minute bei ihr, dies sollte sich auch in den kommenden Tagen nicht ändern. Tanten kommen vorbei, ihr Bruder, und, und, und. Sobald die ganze Familie versammelt ist, werden Haare gewaschen, Nägel geschnitten und lackiert, Beine massiert, gebetet, gelacht, gesungen. Wenn ich die Augen schliesse, ihnen zuhöre, fühle ich mich in eine andere Welt versetzt. Manchmal, wenn ich mich ganz hingebe, kann ich sogar das Meer rauschen hören.

Donnerstag, 7. August 2014
Fünf Uhr früh, an Schlaf ist nicht mehr zu denken. Mein Herz pocht gewohnt stark in meiner Brust, heute Morgen weiss ich aber, dass ich es der Nervosität vor der Operation zu verdanken habe. Meine Zimmergenossin ist ebenfalls früh wach und wünscht mir alles Gute für den Eingriff. «Ich denke an dich», sagt sie zu mir.

Es muss kurz vor sieben Uhr gewesen sein, als die Pflegerin – jene aus der Sonnenstube – unser Zimmer betritt. Ich solle mich langsam vorbereiten, gegen sieben Uhr fünfzehn würde ich abgeholt. Die Operation sei auf viertel vor acht geplant.

Ein Mann vom hauseigenen Transportdienst des Inselspitals holt mich ab, samt Bett. Wieder werde ich durch die Gänge des Spitals geschoben, in Lifte verfrachtet und komme schliesslich in einem grossen Raum an. Der Mann des Transportdienstes schiebt mein Bett der Länge nach an die Wand und sagt: «Bleiben Sie hier, das Anästhesie-Team kommt jeden Moment.»

Ich erinnere mich, dass ich den Satz «Bleiben Sie hier» ziemlich lustig fand. Wo hätte ich denn hingehen sollen? Auf die Suche nach Robert? Es sind die kleinen Dinge im Leben, die einem in den skurrilsten Situationen oft die grösste Ablenkung verschaffen.

Ich bleibe also, wie mir geheissen, artig liegen und warte. Lange muss ich nicht warten, bis ein Mann und eine Frau auf mein Bett zugesteuert kommen. Sie stellen sich beide mit Namen vor und sagen mir, dass sie das Anästhesie-Team sind. «Wir schauen, dass Sie gleich gut, tief und fest schlafen werden», meint der Mann. Meine Nervosität beginnt sich zu legen, ich fühle mich bereit. Sie setzen mein Bett in Bewegung und schieben mich in einen angrenzenden Raum. Der Raum wirkt auf mich wie eine Umkleidekabine. Dahinter erkenne ich den Operationssaal. Nun kriecht sie doch wieder in mir hoch, die Angst davor, was wohl gleich mit mir passieren wird. Doch noch ehe ich mir weiter Gedanken darüber machen kann, werde ich aufgefordert, von meinem Bett auf eine Art Untersuchungstisch zu wechseln. Kurz darauf erscheint das Gesicht des Anästhesie-Mannes über mir. «Ich lege Ihnen nun eine Maske auf Ihr Gesicht. Atmen Sie einfach langsam und ruhig weiter.» Ich will wissen: «Ist das jetzt die Narkose?»

«Gleich», antwortet er und drückt mir die Maske auf Mund und Nase. Ich atme so ruhig wie möglich weiter, nichts passiert. *Ich schlafe euch hier bestimmt nicht ein, ihr werdet sehen, das funktioniert bei mir nicht!* Dies waren meine letzten Gedanken vor einem langen, tiefen Schlaf.

Ich laufe beschwingt durch die verwinkelten Gassen einer ausgestorben wirkenden, uralten Stadt. Die alten Stadtmauern sind hoch und überwuchert mit blühenden Bougainvillea in Fuchsia- und Violett-Tönen. Die Sonne scheint von einem azurblauen Himmel und erzeugt eine wohlige Wärme auf meiner Haut. Durch die Gassen weht eine leichte, erfrischende Brise. Alles ist in helles Licht getaucht. Ich fühle mich frei, leicht wie eine Feder im Wind und unendlich glücklich. Urplötzlich öffnet sich ein Spalt am Himmel und eine laute, schroffe, ja beinahe schrille Stimme erklingt.

«Frau Zürcher! Hallo, Frau Zürcher, können Sie mich hören?»

Nein, lass mich in Ruhe. Ich will nicht gestört werden.

Die Stimme erklingt abermals und holt mich auf grausame Art und Weise zurück in die Realität. Mühsam öffne ich meine Augen, sie gehorchen mir kaum. Eine Pflegerin schaut auf mich herab. «Geht es Ihnen gut?», fragt sie leise. Ich kann nicht sprechen, schliesse meine Augen und wünsche mich zurück an den Ort, wo ich vor wenigen Minuten noch war. Doch die Türe dorthin hat sich geschlossen, es gibt kein Zurück mehr. Immer wieder erwache ich nun für einen kurzen Moment und realisiere langsam, wo ich bin. Im Aufwachraum, die Operation ist vorbei. Zögerlich beginne ich, ganz vorsichtig meine Füsse und meine Hände zu bewegen. *Scheint alles noch wie gewohnt zu funktionieren,* stelle ich beruhigt fest. Mir ist warm, und ich will die schwere Decke, die über mich ausgebreitet ist, wegschieben. Dabei stelle ich leicht entrüstet fest, dass ich nur eines dieser Spitalnachthemden trage und ansonsten Nichts! Völlig entsetzt frage ich mich, wo denn bitteschön meine Unterwäsche geblieben ist. Mühsam – meine Beine fühlen sich noch unglaublich schwer an – beginne ich mich zu bewegen, hebe das rechte Bein, um etwas genauer unter die Decke zu schauen. Ah, dort unten rechts sehe ich sie. Fein säuberlich unter der Bettdecke verstaut.

Der Pflegerin ist offensichtlich nicht entgangen, dass ich mich zu bewegen beginne. Sie erscheint erneut neben dem Bett, schaut auf mich herab. «Ich will meine Unterwäsche anziehen», versuche ich ihr zu sagen. Doch als ich sprechen will, bemerke ich, dass mein Hals völlig ausgetrocknet ist, schmerzt und dass meine gesprochenen Worte kaum zu verstehen sind. Die Pflegerin zieht unverrichteter Dinge von dannen. Heute muss ich über mich selber lachen, denn ob Sie es glauben oder nicht: Ich habe nicht eher Ruhe gegeben, bis ich mit meinem rechten Zeh meine Unterwäsche zu fassen bekommen und mir diese schliesslich angezogen habe. Ordnung muss sein!

Als das Projekt Unterwäsche abgeschlossen ist, stelle ich fest, dass in dem Tal zwischen meinen Brüsten ein kleiner Schlauch aus mir herauskommt. Blut sickert durch ihn und verschwindet irgendwo ausserhalb meines Blickfeldes. Zuviel der Anstrengung und Eindrücke, ich schliesse erneut die Augen und döse weg.

Gegen halb zwei bin ich wieder auf meinem Zimmer. In der Zwischenzeit bin ich lebendiger und beginne zu realisieren, dass Robert mich tatsächlich aufgeschlitzt hat. Den kleinen Schlauch, der Blut abtransportiert, hatte ich ja bereits entdeckt. Nun stelle ich fest, dass oberhalb meiner rechten Brust ein dicker Verband angebracht ist. Wenn ich meinen Oberkörper bewege, schmerzt es ziemlich.

Am späteren Nachmittag kommt meine Schwester vorbei. Ich kann nicht in Worte fassen, wieviel mir ihre Besuche bedeuten. Meine Welt ist zu diesem Zeitpunkt, obwohl ich das Beste aus den Gegebenheiten mache, ziemlich dunkel. Sobald ich aber meine Schwester sehe, geht für mich die Sonne auf. Sie schenkt mir so viel Kraft, Mut und Freude. Rasch bemerkt sie, dass ich noch ziemlich geschafft bin von der Operation und legt sich deshalb kurzerhand neben mich ins Spitalbett. Sie kuschelt sich an mich, und so liegen wir einfach, ohne viel zu sprechen, da. Als die Pflegerin das Zimmer betritt, muss sie schmunzeln. Ich glaube, auch sie war froh für mich, dass ich eine so tolle Schwester habe.

Als das Abendessen serviert wird, schiebe ich es mit einer abweisenden Handbewegung von mir weg. Ich will immer noch nichts essen. Seit nunmehr zwei Tagen verweigere ich jegliche Nahrungsaufnahme. Meine Schwester erhebt sich energisch aus dem Bett, setzt sich auf einen Stuhl. «Fräni, du musst essen. So geht das nicht!» Ich verdrehe die Augen und weiss, dass jeder Widerspruch – einmal mehr – zwecklos wäre. Wir einigen uns darauf, dass ich ein bisschen von den blauen Trauben esse. Eine nach der anderen würge ich ungefähr acht Stück hinunter. Meine Schwester lächelt verschmitzt und freut sich. Mehr als die genannten acht Trauben schaffe ich jedoch nicht. Schon den ganzen Tag, seit der Operation, habe ich ein seltsames, flaues Gefühl im Magen. Meiner Schwester sage ich nichts davon, ich möchte ihr nicht die Freude verderben.

Nachdem ich gegessen habe, verabschiedet sich meine Schwester von mir. «Morgen kann ich wahrscheinlich nicht vorbeikommen. Aber am Samstag, da kommen van Habelen (ihr Freund) und ich dich besuchen.» Auch er scheint sich ernsthafte Sorgen um mich zu machen, was mich sehr berührt.

Kaum fällt die Türe hinter meiner Schwester ins Schloss, drücke ich auf den über meinem Kopf baumelnden Knopf. Die Pflegerin erscheint umgehend an meinem Bett. «Mir ist unwohl», sage ich. Sofort stellt sie mir eine Nierenschale auf die Brust. *Auch hier haben sie also nur diese komischen Dinger, wenn es einem schlecht ist.* Ein Putzeimer mit einem zwei Liter Fassungsvermögen wäre mir lieber gewesen. Es dauert nicht lange, und auf meiner Stirn bilden sich kleine Schweissperlen. Meine Speicheldrüsen produzieren urplötzlich enorm viel Speichel – das eindeutige Zeichen für mich, dass es kein Zurück gibt.

Mit der Kraft eines Hochdruckreinigers schiesst mein Mageninhalt aus mir heraus.

Nur fürs Protokoll: Ich habe versucht, die Nierenschale zu treffen. Doch wenn man so schwungvoll erbrechen muss wie ich in dem Moment, ist die Schale nicht zu gebrauchen. Blauer Traubensaft, vermischt mit meiner Magensäure, verteilt sich über mein Bett, bis zu dessen Fussende. Sogar den kleinen, mobilen Fernsehmonitor habe ich erwischt.

Die Übelkeit ist so rasch weg, wie sie gekommen ist, und beim Anblick der Verwüstung muss ich lachen. Richtig herzhaft gelacht habe ich. *Mit einem Putzeimer wäre das nicht passiert!*

Schön, nicht? Wenn man mit einem grossen Tumor in der Brust, frisch operiert im Spitalbett liegt und über sein eigenes Erbrochenes lachen kann. Als ich dann aber gezwungenermassen erneut den Knopf über mir drücke und die Pflegerin erscheint, das Chaos erblickt, vergeht mir das Lachen, und ein Gefühl der Scham überkommt mich.

Hätte ich gekonnt, so wäre ich aufgestanden und hätte die Sauerei selber geputzt und die Bettwäsche gewechselt. Ich entschuldige mich bei der Pflegerin. Doch auch ihr – wie schon den zwei Damen aus dem CT Raum – scheint mein Erbrochenes nicht viel auszumachen. Sie holt sich eine Kollegin zu Hilfe, und zu meinem grossen Erstaunen schaffen sie es absolut mühelos, die komplette Bettwäsche inklusive Spannbettlacken zu wechseln, ohne dass ich dabei aufstehen muss. Mich waschen sie, wo nötig und ziehen mir ein frisches Nachthemd an. Nachdem sie gegangen sind, schreibe ich eine Nachricht an meine Schwester: «Habe soeben deine mit viel Liebe gefütterten Trauben in einem Umkreis von einem halben Meter um mich herum verteilt.»

Am Abend, draussen wird es bereits langsam dunkel, betritt eine fremde Frau in weissem Kittel das Zimmer. Inzwischen habe ich mir angewöhnt, immer gleich auf die Ausweise zu schauen, welche meistens auf Brusthöhe an den Kitteln baumeln. Nebst dem Namen steht dort «Assistenzärztin». Vor sich her schiebt sie einen Rollboy mit einem mir bereits bekannten Gerät darauf. «Guten Abend, Frau Zürcher. Ich müsste noch kurz ein EKG machen», spricht sie mich an. Sie verkabelt mich und beginnt, mein Herz auf seine Funktionstüchtigkeit zu testen.

«Soweit alles in Ordnung», sagt sie schliesslich und löst die Verkabelung. Ich frage sie, was ein EKG denn genau ist und wie es funktioniert. Sie erklärt es mir in aller Ruhe und sogar so, dass ich es einigermassen nachvollziehen kann. Dann nimmt sie einen Stift und ein Blatt Papier zur

Hand. Sie beginnt zu zeichnen; ein Herz. Natürlich nicht eines dieser allseits bekannten bogenförmigen Herzen, sondern ein anatomisch korrektes. Sie erklärt mir, dass ich das Herz in vier Teile unterteilen könne: rechte und linke Kammer im unteren Teil, rechter und linker Vorhof im oberen Teil. Ich erfahre Sinn und Zweck der Aorta, der Mitralklappe, der Pulmonalklappe, usw. Eine kleine, äusserst interessante Lehrstunde.

Natürlich habe ich heute das meiste davon wieder vergessen. Doch damals habe ich mir das Blatt mit ihrer Zeichnung und den Erläuterungen noch bis spät in die Nacht hinein angeschaut und studiert.

Meine Stationsärztin fragte ich zu einem späteren Zeitpunkt einmal, weshalb mein Herz immer dermassen schnell schlägt. Ihre Antwort werde ich nie mehr vergessen, denn sie löste Unbehagen in mir aus. «Das hat verschiedene Gründe. Einer davon ist sicher, dass der Tumor in Ihrem Mediastinum bereits auf den rechten Vorhof Ihres Herzens drückt.»

Da konnte ich ein erstes Mal, wenn auch nur ansatzweise, abschätzen, wie gross der Tumor effektiv sein muss. Aus mir unerklärlichen Gründen hatte ich in der ganzen Zeit jedoch nie Angst davor, mein Herz könnte seinen Dienst quittieren. Wahrscheinlich hatte ich dies meinem Urvertrauen in meinen Organismus zu verdanken.

Die Nacht schliesslich verbringe ich ruhig. Mit einem Cold Pack auf dem Bauch schlafe ich tief und fest.

Freitag, 8. August 2014

Den heutigen Morgen verbringe ich mit «Ich bin im Spital»-Tätigkeiten: frühstücken, Blutdruck messen, Blut abzapfen, wiegen und die gute alte Körperhygiene. Zum Frühstück tischt mir die Pflegerin einen klitzekleinen Becher mit einer dickflüssigen Flüssigkeit auf. «Fresubin, Frau Zürcher», klärt sie mich auf. «Wenn Sie schon nichts essen können, wäre es gut, wenn Sie zumindest ein bisschen davon trinken. Über den ganzen Tag verteilt, wann immer Sie möchten.»

Ich gehorche und trinke, grösstenteils ihr zuliebe, den Becher aus. *Hm, schmeckt gar nicht mal so übel.* Diese Trinknahrung habe ich mir schlimmer vorgestellt, als sie in Wirklichkeit ist.

Nun zur Körperhygiene: Ich würde so gerne duschen! Meine letzte Dusche inkl. Haare waschen liegt nun schon drei Tage zurück – zu lange für meinen Geschmack. Ich frage aber gar nicht erst, ob ich duschen kann, denn ich spüre selber, dass ich dazu zu schwach bin. Ich gebe mich schon damit zufrieden, mich selber waschen zu können. Vorsichtig erhebe ich mich, ganz langsam. Zu meiner grossen Freude klappt das besser, als ich gedacht hätte. Zwar spüre ich bei fast jeder Bewegung die Robert-Wunde, doch ist der Schmerz gut erträglich. Schwieriger als das «Sich erheben» erweist sich das Handling mit den vielen Schläuchen an mir und aus mir. Ich muss gut aufpassen, dass ich nirgendwo hängenbleibe, denn was ich als Letztes möchte ist, einer dieser Schläuche aus mir zu reissen. Das ganze Vorhaben verläuft ohne Komplikationen. Ich wasche mich, putze mir ausgiebig die Zähne und binde meine Haare zusammen. Auch schaffe ich es alleine, ohne fremde Hilfe, auf die Toilette. Es sind nur wenige Schritte und doch nicht selbstverständlich in meiner Situation. Danach lege ich mich, erschöpft aber zufrieden mit meiner Leistung, zurück ins Bett. Es sind banal klingende Dinge, Kleinigkeiten. Für mich war nur schon die Tatsache, alleine auf die Toilette zu können, enorm wichtig. Ich wollte selbständig sein, so normal wie möglich funktionieren.

Ansonsten verläuft der Morgen ruhig. Zumindest auf meiner Seite des Spitalzimmers. Die Mutter meiner Zimmergenossin ist schon früh bei ihr und werkelt eifrig an ihrer Tochter herum. Ich ziehe den Vorhang zwischen unseren Betten, möchte Ruhe. Zum Mittagessen gibt es einen weiteren Becher Fresubin, und anschliessend halte ich ein kurzes Nickerchen. Ich bin, das hat sich in den letzten Tagen nicht geändert, sehr müde und fühle mich kraftlos.

Was nun folgt, bezeichne ich heute als die eindrücklichsten, nachhaltigsten und prägendsten Minuten meines bisherigen Lebens. Noch heute, fast zwei Jahre später, hallen diese Ereignisse in mir nach wie ein nie endendes Echo.

Gegen halb drei betritt ein Mann in weissem Kittel und Blue Jeans das Zimmer. Er schaut zu meiner Zimmergenossin, dann zu mir und macht einen Schritt auf uns zu. «Das muss Frau Zürcher sein», sagt er mir weicher, freundlicher Stimme und mir zugewandt. Ich nicke, lächle ihn noch etwas verschlafen an. Er wirkt zögerlich, als er einen weiteren Schritt in meine Richtung macht.

«Darf ich Sie bitten, das Zimmer zu verlassen», spricht er unvermittelt die Besucher meiner Zimmergenossin an. Seine Stimme klingt plötzlich erstaunlich bestimmt und überrascht mich. Auch die Angesprochenen scheint es zu überraschen, kramen sie doch eilig ihre Sachen zusammen und verschwinden lautlos aus dem Zimmer. Er wendet sich abermals mir zu, nennt mir seinen Namen und sagt: «Ich bin Onkologe.»

Ich werde augenblicklich nervös, mein Mund fühlt sich trocken an. Als er mich schliesslich fragt: «Können wir uns kurz unterhalten?», weiss ich es. Mehr hätte er nicht sagen müssen.

Ohne eine Antwort von mir abzuwarten, zieht er sich einen Stuhl neben mein Bett, nimmt Platz und schaut mir fest in die Augen.

«Wir haben bereits die Ergebnisse der Biopsie vorliegen.» Seine wohlklingende Stimme erfüllt den Raum. Erneut, ohne eine Äusserung meinerseits abzuwarten, fährt er fort: «Frau Zürcher, Sie leiden an einem primär mediastinalen, diffus-grosszelligen B-Zell-Lymphom.»

An was? Ich verstehe kein einziges Wort, ausser Lymphom. Nach einem Stift und Notizpapier kramend bitte ich ihn, seine vorherigen Worte zu wiederholen. Geduldig, in einer Seelenruhe sagt er nochmals: «Primär mediastinales, diffus-grosszelliges B-Zell-Lymphom. Das ist eine bösartige, hochmaligne Krebsform. In Ihrem Fall sind die B-Lymphozyten betroffen. Der Tumor ist, wie Sie bestimmt schon wissen, gross. Genau gesagt elf mal fünf mal sieben Zentimeter. Daher empfiehlt es sich, sehr rasch mit der Therapie anzufangen. Ich habe mir erlaubt, Ihnen für den kommenden Montag einen Termin bei unserer Fertilitätsberatung zu organisieren.»

«Fertili was?» Ich schaue ihn an, «meinen» Onkologen. Obwohl er sehr ruhig und gelassen wirkt, entgeht mir nicht, dass dieser Moment auch für ihn nicht einfach ist. Es gehört zu seinem Job, und wahrscheinlich muss er tagtäglich jemandem sagen, dass er oder sie Krebs hat. Einfacher wird es dadurch, da bin ich mir sicher, bestimmt nicht. Er knetet seine Hände, schaut mir abermals fest in die Augen und sagt: «Die Chemotherapie, die Sie erhalten werden, wird Ihre Ovarien beschädigen. Da Sie noch sehr jung sind, wollen wir versuchen, diese so gut wie möglich zu schützen. Deshalb der Termin bei der Fertilitätsberatung. Sie können sich gerne vorgängig auf der Homepage fertiprotekt.de informieren.»

Ich komme kaum nach mit zuhören, aufnehmen und verstehen. «Heisst das, ich werde, wenn wir nichts tun, nach der Chemotherapie unfruchtbar sein?» Meine Stimme klingt schwach, schockiert.

«Ja, höchstwahrscheinlich.» Er scheint zu bemerken, dass dies genug Informationen für den Moment sind und steht bedächtig auf. «Ich komme am Montag wieder bei Ihnen vorbei, dann können wir nochmals über alles sprechen, und ich erkläre Ihnen die weitere Vorgehensweise. In Ordnung?», fragt er mich in fürsorglichem Ton.

Ich nicke. «Ja, das ist in Ordnung. Auf Wiedersehen.»

Oh ja, auf Wiedersehen – definitiv. Du bist jetzt offiziell Krebspatientin, da gehört der Onkologe quasi zur persönli-

chen Grundausstattung, erklingt eine völlig fehl am Platz wirkende, zynische Stimme in mir.

Nachdem er gegangen ist, die Mutter und die Tante meiner Zimmergenossin wieder Haare kämmen und Füsse massieren, beginne ich zu weinen. Ich fühle mich genau gleich, wie in der Nacht des 6. August, als mir die Ärztin auf der Notfallstation des Inselspitals gesagt hat, dass es sehr wahrscheinlich ist, dass ich Krebs habe. Abermals dieses Rauschen in meinen Ohren und eine alles umfassende Leere in mir. Ich bin erstarrt. Einen einzigen, sehr grossen Unterschied gibt es aber zu jener Nacht auf dem Notfall: Heute habe ich keine Hoffnung mehr. Keine Hoffnung mehr darauf, dass es vielleicht kein Krebs ist. Kein Strohhalm mehr, um mich daran festzuhalten. Kein «Es ist wahrscheinlich» mehr. Meterhohe Wellen schlagen über mir zusammen, ich bekomme kaum Luft und sehe meinen eigenen Untergang vor Augen. Meine Seele, mein Verstand – mein ganzes Ich – dem Untergang geweiht. Ich bin verloren. Eine Träne nach der anderen bahnt sich ihren Weg über meine glühenden Wangen. Es scheint, als hätte mein Körper endgültig seine Schleusen geöffnet. Hemmungslos weine und schluchze ich vor mich hin. Ich vergesse dabei zu atmen, und obwohl es mir in dem Moment egal gewesen wäre, hätten sich meine Lungen nie mehr mit Luft gefüllt, so erkämpft sich doch etwas in mir immer wieder einen unregelmässigen, keuchenden Atemzug. Die Gedanken in meinem Kopf beginnen zu kreisen, überschlagen sich. Wenn ich daran denke, vielleicht nie eigene Kinder zu haben, verstärkt sich mein Schluchzen. Obwohl ich in meinem bisherigen Leben noch nie an dem Punkt war, mir ernsthaft über die Gründung einer Familie Gedanken zu machen, löst die Tatsache, vielleicht niemals eine Familie zu haben, einen fürchterlichen Schmerz in mir aus. *Als wäre Krebs nicht schon Herausforderung genug!*

Während ich vor mich hin schniefe, öffnet sich ganz leise die Zimmertüre. Die Stationsärztin erscheint, setzt sich ohne ein Wort zu sagen auf mein Bett, nimmt meine Hand und tröstet mich. Während sie meine Hand hält und beruhigend zu mir spricht, spüre ich sie wieder, wie aus dem Nichts: Diese Kraft, diese Stärke, diese unauslöschliche Glut in mir. Doch in dem Moment will ich sie nicht spüren. Ich will mich in meinem Leid suhlen und halte deshalb hilfesuchend Ausschau nach meinem dunklen Begleiter. Er ist nicht da. Keine Spur von ihm. *Typisch, wenn man ihn mal braucht, ist er nicht da. Die ganze Zeit rückt er mir auf die Pelle, und heute, heute wo ich meine Hand in seine legen möchte und sagen will: «In Ordnung, lass uns für immer von hier verschwinden», heute fehlt weit und breit jede Spur von ihm.*

Je mehr ich versuche, sie zu verdrängen, umso stärker wird sie, diese Kraft in mir. Und sie scheint seit neustem eine Stimme zu haben. Gut, sehr gut muss ich hinhören, um sie zu verstehen. «Scht... scht... alles ist gut», flüstert sie mir immer und immer wieder zu. Ihre Wärme beginnt, sich in meinem Körper auszubreiten und befreit meine Glieder aus ihrer Starre. Langsam, sehr vorsichtig lasse ich mich darauf ein, beginne mich auf diese Wärme in mir zu konzentrieren. Je mehr ich mich darauf einlasse, umso ruhiger werde ich.

Die Ärztin scheint zu bemerken, dass ich meine Fassung langsam wiederfinde. Sie steht vorsichtig auf und sagt: «Falls Sie einen Seelsorger oder einen Psychologen sehen möchten, dürfen Sie es uns jederzeit sagen.»

«Ok», antworte ich unsicher. Ich kann in dem Moment nicht verstehen, weshalb sie mir dieses Angebot gemacht hat. Und es soll nicht das letzte Mal in den nächsten Stunden sein, dass ich dieses Angebot erhalte. Erst heute verstehe ich es und bin dankbar, hat mir jemand diese Art von Hilfe angeboten. Ich beschliesse aber, mich fürs Erste auf mich, auf dieses Gefühl in mir zu konzentrieren. Von Minute zu Minute lasse ich mich mehr darauf ein. Und je mehr ich es tue, umso stärker beginnt die Glut in mir zu glimmen. Als würde ich ihr direkt, mit jedem meiner Atemzüge, die von ihr dringend benötigte Luft zuführen. So entsteht eine wunderbare Symbiose: Mein Atem für ihr Leben, ihre Stärke für mein Leben.

Erstaunlich schnell also finde ich meine Mitte, meine innere Ruhe wieder. Einmal mehr gelingt es mir, mich einer Situation unglaublich schnell anzupassen, eine Gegebenheit anzunehmen. Dies hatte ich, so weiss ich es heute, einzig und alleine ihr, der Kraft – oder nennen wir es meinem Lebenswillen – zu verdanken. Denn ein anderer Teil von mir war in diesen kurzen, jedoch äusserst intensiven Minuten meines noch jungen Lebens bereit zu gehen. Auf eine lange Reise ohne Wiederkehr.

Meine Mutter besucht mich am Nachmittag. Selbstverständlich erzähle ich ihr sofort von dem Besuch des Onkologen und davon, was er mir gesagt hat. Auch sie reagiert erstaunlich gefasst, wobei ich nicht weiss, wie es wirklich in ihr ausgesehen hat, als sie erfahren musste, dass ihre Tochter Krebs hat. Als ich versuche, ihr alles so gut wie möglich zu erklären (zumindest das, was ich selber verstanden habe), werden meine Augen abermals feucht, und Tränen befeuchten meine Wangen. Doch nun sind es stille, ruhige Tränen. *Scht... scht... alles ist gut, alles ist gut.*

Etwas später erhalte ich weiteren Besuch. Eine meiner engsten Freundinnen und ihre Mutter kommen spontan bei mir vorbei. Für das vor der Türe stehende Wochenende hatte ich nämlich einen Ausflug mit den beiden ins naturbelassene, traumhaft schöne Safiental geplant. Schon seit längerem war jedoch klar, dass ich in diesem Jahr keine Heidelbeeren sammeln würde, dass ich dazu gesundheitlich nicht in der Lage bin. So haben sich die beiden gedacht, dass sie vor ihrer Abreise in die Berge bei mir vorbeikommen könnten. Drei wunderschöne Sonnenblumen bringen sie mir mit und wollen natürlich sofort wissen, wie es mir geht, was denn nun genau mit mir los ist.

Mein ganzes Umfeld, abgesehen von meiner Familie, hatte zu dem Zeitpunkt den Faden bezüglich meines Gesundheitszustandes verloren, was absolut verständlich ist. Zeckenbiss, Gürtelrose, Hirnhautentzündung, Hasenpest, Halsvenenthrombose und plötzlich, für meine Freunde wohl ziemlich unerwartet, lag ich im Inselspital in Bern. Seit ich im Inselspital bin, habe ich mich bewusst von der

Aussenwelt abgeschottet. Ich habe einerseits keine Lust mehr, über irgendwelche Eventualitäten zu sprechen, und andererseits bin ich zu müde, zu schwach, um ständig Besuch zu empfangen. Was natürlich nicht heisst, dass ich mich über den heutigen Besuch nicht gefreut hätte!

Doch zurück zur eigentlichen Geschichte: Ich bin den zwei Frauen eine Antwort auf ihre Frage schuldig. Wer nun denkt, ich hätte lange überlegt, wie ich die erhaltene Diagnose möglichst schonend kommunizieren könnte, der irrt sich. Meine Antwort lautete: «Ich habe soeben erfahren, dass ich Krebs habe. In meinem Mediastinum (auch ich lege erklärend meine rechte Hand auf das Mediastinum) wächst ein Tumor.»

Meine Freundin reagiert erstaunlich ruhig und gefasst. Ihre Mutter wird von ihren Gefühlen überwältigt, sie beginnt zu weinen, und nun weint auch meine Mutter. Auch mir fliessen abermals Tränen über die Wangen. Ein erstes Mal erlebe ich, was die Nachricht «Ich habe Krebs» bei meinen Mitmenschen auszulösen vermag.

Im Nachhinein habe ich mich oft gefragt, weshalb ich so schonungslos mit der Türe ins Haus gefallen bin, ob ich die Nachricht nicht netter hätte verpacken sollen. Ich kam und komme immer wieder zum selben Schluss, auf dieselbe für mich richtige Antwort: Nein. Es war, wie es war: eine Tatsache. Lange um den heissen Brei herum reden hätte keinen Unterschied gemacht. Und die Nachricht «Ich habe Krebs» wird nicht besser mit einer roten Schleife darum. So habe ich diese Strategie beibehalten und auch in Zukunft all meinen Mitmenschen unerbittlich die Tatsachen vor die Füsse geknallt. Frei nach dem Motto: Ich ertrage es, dann könnt ihr es auch.

Nachdem alle meine heutigen Besucherinnen gegangen sind, trinke ich einen weiteren Becher Fresubin und widme mich anschliessend, obwohl ich mich schrecklich müde und ausgelaugt fühle, der Recherche zum Thema «primär mediastinales, diffus-grosszelliges B-Zell-Lymphom.» Ich will wissen, was genau die Diagnose bedeutet. Ich will so viel wie möglich darüber lesen und versuchen zu verstehen. Denn Wissen und Verstehen wirkt, zumindest dachte ich das in dem Moment noch, beruhigend auf mich.

Unter lymphome.ch werde ich ein erstes Mal fündig. «Lymphome – ein Leitfaden für Betroffene und Angehörige», lese ich. Die erwähnte Broschüre umfasst sage und schreibe hundertfünfzig Seiten. Um die ganze Abhandlung zu lesen, fühle ich mich heute viel zu müde. Also filtere ich den Text, indem ich nach «mediastinal» suche. Unter dem Kapitel «seltene Lymphome» ist es aufgeführt, mein Lymphom, das primär mediastinale. Ich erinnere mich gut, dass die Tatsache, dass ich mein Lymphom unter der Rubrik «seltene Lymphome» gefunden habe, nicht gerade beruhigend auf mich gewirkt hat. *Selten? Ich will kein seltenes Lymphom. Ich will eines, welches häufig vorkommt und dadurch bestimmt besser erforscht ist*, fordert eine ängstliche, schrille Stimme in mir. *Sei still, es ist wie es ist. Hast du eben ein seltenes Lymphom, na und?*, kontert der Lebenswille. Mein Verstand hört nicht auf die zwei Stimmen, und ich drücke geistesgegenwärtig ein weiteres Mal die Eingabetaste. Nun erscheint eine Grafik auf dem Display. «Einteilung und Häufigkeit» lautet der Titel. Einen Viertel des Kuchens, also fünfundzwanzig Prozent, macht das grosszellige B-Zell-Lymphom aus. *Siehst du, ist ja gar nicht so schlimm. Fünfundzwanzig Prozent ist nicht selten!*, meldet sich erneut mein Lebenswille zu Wort, um gleich darauf von der anderen Stimme unterbrochen zu werden. *Keine voreiligen Schlüsse, schaue dir bitte zuerst die ganze Grafik an!* Tatsächlich. Auch der Kuchen besteht aus einer Rubrik «seltene Lymphome». Darunter sind das Burkittlymphom, die Haarzellleukämie, Morbus Waldenström, extranodaler Befall, HIV-assoziertes Lymphom und eben, das primär-mediastinale B-Zell-Lymphom aufgeführt. Ergänzt wird das primär-mediastinale Lymphom mit einem (A), welches für «verläuft mehrheitlich aggressiv» steht und einem «<1 %». Darauf findet nun auch mein Lebenswille keine passende Antwort mehr. Es handelt sich also in der Tat um eine Seltenheit. Weniger als ein Prozent aller Lymphome wächst im Mediastinum.

Ich weiss in dem Moment nicht, ob ich mich nun geehrt fühlen soll, dass sich mein Organismus für eine seltene Krebsform entschieden hat, oder ob ich mich in das Tal der Tränen stürzen soll. Da ich mir diesbezüglich noch nicht schlüssig bin, drücke ich die Eingabetaste abermals und lande bei Kapitel 16.2 mit dem hoheitsvollen Titel «Das primär mediastinale B-Zell-Lymphom».

An einem primär mediastinalen B-Zell-Lymphom (PMBCL) erkranken überwiegend Frauen im Alter zwischen 30 und 40 Jahren. Das PMBCL entsteht im Brustraum, hin-

ter dem Brustbein (Mediastinum) und führt aufgrund des ausgedehnten Wachstums zwischen Lungenflügeln und Speiseröhre zu Atembeschwerden, Schmerzen im Schultergürtel, Halsschwellung oder Schluckbeschwerden. Die Diagnose basiert auf der Untersuchung des betroffenen Gewebes hinter dem Brustbein. Die Gewebebiopsie ist häufig schwierig, da das Lymphom in die umgebenden Strukturen einwächst. Das PMBCL ist nahe verwandt mit der Hodgkin-Erkrankung und sollte davon klar abgegrenzt werden. Wie alle aggressiven Lymphome vom B-Zell-Typ wird auch das PMBCL mit einer kombinierten Immun-Chemotherapie behandelt. Über eine Bestrahlung muss nach Ende der Chemotherapie entschieden werden. Häufig wird eine PET-Untersuchung (siehe Glossar) durchgeführt, um die Stoffwechselaktivität respektive die Vitalität des Restgewebes zu prüfen. Die meisten Rückfälle treten in den ersten zwei Jahren nach Diagnosestellung auf. Die Nachsorge umfasst regelmässige bildgebende Untersuchungen des Brustraums nach Therapieabschluss.

Obwohl ich einzelne Komponenten des Textes nicht verstehe, immer noch nicht genau einordnen kann, was für eine offensichtliche Fehlfunktion mein Körper hat, höre ich auf zu lesen. Zu wissen, dass es ein sehr seltenes Lymphom ist, reicht mir für den Moment.

Kurz überfliege ich noch die Einleitung der Broschüre. Der erste Abschnitt der Einleitung macht mir Mut, gibt mir Hoffnung und lässt mich die Entscheidung gegen das Tal der Tränen treffen: *Krebs ist zwar eine der häufigsten Todesursachen in unserer Bevölkerung und viele Menschen glauben, dass die Diagnose Krebs immer mit dem baldigen*

Tod gleichzusetzen ist. Dies ist aber nicht der Fall. Fast die Hälfte aller Personen mit Krebs kann geheilt werden. Auch beim Lymphom gibt es viele Formen, die heilbar sind.

Dies zu lesen, gibt mir Hoffnung, und ich versuche einzuschlafen. Allerdings ist meine Seele so in Aufruhr, dass ich keine Ruhe finde. Abermillionen Gedanken beschäftigen mich, und ein jeder Gedanke endet mit derselben Frage: Werde ich sterben? Dabei schiessen mir ein jedes Mal Tränen in die Augen.

So ist es gekommen, dass ich begonnen habe darüber nachzudenken, weshalb ich beim Gedanken zu sterben weinen muss. Bis in die frühen Morgenstunden habe ich darüber nachgedacht und bin schliesslich zu der Erkenntnis gelangt, dass ich nicht weine, weil ich Angst vor dem Tod habe. Niemand sollte das. Ich habe ihn kennengelernt, den dunklen Schatten. Bestimmt gibt es freundlichere, warmherzigere Gestalten, doch er hat nichts Böses an sich. Eher etwas Spitzbübisches, etwas Schelmisches. Er ist dunkel, düster, und ich möchte nicht versuchen, mich ihm zu sehr zu wiedersetzen. Andererseits denke ich heute, dass die Reise mit ihm bestimmt unterhaltsam, inspirierend und befreiend wird, wenn die Zeit gekommen ist. Nein, ich weine nicht, weil ich vielleicht gehen muss, sondern ich weine bereits um jene Menschen, die ich zurücklassen müsste.

In den kommenden Tagen und Wochen denke ich noch öfter über dieses Thema nach, und irgendwann lerne ich, dass es richtig ist, wenn ich weine, wenn ich jemanden verliere, jemanden aus meinem Umfeld zu Grabe tragen muss. Dass ich aber nicht weinen muss, wenn ich krank bin und die Wahrscheinlichkeit besteht zu sterben. Denn diese Wahrscheinlichkeit besteht bei jedem Einzelnen von uns tagtäglich. Sie bestand bei mir bereits vor der Erkrankung, und da habe ich ja auch nicht auf Vorrat geweint. Nur jetzt meine ich, es tun zu müssen, nur weil sterben greifbarer, sterben realistischer geworden ist.

Samstag, 9. August 2014

In den frühen Morgenstunden, ich habe keine Ahnung wie ich plötzlich darauf komme, spuckt mein Gedächtnis «Krebsliga» aus. Es fühlt sich an, als würde mein Körper meine Festplatte durchforsten und alles, was ich jemals im Zusammenhang mit Krebs gehört oder gelesen habe, ans Tageslicht fördern. *Genau, die Krebsliga!* An diese gemeinnützige Organisation hatte ich bislang noch gar nicht gedacht. Also nehme ich abermals, während meine Zimmergenossin friedlich vor sich hin schnarcht, mein Smartphone zur Hand. Auf der Seite der schweizerischen Krebsliga finde ich unter anderem unter der Rubrik «Shop» diverse Broschüren. Ich bestelle mir die Folgenden:

- Hodgkin- und Non-Hodgkin-Lymphome
- Schmerzen bei Krebs und ihre Behandlung
- Die Strahlentherapie
- Alternativ? Komplementär?
- Die Krebstherapie hat mein Aussehen verändert
- Körperliche Aktivitäten bei Krebs
- Ernährungsprobleme bei Krebs
- Medikamentöse Tumortherapie

- Selbstbestimmt bis zuletzt
- Krebs trifft auch die Nächsten

Gerade, beim Niederschreiben der bestellten Broschüren, schüttelte ich leicht meinen Kopf und ein Lächeln umspielte meine Lippen. Weshalb? Weil ich bis zum heutigen Datum keine dieser Broschüren gelesen habe, ausser jene zum Thema Hodgkin- und Non-Hodgkin-Lymphome. Dass ich mir zu den verschiedensten Themen Unterlagen bestellt habe, zeigt meine damalige Hilflosigkeit, meine eigene Überforderung mit der Situation. Meine Güte, ich hatte keine Ahnung davon, was in den kommenden Monaten auf mich zukommen würde.

Irgendwann finde ich dann doch noch ein bisschen Schlaf, wenn auch nur für ein paar wenige Stunden.

Als der neue Tag anbricht und das Inselspital erwacht, mache ich mit einer neuen Pflegerin Bekanntschaft. Jene aus der Sonnenstube der Schweiz, das hat sie mir gestern extra noch persönlich mitgeteilt, arbeitet erst am Montag wieder. Halb so wild, denn die für mich Samstag und Sonntag zuständige Pflegerin ist ebenfalls ein Sonnenschein. Ihre schönen, glänzenden, blonden Haare hat sie zu einem Pferdeschwanz zusammengebunden, und ihre weissen Zähne blitzen alle zwei Minuten auf, weil sie stets irgendetwas zu schmunzeln oder zu lachen hat. Sie scheint gut über meine gesundheitliche Situation informiert zu sein und zeigt im Umgang mit mir ein sehr feines Gespür. Sie behandelt mich absolut normal, doch umsichtig und sehr darauf bedacht, dass es mir an nichts fehlt.

Wiederum absolviere ich die Routine-Aufgaben eines jeden Patienten. Duschen, obwohl ich es dringender nötig hätte als jemals zuvor, fällt heute zum wiederholten Male aus. Man hätte mich in diesen Tagen wohl gut und gerne Vogelscheuche nennen können! Nachdem alles erledigt ist, liege ich in meinem Bett, gehe in mich, mache mir erneut viele Gedanken. Dass ich kämpfen und alles daran setzen werde, wieder gesund zu sein, das ist für mich seit dem Moment klar, als ich mich auf diese Kraft in mir eingelassen habe. Wie ich es anstellen würde, das wusste ich noch nicht. Hatte ich doch keine Vorstellung davon, was mich als nächstes erwartet. Nur eines war völlig ausgeschlossen: aufgeben.

Während ich so daliege und meinen Gedanken nachgehe, spüre ich ihn. Einen alten Bekannten, mein persönlicher dunkler Schatten. Auf der Höhe meines Beckens setzt er sich auf mein Bett, greift sich meine rechte Hand. Es ist das erste Mal in all den Begegnungen, dass er mich berührt. Sein Griff ist viel sanfter, als ich es vermutet hätte, fühlt sich nicht wie erwartet eiskalt an. Zärtlich, liebevoll und behutsam ist sie, seine Berührung.

«*Was willst du?*», frage ich ihn.

«*Mich verabschieden.*» Er lächelt. «*Du hast deine Entscheidung getroffen. Finde deinen Weg, gehe ihn mutig und voller Zuversicht. Wir werden uns wiedersehen.*»

«*Wann?*», möchte ich wissen.

«*Morgen, übermorgen, in zehn oder in fünfzig Jahren. Wer weiss das schon so genau.*» Ein letztes Mal zeigt er mir sein Lächeln.

Heute weiss ich, dass ich keine Angst haben werde, wenn er mich wieder besuchen kommt, und dass es in Ordnung sein wird, mit ihm mitzugehen.

Als er weg ist, nimmt endgültig der Lebenswille in mir das Zepter in die Hand. Auf einmal habe ich den starken Drang, mit dem Tumor in meinem Mediastinum zu sprechen. Aber wie spricht man mit etwas, das keinen Namen hat? Hallo Lymphom? Klingt irgendwie total unpersönlich, nicht?

Fridu, sein Name ist Fridu, ertönt unaufgefordert die Lebensstimme in mir. So kam es also, dass der Tumor in meiner Brust einen Namen erhalten hat, und irgendwann wusste mein ganzes Umfeld, wer Fridu ist. Es frage mich heute bitte niemand mehr, weshalb der Name Fridu. Diesbezüglich gab es ab und zu sehr bedachte, überaus gescheite Fragen an mich, zum Beispiel: «Weshalb hat der Tumor einen männlichen Namen?» *Wahrscheinlich, weil ich einen Riesenkomplex betreffend dem männlichen Geschlecht habe,* hätte ich darauf am liebsten geantwortet. Aber Spass beiseite. Ich weiss es nicht. Wahrscheinlich weil es *der* und nicht *die* Tumor ist. So simpel, so einfach.

Der heutige Samstag ist also Fridus Geburtsstunde. Zeit für einen grossen, ausgeklügelten Dialog mit ihm finde ich nicht, denn der Besuch meiner Schwester und van Habelen steht kurz bevor. Zudem knurrt mein Magen. *Wenn man leben will, muss man essen,* belehrt mich mein knurrendes Organ. Kurzerhand rufe ich meine Schwester an und bitte sie, mir einen Döner mitzubringen. Nein, kein Schreibfehler. Nach Tagen ohne feste Nahrung wollte ich heute nichts anderes als einen Döner essen. Meine Schwester quietscht schier vor Freude, als ich ihr meinen Essenswunsch mitteile. «Klar Fräni, kein Problem. Wir treiben einen Döner auf, und wenn wir durch die halbe Stadt fahren müssen.» Ich höre die Erleichterung in ihrer Stimme.

Trotz Robert-Wunde und Fridu in meiner Brust, trotz Müdigkeit und Kraftlosigkeit, hätte ich heute die Frage «Wie geht es?» mit einem überzeugten «Es geht mir gut» beantwortet. Die grosse Dunkelheit ist vorüber, ich sehe Licht. Ich sehe den Weg, den ich zu gehen habe, auch wenn einzelne Wegstücke noch mit dichten Nebelschwaden überzogen sind. *Alles ist gut, alles hat seine Richtigkeit. Ich werde mein Möglichstes tun, um wieder gesund zu werden. Ich vertraue und nehme an. Ich akzeptiere die mir auferlegte Last, lasse mich von ihr nicht in die Knie zwingen und versuche, jeden Tag im Minimum einen Schritt vorwärts zu machen. Ich werde weinen und Angst haben. Ich werde kämpfen und auf die Zähne beissen. Ich werde lernen und irgendwann verstehen. Ich habe Vertrauen in mein Leben und darauf, dass sich alles zu meinem höchsten Wohl entfalten wird.*

Ein weiterer Entschluss ist also gefasst, und bis heute bin ich nicht davon abgewichen. Egal, was noch kommen mag: Ich habe Vertrauen in mein Leben.

«Döner ist da, juhuuu!» Die fröhliche Stimme meiner Schwester reisst mich aus meinen Gedanken. Mit zwei gut eingepackten Dönern in der Hand betritt sie, mit einem

Strahlen – man könnte ganz Manhattan damit erhellen – das Spitalzimmer, dicht gefolgt von van Habelen, der ebenfalls grinsen muss über die schier greifbare Erleichterung seiner Freundin. Auch ich muss lachen. Mein Magen gibt ein weiteres lautes Knurren von sich, das Zeichen für mich, mich langsam und vorsichtig zu erheben. Immer noch bin ich sehr darauf bedacht, keinen der Schläuche aus mir herauszureissen. Als ich endlich am Bettrand sitze, starre ich gierig auf das essbare Mitbringsel meiner Schwester.

«Hier Fräni, iss!» Sie streckt mir einen Döner unter die Nase. Der Geruch – himmlisch!

«Hast du mir gleich zwei Stück mitgebracht?», frage ich sie leicht überrascht.

«Nein, nein, ich dachte, ich esse mit dir.» Meine Schwester – unbezahlbar in jeder Lebenssituation! Sie setzt sich neben mich aufs Bett, van Habelen greift sich einen Stuhl, und während wir über Fridu sprechen, geniesse ich meinen Döner. Langsam esse ich, kaue auf jedem Happen eine Ewigkeit herum, koste jeden Bissen bis zur Unendlichkeit aus. Ein tolles Gefühl. Ich habe begonnen, wieder zu essen. Doch obwohl das warme Spitalessen bestimmt lecker gewesen wäre, habe ich dieses weiterhin konsequent verweigert. Irgendeine meiner Hirnwindungen fand einfach, dass Spitalessen eklig ist. Meine Eltern und meine Schwester haben mir fortan Essen gebracht, wenn es ging. Wenn nicht, haben mir meine Pflegerinnen belegte Brote, Sandwiches und Früchte organisiert. Ich hatte Wunschprogramm und habe es genossen, verwöhnt zu werden.

Sonntag, 10. August 2014

Heute dusche ich, ist mein erster Gedanke, als ich am Morgen meine Augen öffne.

Eine ruhige Nacht mit erstaunlich erholsamem Schlaf liegt hinter mir. Als die Pflegerin nach dem Frühstück, mit wippendem Pferdeschwanz, das Zimmer betritt, frage ich sie: «Darf ich heute duschen?»

«Fühlen Sie sich denn kräftig genug?», will sie von mir wissen.

«Ich denke, es sollte gehen. Einfach langsam und vorsichtig.»

Also hilft sie mir bei den Duschvorbereitungen. Das feine Röhrchen zwischen meinen Brüsten wurde zum Glück bereits entfernt, da kaum noch Sekret rauskam. Irgendein Assistenzarzt von Robert erschien gestern Abend bei mir und hat es mit einem kurzen, energischen Ruck aus mir herausgerissen. Nur eine kleine Wunde, heute eine feine Narbe, erinnern noch daran. Um mein Handgelenk gibt es auch hier in Bern, zum Schutz des venösen Zuganges, eine Art Robidog-Beutel, und die Robert-Wunde verkleben wir mit einem grossen, wasserabweisenden Pflaster. Es kann losgehen. Nach fünf äusserst ereignisreichen Tagen und dem einen oder anderen Schweisstropfen werde ich endlich wieder einmal duschen.

Ich muss ein Stück den Spitalgang hinuntergehen bis zur nächsten Duschkabine. Langsam setze ich ein Bein vor das andere, will es unbedingt alleine schaffen. Die Pflegerin begleitet mich, geht neben mir her, ohne mich zu berühren, doch bereit, jederzeit einzugreifen, falls mich meine Kräfte verlassen sollten. Nach der Hälfte der Strecke muss ich mich hinsetzen und warten, bis ich wieder genug Atemluft für die verbleibenden Meter habe. Heute kann ich es mir kaum mehr vorstellen, wie schwach ich damals war.

Schliesslich dusche ich eine Ewigkeit, lasse mir viel Zeit und geniesse das erfrischende Nass auf meiner Haut. Als ich wieder in meinem Spitalbett liege – die Pflegerin hat in der Zwischenzeit meine Bettwäsche gewechselt – fühle ich mich hundemüde, sehr glücklich und vor allem eines: sauber!

Am Nachmittag werden mich meine Eltern besuchen, doch die Nachricht, dass ich es geschafft habe und selber duschen konnte, kann nicht bis zum Nachmittag warten. Also rufe ich zu Hause an. «Ich war mit Fridu duschen!», erzähle ich meiner Mutter freudig. Sie reagiert erstaunt, ja leicht entrüstet und meint: «Was? Haben die nicht einmal eine Frau, die dir beim Duschen helfen kann?» Ich muss lachen. Klar, meine Mutter wusste zu dem Zeitpunkt noch nicht, wer Fridu ist. Sie nahm an, ich würde von einem Pfleger des Inselspitals sprechen. Wir lachen noch über dieses Missverständnis, als mich meine Eltern am Nachmittag besuchen.

Sie bringen mir frische, rohe Kohlrabi sowie Karotten aus dem Garten, Trockenfleisch und eine selber gemachte, leckere Joghurt-Dip Sauce. Und das absolut Grösste: selbst gemachten Butterzopf. Ich fühle mich wie eine Königin, als ich genüsslich das Essen verzehre. Langsam esse ich, darauf bedacht, alles gut zu kauen. Denn nun weiss ich ja, weshalb ich schon seit längerem beim Schlucken das Gefühl hatte, als stünde mir etwas im Wege. Ich hatte es bislang einfach zur Kenntnis genommen, mir gedacht *es geht ja noch* und es deshalb nie erwähnt. Heute weiss ich, dass es Fridu ist, der viel Platz in Anspruch nimmt und auch heute gierig versucht, ein Stück des leckeren Zopfes abzukriegen.

Meine Eltern und ich sprechen nicht besonders viel über meine Diagnose und über das, was mir bevorsteht. An einen Satz meines Vaters erinnere ich mich aber besonders gut: «Du bist meine Tochter, du wirst kämpfen und wieder gesund werden.» In diesem einen Satz lag so viel – Angst, Traurigkeit, Hoffnung, Wille, Kampfgeist, Zuversicht. Einmal mehr bin ich einfach unendlich dankbar, meine Familie zu haben.

Gegen Abend, als ich wieder alleine bin und auch bei meiner Zimmergenossin Ruhe einkehrt, fühle ich mich bereit. Bereit für einen ersten Dialog mit Fridu.

Hallo Fridu, beginne ich. Wahrscheinlich ist es unnötig, mich dir vorzustellen. Du scheinst mich ja bereits seit längerem zu kennen. Nun, ich bin froh, dass ich dich jetzt auch kenne und weiss, dass es dich gibt. Es war nicht besonders nett von dir, dich einfach klammheimlich in meinem Mediastinum einzunisten! Hör mal, ich denke du weisst, dass ich nicht glücklich bin über deine Existenz. Ich könnte nun mit dir schimpfen und wahrscheinlich würdest du dann trotzig reagieren und einfach noch schneller wachsen. Deshalb habe ich beschlossen, es nicht zu tun. Ich mache dir keine Vorwürfe und will dich als etwas Gutes sehen. Ich bitte dich einfach, mir jetzt aufmerksam zuzuhören.

Ein Röcheln kommt aus meiner Brust, ich muss husten. Als ob er mir ein Zeichen geben möchte, dass er mir zuhören wird.

Also, es ist eigentlich ganz einfach. Wenn du weiterwächst, dann werde ich schon sehr bald tot sein. Und mit mir, wirst auch du sterben, Fridu. Möchtest du das? Ich glaube nicht. Ich denke nicht, dass du in mir gewachsen bist, um zu sterben. Wahrscheinlich hast du dir einfach nicht überlegt, welche Konsequenzen dein Wachstum für dich haben wird. Schau, es gibt einen Weg. Der Weg wird mühsam, anstrengend und schmerzhaft für uns beide. Ich werde eine Therapie beginnen. Diese wird schlimm werden und dich zwingen, dich zu verändern. Doch als Trost: Auch ich werde mich verändern und leiden, nicht nur du. Wenn du die Therapie siegen lässt, dann werde ich weiterleben und du, wenn auch in einer anderen Form, mit mir. Verstehst du? Wenn du leben willst, musst du dich verändern, Fridu!

Immer wieder wiederhole ich diese Worte, bis ich einschlafe.

Montag, 11. August 2014

Nach den täglichen Routinetätigkeiten – ich liege wie immer in meinem Spitalbett – stattet mir mein Onkologe, wie am Freitag versprochen, einen weiteren Besuch ab. Ich freue mich, ihn zu sehen und bin sehr dankbar dafür, dass er sich viel Zeit nimmt, um meine Fragen zu beantworten. Natürlich kann ich mich heute nicht mehr an jede Einzelheit des Gesprächs erinnern. Was ich jedoch noch gut weiss ist, dass er mir gesagt hat, dass meine Heilungschancen gut stünden. «Sie sind meine dritte Patientin mit einem mediastinalen Lymphom», sagt er.

Erst die Dritte?, möchte ich ihn fragen, lasse es dann aber, weil ich ja bereits selber gelesen habe, dass ich an einer seltenen Form von Lymphdrüsenkrebs erkrankt bin. Seine Worte sind für mich also einfach eine schlichte Bestätigung dessen.

«Die Heilungschancen sind gut, es besteht die Chance, dass Sie wieder ganz gesund werden.»

«Wie ist die Erkrankung bei den anderen beiden Frauen ausgegangen?», will ich wissen.

Er weicht mir aus und wiederholt: «Ihre Heilungschancen stehen gut.»

Es beschäftigt mich, dass er mir nicht genauer sagen wollte oder konnte, wie hoch meine Heilungschancen sind. Heute weiss ich, dass es gut war, wie sich mein Onkologe verhalten hat. Denn es hätte keinen Unterschied gemacht, wenn er mir gesagt hätte «Ihre Heilungschancen sind 20 % oder 90 %». Ich hatte den für mich vorgesehenen Weg zu gehen, den Kampf zu kämpfen. Wahrscheinlichkeiten haben auf dieser Art von Wegen keinen Platz, behindern höchstens das eigene Fortkommen.

«Sie werden die R-CHOP Therapie erhalten», unterbricht seine Stimme meine Gedanken. Ich vermute, dass er wohl von der Chemotherapie spricht und nicke, so tuend, als würde ich verstehen. In Tat und Wahrheit verstand ich kein Wort. Ganz ehrlich? Ich wusste nicht einmal genau, was eine Chemotherapie ist, was da mit einem gemacht wird. Da ich zum damaligen Zeitpunkt der

Meinung war, ich stünde mit meinem Unwissen alleine da, habe ich mich nicht getraut zu fragen. *Ich werde später alles nachlesen,* beschliesse ich.

Bestimmt weiss mein Onkologe, dass ich nur einen Bruchteil dessen verstehe, was er mir erzählt. Doch er überlässt es mir zu fragen, wenn mir danach zu Mute ist. Er fährt fort und erklärt mir, dass heute ein dichtgedrängtes Programm auf mich wartet:

«Gleich anschliessend an unser Gespräch haben Sie einen Termin bei unseren Kardiologen für einen Herzultraschall. Es ist wichtig, vor Beginn der Chemotherapie zu wissen, ob mit Ihrem Herzen soweit alles in Ordnung ist.»

Ein weiteres Mal wird mir bewusst, dass da etwas Grobes auf mich zukommt, etwas, das meinen Organismus aufs Äusserste fordern wird.

«Anschliessend an die Herzuntersuchung haben Sie den Termin bei der Fertilitätsberatung», fährt er fort. «Haben Sie sich auf der Homepage Fertiprotekt informiert?»

Ich nicke zur Bestätigung und erzähle ihm, als Beweis, dass ich meine Hausaufgaben gemacht habe, die verschiedenen Möglichkeiten auf, um meine respektive Eizellen im Allgemeinen zu schützen. «Die einfachste Methode», schliesse ich meine Erläuterung, «scheint mir das Entnehmen von Eizellen. Ich habe gelesen, dass hierzu eine hormonelle Vorbehandlung von etwa zwei Wochen nötig ist und anschliessend werden Eizellen entnommen. Diese werden dann eingefroren und gut ist.»

Einen kurzen Moment umspielt ein Lächeln seine Mundwinkel. Doch nur kurz, dann wird er nachdenklich und sagt: «Wir müssen umgehend mit der Therapie beginnen. Wir können nicht mehr zwei Wochen oder noch länger warten.»

Dieser eine Satz fährt mir durch Mark und Bein. Ohne dass er es ausgesprochen hat, weiss ich, dass ich, wenn wir noch zwei, drei Wochen zuwarten mit dem Beginn der Therapie, tot sein kann. Einmal mehr erfasse ich für einen kurzen Moment den traurigen Ernst der Lage. Was hat mir mein dunkler Freund auf meine Frage, wann wir uns wiedersehen werden, geantwortet? Morgen, übermorgen ...

Abermals reisst mich die Stimme des Onkologen aus meinen Überlegungen. «Am Nachmittag dann wird die zuständige Stationsärztin eine Knochenmarkpunktion durchführen. Wir müssen wissen, ob Ihr Knochenmark bereits mit Krebszellen befallen ist.» Seine Stimme klingt immer noch ernsthaft, leicht besorgt.

«Was heisst das?», will ich wissen. «Was bedeutet es, wenn mein Knochenmark mit Krebszellen befallen ist?»

Er erklärt mir daraufhin, dass die Erkrankung an einem Lymphom in verschiedene Stadien eingeteilt wird. Mehr sagt er nicht dazu. Und ich habe nicht nachgefragt, weil es in dem Moment zu jenen Dingen gehörte, die nicht wichtig waren. *Später werde ich es vielleicht nachlesen,* denke ich.

An dieser Stelle mag die Frage auftauchen, weshalb ich meinem Onkologen nicht detailliertere Fragen gestellt habe, nicht nach dem Weshalb und dem Warum fragte. Nichts über mögliche Konsequenzen und Folgen der Therapie wissen wollte. Die Antwort ist einfach: Für mich war es in dem Moment einfach gut, so wie es war. Was ich wissen wollte, habe ich gefragt oder eben selber nachgelesen. Bereits hier war ich von meinem eigenen Motto «Wissen und Verstehen beruhigt» abgekommen. Etwas in mir hatte verstanden, dass Wissen und Verstehen auch zu viel sein kann.

Ich beschliesse, es wie bei einer meiner Wanderungen zu handhaben: Die grobe Richtung und das Ziel kennen, aber nicht wissen, hinter welcher Wegbiegung welcher See oder welcher Berg auftaucht. Schritt für Schritt in Richtung Ziel mit den wichtigsten, überlebenswichtigen Informationen.

«Ich bespreche es noch mit der zuständigen Stationsärztin, doch von mir aus können Sie morgen nach Hause. Ich denke, das wäre gut für Sie», höre ich den Onkologen sagen.

«Was, nach Hause?» Für mich schien klar zu sein, dass ich hier im Spital bleiben muss.

«Ja, wenn es geht, werden Sie die Chemotherapie ambulant erhalten. Das hängt natürlich davon ab, wie gut Sie die Therapie vertragen. Ich plane den Beginn für kommenden Montag. Vor Therapiebeginn werden wir noch eine PET-Untersuchung machen. Den Termin dafür werden Sie morgen erhalten, geplant ist der kommende Donnerstag. Ich möchte Sie nach der PET-Untersuchung ebenfalls noch kurz sehen. Zudem, Frau Zürcher, wird aktuell eine weltweite Studie zum Thema mediastinales Lymphom durchgeführt. Die klinische Studie befasst sich mit der Frage, ob eine Bestrahlung nach erfolgter Chemotherapie notwendig ist oder nicht.»

Wieder verstehe ich nicht wirklich, was er meint.

«Schauen Sie, ich habe Ihnen das Merkblatt zu der Studie ausgedruckt. Lesen Sie sich dieses doch bitte durch. Wir besprechen es dann bei unserem nächsten Treffen.»

Ich greife nach dem Blatt, und meine Gedanken schweifen zu einem meiner früheren Arbeitgeber. Vor ungefähr zehn Jahren habe ich für einen grossen Pharmakonzern im Bereich der klinischen Studien gearbeitet. Unter anderem auch Studien im Bereich der Onkologie. *Wenn mir damals jemand gesagt hätte, dass ich vielleicht selber einmal an einer solchen Studie teilnehmen werde ...*

Meine Gedanken werden unterbrochen, als die Pflegerin den Raum betritt. «Der Transportdienst ist da», sagt sie. Der Onkologe schaut auf seine Uhr und sagt: «Oh, schon so spät. Gut, dann sehen wir uns diese Woche nochmals. In Ordnung? Oder haben Sie noch Fragen an mich?»

Obwohl noch sehr viel unklar ist, antworte ich: «Ja, alles in Ordnung. Ich freue mich, wenn ich nach Hause gehen kann.»

Er steht auf und verabschiedet sich von mir. Bereits jetzt fühle ich mich wohl in seiner Gegenwart und spüre, dass mein Vertrauen in ihn von Begegnung zu Begegnung wächst.

Bevor ich mich aus meinem Bett erhebe, notiere ich mir auf einem kleinen Stück Papier die Worte «R-CHOP» und «PET».

Schliesslich nehme ich in dem bereitstehenden Rollstuhl Platz, und ein Mann des Transportdienstes fährt mich in den Warteraum der Kardiologie. Dort sitze ich dann in diesem Gefährt auf Rädern und warte. In den Gängen herrscht reges Treiben. Personal und Besucher gleichermassen eilen an mir vorbei. Letztere mustern mich, die einen auffälliger, die anderen verstohlen. *Ob man mir ansieht, dass ich krank bin?* Heute muss ich auch darüber schmunzeln, denn Fridu liess mich mit Bestimmtheit nicht gesund aussehen.

Ich muss ziemlich lange warten, bis mich endlich ein Mann in weissem Kittel abholt. Ich bewege meinen Rollstuhl in das Untersuchungszimmer, er hält mir die Türe auf. «Können Sie sich auf den Untersuchungstisch legen?» fragt er mich.

«Natürlich», entgegne ich bestimmt. «Gestern habe ich sogar schon selber geduscht!» Ja, ich bin mächtig stolz auf meine gestrige Leistung.

Ich lege mich wie geheissen auf den Tisch, er weist mich an mich auf die Seite zu drehen. Ich bin entspannt und gehe davon aus, dass es nur ein kurzer Untersuch werden wird. Ein, zwei Mal mit dem Ultraschallkopf über mein Herz fahren und fertig. Doch weit gefehlt! Der Assistenzarzt drückt den Kopf des Ultraschallgerätes kräftig zwischen meine Rippenbogen, immer wieder die gleichen Bewegungen. Es fühlt sich unangenehm an, leicht schmerzhaft, wenn er meine Rippen auseinander drückt. Das Ultraschallgerät gibt ein dumpfes Pochen und rauschende Geräusche von sich. *So klingt also mein Herz.*

Auf der Stirn des Arztes bilden sich leichte Falten und ich bemerke, dass etwas nicht so funktioniert, wie er es gerne hätte oder etwas mit meinem Herzen nicht stimmt. Ich werde nervös, was sich verstärkt, als er aus dem Zimmer verschwindet, um mit einer anderen Ärztin im Schlepptau wiederzukommen. Sie stellt sich als die zuständige Oberärztin vor und beginnt nun ebenfalls, den Ultraschallkopf zwischen meine Rippen zu drücken. Die beiden sprechen miteinander, und ich verstehe vor lauter Fachjargon kein Wort. Die Untersuchung dauert mehr als sechzig Minuten.

Schlussendlich darf ich mich wieder in den Rollstuhl setzen, und die Oberärztin sagt zu mir: «Soweit alles in Ordnung, Frau Zürcher. Sie haben ein leichtes, aussergewöhnliches Herzgeräusch, welches jedoch, gemäss dem heutigen Untersuch, keine Massnahmen erfordert. Zudem haben wir einen kleinen zirkulären Perikarderguss und beidseitige Pleuraergüsse festgestellt.» Sie scheint mir anzusehen, dass ich mal wieder nur die Hälfte verstanden habe. «Perikarderguss heisst, es befindet sich Flüssigkeit, leicht mehr als normal, in Ihrem Herzbeutel. Auch haben Sie eine übermässige Flüssigkeitsansammlung in der Pleurahöhle, vereinfacht gesagt, in Ihrer Lunge. Das kommt höchstwahrscheinlich beides von der Tumor-Biopsie, von dem operativen Eingriff, oder von dem Tumor selber. Aktuell besteht jedoch kein Handlungsbedarf.» Ich nehme das Gesagte zur Kenntnis, vertraue und glaube ihr, dass mein Herz zwar angeschlagen ist, aber trotzdem bereit für die bevorstehende Chemotherapie. Eine andere Wahl habe ich nicht.

Nur kurz kann ich zurück auf mein Zimmer, um mir meine notierten Fragen für die Fertilitätsberatung zu holen. Dann fährt mich ein anderer, älterer Mann vom Transportdienst mit einem kleinen, roten Elektromobil durch die unterirdischen Gänge des Inselspitals. Ich sitze in dem Rollstuhl, auf der Ladefläche des Elektromobils festgezurrt. Was für ein Anblick muss das gewesen sein! Er fährt wohl etwas schneller als üblich durch die Gänge. Ich geniesse den Fahrtwind in meinem Gesicht, und ein zufriedenes Lächeln legt sich auf meine Lippen. Dieser nicht alltägliche Ausflug macht mir Spass. Der Mann ist sehr nett und traut sich sogar, mich zu fragen, weshalb ich hospitalisiert bin.

«Ich habe Krebs», sage ich auch ihm direkt und ohne Umschweife, schaue ihm dabei in seine grauen Augen. *Wie einfach mir die Worte bereits über meine Lippen kommen,* stelle ich doch etwas erstaunt fest. Die Augen des Mannes werden feucht, und er sagt: «Hoffentlich kommt alles gut.» Erneut eine dieser Situationen, in denen ich zu realisieren beginne, was das «Ich habe Krebs» bei meinen Mitmenschen auszulösen vermag. Ich erinnere mich an den Text, den Leitfaden zum Thema Lymphom. Was stand dort in der Einleitung? *Krebs ist eine der häufigsten Todesursachen in unserer Bevölkerung, und viele Menschen glauben, dass die Diagnose Krebs immer mit dem baldigen Tod gleichzusetzen ist.* Hatte der Mann Tränen in den Augen, weil er dachte, ich würde bald sterben? Waren es Tränen des Mitleids?

Bevor ich weiter darüber nachdenken kann, erreichen wir einen Warteraum. Er schiebt meinen Rollstuhl vor einen kleinen Tisch voller Zeitschriften, legt leicht seine Hand auf meine Schulter, drückt sie kurz und sagt: «Ich hole Sie später wieder ab.» Ich nicke und schaue um mich. Ich bin nicht die einzige Person in dem Warteraum. Vier Gesichter mit offenstehenden Mündern starren mich an. Zwei Männer und zwei Frauen. Ich nehme an, dass es sich um zwei Paare handelt. Der eine Mann in Anzug und Krawatte, der andere in einem dunkelblauen Ralph Lauren-Shirt. Die Frauen, beide sehr attraktiv, sind chic angezogen, geschminkt und wirken sehr elegant. Beschämt schaue ich an mir herunter, fühle mich unglaublich unwohl und fehl am Platz in meinem zerknitterten T-Shirt, der schwarzen Jogginghose und meinen strohigen, zu einem Pferdeschwanz gebundenen Haaren. *Was genau tust du hier?*, will mein Lebenswille wissen. *Hör auf, dich zu schämen! Du bist stark, gib ihnen, was sie brauchen!* Also hebe ich entschlossen meinen Kopf und schaue jedem einzelnen direkt in sein Gesicht. Solange, bis alle Münder geschlossen sind. Dann räuspere ich mich lautstark und greife mir bewusst die unter anderem vor mir auf dem Tisch liegende «Annabelle». Ich blättere in der Zeitschrift, was darin steht, interessiert mich nicht im Geringsten.

Während ich so tue, als würde ich lesen, mache ich mir Gedanken über das, was ich gerade erlebt habe. Bestimmt ist es mir selber schon mehrfach passiert, dass ich Menschen angestarrt habe. Auf offener Strasse, im Zug, beim Arzt – wo auch immer. Bislang war ich mir nicht bewusst, wie deplatziert dieses Starren sein kann. *Ich will in Zukunft bemüht sein, es besser zu machen,* denke ich. Als ich schliesslich von der Ärztin abgeholt werde, bin ich froh, den Warteraum verlassen zu können.

Selbstbewusst schiebe ich meinen Rollstuhl in den grossen Behandlungsraum. Zielstrebig rolle ich vor das Besprechungspult, die Ärztin nimmt mir gegenüber Platz. Sie fordert mich auf, ihr einen Abriss über meine aktuelle gesundheitliche Situation zu geben. Ich gehorche und erzähle zum wiederholten Male meine Krankheitsgeschichte.

Inzwischen kommt mir diese wie automatisch über die Lippen, als hätte ich den Text auswendig gelernt, so oft habe ich es schon erzählt. Sie macht sich, während ich erzähle, Notizen. Als ich meine Ausführungen beendet habe, sagt sie: «Wie Sie vielleicht schon selber auf der Homepage, die Ihnen Ihr Onkologe angegeben hat, gelesen haben, gibt es zum Schutz Ihrer Ovarien verschiedene Möglichkeiten.» Sie nennt mir die folgenden:
- Einfrieren von befruchteten Eizellen
- Einfrieren von unbefruchteten Eizellen
- Einfrieren von Eierstockgewebe
- Medikamentöse Methode

«Ich weiss», erwidere ich, «ich kenne die Möglichkeiten. Mein Onkologe hat mir jedoch gesagt, dass das Einfrieren meiner Eizellen, befruchtet oder nicht, wohl aus zeitlichen Gründen nicht mehr möglich sein wird.»

«Oh», höre ich die Ärztin sagen.

«Bleibt also noch die medikamentöse Methode oder das Einfrieren von Eierstockgewebe», füge ich an. *Ich klinge selber schon fast wie ein Arzt*, stelle ich leicht amüsiert fest. Die Ärztin erklärt mir daraufhin die beiden verbleibenden Vorgehensweisen und fordert mich anschliessend auf, mich auf den gynäkologischen Stuhl zu setzen. Es folgt eine Ultraschalluntersuchung, in welcher sie sich anschaut, wie gross meine Reserve an Eizellen ist. «Sieht alles sehr gut aus», teilt sie mir zufrieden mit und dreht den Monitor des Ultraschallgerätes in meine Richtung, um mir zu zeigen, woran sie dies erkennt. «Wir werden Ihnen zusätzlich noch Blut abnehmen und die Hormonwerte, insbesondere den AMH-Wert bestimmen.»

Erst später habe ich die Bedeutung dieses AMH-Wertes nachgelesen. Das Anti-Müller-Hormon (AMH) ist quasi so etwas wie eine innere Uhr, die im Stillen vor sich hin tickt und anzeigt, wie aktiv die Eierstöcke einer Frau noch arbeiten, sprich wie fruchtbar eine Frau noch ist.

An die genauen Werte des damaligen Untersuchs kann ich mich nicht mehr erinnern. Wichtig war für mich zum damaligen Zeitpunkt lediglich die Hauptaussage, dass soweit alles in bester Ordnung ist, und – hätte ich nicht Fridu in meiner Brust und zudem den passenden Mann dazu – der Gründung einer eigenen Familie meinerseits nichts im Wege stehen sollte.

Nach der Untersuchung betritt eine weitere Frau das Besprechungszimmer. Sie ist mit Oberärztin angeschrieben und scheint mir noch kompetenter, differenzierter Auskunft geben zu können. Sie telefoniert mit meinem Onkologen und teilt mir mit: «Aufgrund Ihres aktuellen Zyklus könnten wir, nach erfolgter hormoneller Behandlung, erst in ungefähr einem Monat Eizellen entnehmen. Diese Zeit haben wir leider, gemäss Ihrem Onkologen, nicht mehr.»

Abermals realisiere ich, dass ich am Abgrund stehe. Mein dunkler Freund, der Schatten, hat sich zwar verabschiedet, aber es liegt noch nicht viel Distanz zwischen uns. Was sind schon vier Wochen auf ein ganzes Leben? Ein Hauch von Nichts! Und doch umfasst dieser Zeitraum aktuell meine voraussichtlich verbleibende Zeit auf Erden.

Die Oberärztin reisst mich aus meinen Grübeleien. «Um Eierstockgewebe einzufrieren, ist ein operativer Eingriff notwendig. Aufgrund Ihrer Halsvenen-Thrombose wäre dies für mich eine Risikooperation, die ich, wenn möglich, lieber nicht durchführen möchte.» Ich sage ihr, dass ich mich nicht nochmals operieren lassen möchte, da ich mich für einen weiteren Eingriff zu schwach fühle. Also verbleibt noch eine Variante, um meine Ovarien zu schützen: die medikamentöse. Auf der Seite «Fertiprotekt» steht darüber folgendes:

Gonadotropin-releasing-Hormon-Analoga (GnRHa) können für die Dauer einer Chemotherapie verabreicht werden. Es handelt sich um sogenannte Depot-Präparate, die einmal monatlich gespritzt werden. Durch dieses Medikament wird der Körper hormonell in einen vorpubertären Zustand versetzt. Theoretisch sind in diesem Zustand die Eizellen, die sich noch in einem unreifen Zustand befinden, gegenüber den schädlichen Wirkungen der Chemotherapie geschützt. In zahlreichen Studien konnte gezeigt werden, dass die Schädigung der Eierstöcke durch diese Medikamente verringert werden kann. Ein endgültiger Beweis für diesen Effekt steht jedoch noch aus. Die Verabreichung dieser GnRHa zum Schutz des Eierstocks hat den Vorteil für die Frau, risikoarm zu sein und die Wirksamkeit der Chemotherapie bei fast allen Erkrankungen nicht zu beeinflussen.

Die beiden Ärztinnen erklären mir, dass ich in diesem Fall mit Zoladex behandelt würde, eben ein sogenanntes GnRHa. Auch erfahre ich, dass das konkret heisst, dass ich in die Wechseljahre versetzt werde. Nichts da also mit vorpubertärem Zustand, oder schlicht eine Frage der gewählten Ausdrucksform. Vorpubertär oder spätpubertär. *Wechseljahre,* mein Hirn durchforstet seine Festplatte. *Schwitzen, Gefühlsschwankungen und fülliger werden,* kommen mir spontan in den Sinn. Ich frage nach, ob ich denn diese mir bekannten Symptome haben werde. «Ja, das wird höchstwahrscheinlich so sein», meint die Oberärztin. «Wobei die Beschwerden nicht bei jeder Frau gleich ausgeprägt sind. Das müssen sie sich bei dieser Variante aber ganz klar bewusst sein.» Ich nicke und entscheide mich innert wenigen Minuten dafür, dass ich mir dieses Zoladex spritzen lasse, mich – zumindest hormonell – zwanzig Jahre älter machen lasse und so hoffentlich meine Ovarien schützen kann.

Ich hatte ja keine Ahnung, was da auf mich zukommen wird. Heute bin ich dankbar dafür, denn hätte ich es gewusst, so hätte ich mich vehement gegen die Wechseljahre entschieden. Doch hierzu später mehr. Für heute sollte es beschlossene Sache sein. Zoladex und ab in die Wechseljahre!

Die beiden Ärztinnen verabschieden sich von mir und wünschen mir alles Gute für die bevorstehende Therapie. Eine Pflegerin kommt in den Behandlungsraum und bittet mich, ihr zu folgen. Artig rolle ich hinter ihr her in ein anderes Zimmer. Dort muss ich mich hinlegen, auf meine rechte Körperseite. «Ich werde Ihnen nun das erste Zoladex-Depot spritzen. Sie müssen ja bereits heute in einer Woche mit der Chemotherapie anfangen, Sie Ärmste!»

«Ich bin nicht arm», antworte ich. «Es ist, wie es ist, und das ist gut so. Ich mache einfach das Beste aus der Situation.»

«Das ist gut, Sie haben die richtige Einstellung», meint sie und sticht zeitgleich am unteren linken Ende meines Rückens, am Ansatz meines Pos, in mich hinein. Ich spüre nur ein leichtes Piksen und bin froh darüber. Zögerlich fahre ich mit meinen Fingern über die Stelle und kann dabei das kleine Stäbchen unter meiner Haut fühlen. Dieses wird nun, für den Zeitraum von vier Wochen, Hormone abgeben. Mein Ticket in die Wechseljahre. Ich nehme mir fest vor, selber gut daran zu denken, dass in einem Monat ein weiteres Depot gespritzt werden muss. Ich will alles mir Mögliche tun, um meine Ovarien zu schützen. Dies steht fest.

Dankbar liege ich wenig später wieder in meinem Spitalbett und bin froh, ein paar ruhige Minuten für mich zu haben. Die beiden Termine heute Morgen haben mich physisch und psychisch stark ermüdet. Während ich ein leckeres, mit Thon belegtes Brötchen verschlinge, google ich nach R-CHOP, «meiner» Chemotherapie. Viel von dem, was ich lese, verstehe ich nicht. Nur so viel, dass jeder der Buchstaben für eine Substanz steht, welche ich erhalten werde. Meine Chemotherapie ist eine sogenannt kombinierte Immunchemotherapie. Das Sahnehäubchen der Therapie ist das R, das Rituximab. Ich lese auf diversen Seiten, komme jedoch bald zu dem Schluss, dass mir zum Verstehen des Ganzen das nötige Fachwissen fehlt. Erst viel später – meine Unwissenheit hat mir keine Ruhe gelassen – habe ich die Funktion von Rituximab verstanden, oder zumindest so viel, wie es ohne Doktortitel zu verstehen gibt. Lange habe ich mir überlegt, ob ich hier versuchen soll, die Entstehung von Fridu und die Wirkung der R-CHOP Therapie zu erklären. Ich habe mich dazu entschieden, es nicht zu tun. Die ganze Thematik ist viel zu komplex, um es in einigen wenigen Worten zu erläutern. Wen es interessiert, dem kann ich unter anderem die Broschüre der schweizerischen Krebsliga *Hodgkin- und Non-Hodgkin-Lymphome* wärmstens empfehlen.

Nebst R-CHOP habe ich mir noch ein zweites Stichwort notiert. Ich will auch wissen, was es mit der von meinem Onkologen angesprochenen PET-Untersuchung auf sich hat. Diese Recherche gestaltet sich wesentlich einfacher. Unter petdiagnostik.ch werde ich rasch fündig. Allerdings muss ich meine Recherchen unterbrechen, als die Stationsärztin, gefolgt von der Pflegerin, das Zimmer betritt.

«Frau Zürcher, wir machen nun die angekündigte Knochenmarkpunktion», spricht sie mich an. «Und wenn sich an Ihrer aktuellen gesundheitlichen Verfassung nichts mehr ändert, dürfen Sie morgen nach Hause. Ich werde Sie bei der morgigen Visite sehen und entscheide dann definitiv, gehe aber davon aus, dass es klappen wird.»

Ich freue mich sehr über diese Nachricht und lege mich, wie von ihr aufgefordert, auf den Bauch. «Wir werden die Punktion an Ihrem Beckenkamm durchführen und mit einer Hohlnadel dort Knochenmarkflüssigkeit von Ihnen gewinnen.» Ich kann mir nicht vorstellen, wie die Untersuchung laufen wird, und es ist mir in dem Moment auch ziemlich egal. Machen muss ich es, ob ich will oder nicht.

Heute erinnere ich mich kaum noch an den Eingriff. Ich weiss nur noch, dass es im ersten Moment schmerzhaft war, dass ich einen starken Druck verspürte und leicht aufgestöhnt habe. «Noch etwas mehr», höre ich die Ärztin sagen, und die Pflegerin, die auf der Höhe meines Kopfes an meinem Bett steht, macht sich an meiner Infusion zu schaffen. Dann weiss ich nichts mehr, erwache irgendwann auf dem Rücken liegend, mit einem Sauerstoffschlauch in der Nase wieder.

Die noch verbleibenden Stunden dieses höchst ereignisreichen Tages verbringe ich mit Schlafen und Nachdenken. Nachdenken über alles, was mit mir passiert und noch passieren wird. Die Angst vor der bevorstehenden Chemotherapie verdränge ich gekonnt mit dem Argument: Es dauert noch eine Woche bis zu deren Beginn. Ein kleiner, schwacher Trost.

Dienstag, 12. August 2014

Ich habe gut geschlafen, fühle mich erholt und kräftig genug, um die bevorstehenden Abenteuer des heutigen Tages zu meistern. Denn der heutige Tag sollte ein kleines Abenteuer werden. In der Nacht habe ich den Entschluss gefasst, heute etwas an mir zu verändern.

Anlässlich der Ärztevisite wird mir definitiv bestätigt, dass ich heute nach Hause gehen darf. «Ich bereite noch diverse Unterlagen für Sie vor, unter anderem die anstehenden Untersuchungstermine für kommenden Donnerstag. Ich werde sie Ihnen nach dem Mittag vorbeibringen, und anschliessend dürfen Sie nach Hause.»

Ich freue mich riesig, dass ich heute das Spital verlassen darf, endlich wieder einmal in meinem eigenen Bett schlafen werde. *Fridu, hast du gehört? Wir dürfen heute nach Hause! Ich freue mich so. Sei bitte artig und mache keine Mätzchen, dass auch wirklich alles klappt.* Fridu scheint sich ebenso wie ich auf ein anderes Umfeld zu freuen, denn er verhält sich ruhig.

Als die Pflegerin nach der Visite an mein Bett tritt, sage ich zu ihr: «Ich will meine Haare kurz abschneiden. Hier gibt es doch einen Friseur, oder? Und eine Perücke benötige ich auch. Wo bekomme ich die her?» Meine Fragen scheinen die Pflegerin leicht zu überrumpeln, sie verspricht mir aber, es abzuklären. Es dauert nicht lange, da erscheint sie abermals neben meinem Bett. «Um halb zwei können Sie sich die Haare schneiden lassen», sagt sie zu mir. «Der Friseur hier im Haus verkauft Perücken und hier habe ich Ihnen noch eine weitere Adresse eines Geschäfts aufgeschrieben, welches auf den Verkauf von Perücken spezialisiert ist.» Sie ist so lieb. «Herzlichen Dank», erwidere ich mit einem Lächeln.

Nachdem dies geklärt wäre, rufe ich meine Schwester an und teile ihr mit, dass sie gegen drei Uhr zu mir kommen soll, da ich dann nach Hause gehen könne. Meine Schwester hat mir nämlich versprochen, mich abzuholen. «Erschrick bitte nicht, wenn du mich abholst. Ich werde mir heute die Haare kurz schneiden lassen.»

«Was, deine schönen langen Haare?» Ihre Stimme klingt leicht entsetzt.

«Ja, ich will nicht, dass ich mir besagte lange Haare in naher Zukunft büschelweise vom Kopf reissen kann. Da schneide ich sie mir lieber vorher kurz ab.»

Meine Schwester erwidert nicht viel darauf. Ich spüre, dass der Gedanke, sie müsste sich ihre Haare abschneiden, schwer ist für sie. Für mich war es zum damaligen Zeitpunkt eine rein praktische Entscheidung. Ohne Emotionen, ohne die kleinste Gefühlsregung.

Kurz vor halb zwei geht es los. In Begleitung einer Frau des Transportdienstes kurve ich durch das Spital in Richtung Friseur.

Der Salon wirkt klein, ein bisschen altbacken. Ich rolle den Rollstuhl in den Wartebereich und schaue mich um. Überall stehen Styroporköpfe mit Perücken darauf. Sie üben eine eigenartige Faszination auf mich aus. Während ich in Gedanken versunken die Perücken anstarre, höre ich auf einmal meinen Namen. «Frau Zürcher?» Der Stimme folgend, drehe ich meinen Kopf und erblicke eine junge Frau mit pink gefärbten Haarsträhnen, Nasenpiercing, flippigen Klamotten und einem breiten Lachen auf ihrem hübschen Gesicht. «Ja, das bin ich», sage ich. Sie weist mir den Weg, wobei mir nicht entgeht, dass sie unsicher ist bezüglich meinem Rollstuhl. «Ah, das Teil lassen wir am besten hier stehen», sage ich und erhebe mich. Sie scheint erleichtert, geht voran und weist mir einen Stuhl zu. Hinter sich zieht sie einen schwarzen Vorhang zu, so dass uns keiner der anderen Kundinnen und Kunden sehen kann. *Sie scheint Bescheid zu wissen über mich,* denke ich. *Krebspatienten werden also separat abgefertigt.* Es stört mich, macht mich zu einem Sonderling, was ich nicht sein will. Doch sagen tue ich nichts, wie so oft.

«Was darf ich heute bei Ihnen machen?», fragt sie mich, und ich stelle fest, dass sie aus einer schönen Ecke unseres Landes mit einem unverkennbaren Akzent kommt. «Ich muss am kommenden Montag mit der Chemotherapie beginnen. Und da ich nicht eines nahen Tages meine langen Haare in den Händen halten will, möchte ich, dass Sie mir diese kurz abschneiden.» Sie scheint sich darüber zu freuen, dass sie für einmal nicht nur Spitzen schneiden darf und macht mir einige Vorschläge. Während sie mich berät, zeigt sie in der einen oder anderen Äusserung ihre Betroffenheit.

Wieder geschieht es. Wieder beobachte ich Betroffenheit, Mitgefühl und eine Prise Überforderung bei meinen Mitmenschen. *Ob das nun immer so sein wird, wenn ich jemandem sage, dass ich Krebs habe?*

«Diesen Schnitt fände ich schön», höre ich sie sagen.

«Ok, ist gut.» Ehrlich gesagt ist es mir absolut egal, wie sie meine Haare schneiden wird. Sie werden mir in einigen Wochen bekanntlich sowieso vom Kopf fallen. Die Friseurin werkelt an mir herum und scheint, nachdem sie den letzten Schnitt getätigt hat, zufrieden zu sein mit dem Ergebnis. Ich schaue in den Spiegel, erblicke eine Frau mit extrem blasser, farbloser Haut, braun-grünen Augen, die tief in den Augenhöhlen liegen, und dunkelbraunen, kurzen Haaren. Ich erkenne mich kaum wieder, muss mir aber eingestehen, dass mir die kurzen Haare gar nicht einmal so schlecht stehen würden, sähe das Gesamtpaket nicht nach todkrank aus.

Nachdem Schritt eins erledigt ist, folgt die Auswahl der Perücke. Auch diesen Punkt will ich heute von meiner «to do»-Liste streichen. Wie schon vorhin bei der Wahl des Haarschnitts, zeige ich mich rasch mit einem Modell zufrieden. Eines mit braunen, kinnlangen Haaren. Und das Wichtigste: Die Haare der Perücke sind gerade, steckengerade! Von Natur aus bin ich mit dicken, lockigen Haaren gesegnet. Doch wie so oft will Frau das, was sie nicht hat. Ich ergreife die Gelegenheit beim Schopf und wähle also eine Perücke mit geraden Haaren. Die Friseurin teilt mir mit, dass sie das von mir gewählte Modell bestellen wird und ich könne die Perücke morgen abholen.

«Ich gehe heute nach Hause. Am Donnerstag, übermorgen, bin ich voraussichtlich wieder hier. Ich komme dann vorbei, in Ordnung?»

Selbstverständlich ist es in Ordnung. Wer würde sich schon wagen, einer Totgeweihten zu widersprechen.

Als ich erneut im Rollstuhl sitze, muss ich auf die Frau des Transportdienstes warten. Ich darf nicht selber in mein Zimmer rollen, was ich nicht ganz verstehe. Inzwischen ist das Inselspital für mich wie ein zweites Zuhause geworden, ich hätte mich bestimmt nicht verrollt. Ich warte aber, um schliesslich artig vor meiner Begleitperson herzufahren. Als ich auf meiner Abteilung angekommen bin, dort durch den langen Gang in Richtung meines Zimmers rolle, begegne ich dem Physiotherapeuten, der in den letzten zwei Tagen bei mir war. Er hat mir Übungen gezeigt, die ich machen kann, um nicht komplett einzurosten. «Sieht gut aus.» Er lächelt mich an, und ich nehme an, er meint meine neue Frisur. «Danke», entgegne ich. Auch meine Zimmergenossin lächelt mich an und findet es super und mutig von mir, dass ich mir die Haare abgeschnitten habe. «Du machst das gut», sagt sie anerkennend zu mir.

Das tut gut. Zu hören, dass ich es in den Augen anderer gut mache. Gut mit der Situation umgehe. Ich höre es viel zu selten, die meisten Mitmenschen leiden für mich, scheinen von der Last meiner Diagnose schier erdrückt zu werden und vergessen vor lauter Mitleid, dass Zuspruch und ein Lob mir viel mehr geben würden.

Ich beginne, meine Sachen zu packen, freue mich riesig, dass mich meine Schwester bald abholen wird. Als alles gepackt ist und ich auf dem Bett sitzend warte, erscheint die Stationsärztin im Zimmer. Sie bringt mir die versprochenen Papiere. Einen ausführlichen Bericht sowie den Termin für die PET-Untersuchung, wie geplant für kommenden Donnerstag. «Ihr Onkologe erwartet Sie nach der PET-Untersuchung. Gehen Sie dann einfach auf die Onkologie und melden Sie sich dort am Schalter.»

Ich nicke, als Zeichen, dass ich alles verstanden habe. Die Ärztin steht auf, streckt mir ihre Hand entgegen, um sich zu verabschieden. «Frau Zürcher, ich wünsche Ihnen von Herzen alles Gute. Sie machen das alles ganz toll!»

Wow, heute scheint Tag des Zspruches zu sein. Ich freue mich über ihre Worte. Sie geben mir Mut und Kraft. Sie sowie die für mich zuständigen Pflegerinnen waren in den letzten Tagen meine Bezugspersonen, ja ein bisschen wie eine Familie für mich. Sie werden mir fehlen. Nichtsdestotrotz freue ich mich aber darauf, nach Hause zu gehen.

Während ich auf meine Schwester warte, gehen mir zum wiederholten Male die Ereignisse der letzten Tage durch den Kopf. Hier sitze ich also, freue mich auf mein zu Hause, habe ein Lächeln auf den Lippen und bin dem Tod geweiht. Ich verstehe nicht, weshalb er sich verabschiedet hat. Warum ist er nicht geblieben? *Hör auf so zu denken,* höre ich meinen Lebenswillen sagen. *Er ist gegangen, weil er weiss, dass du dich für das Leben entschieden hast, dass ich da bin! Bleibe optimistisch, stark und gib dein Möglichstes. Die Endabrechnung in dieser Geschichte ist noch nicht gemacht.*

Er hat Recht, dieser unbändige Wille in mir. Einmal mehr nehme ich mir vor, auf ihn zu hören. Andererseits ist da aber auch diese Angst in mir. Eine grosse Angst, eine enorme Ungewissheit vor dem, was mir bevorsteht. *Du musst die Angst nicht ausblenden,* belehrt mich der Lebenswille, *akzeptiere sie. Nimm sie an. Sie gehört dazu. Lass sie einfach nicht Überhand gewinnen, dann ist alles in bester Ordnung.*

Leise, zögerlich, öffnet meine Schwester die Türe des Spitalzimmers und streckt, ebenso zögerlich, ihren Kopf hinein. «Oh, Fräni! Wow, du siehst ja mega cool aus!» Sie trägt erneut ihr Manhattan-Lächeln, und das anfängliche Zögern weicht aus ihrem Gesicht. «Ich hatte richtig Angst, die Türe zu öffnen. Ich wusste ja nicht, was du genau mit deinen Haaren anstellen wirst. Aber so ist gut, sieht schön aus.» Wenn meine Schwester sagt, dass es gut aussieht, dann glaube ich ihr das.

«Komm, lass uns nach Hause gehen», sage ich.

«Ich habe im Parking parkiert. Soll ich das Auto holen gehen?»

«Nein, lass gut sein. Ich will laufen. Langsam, aber ich möchte es.»

Ein weiterer toller Charakterzug meiner Schwester: Sie lässt mich gewähren. Vertraut mir, dass es auch wirklich geht, wenn ich das sage.

Unter Tränen verabschiede ich mich von meiner Zimmergenossin. Auch sie war ein Teil meiner Spitalfamilie und ich weiss: Ich werde sie nie mehr wiedersehen. Noch heute denke ich oft an sie und hoffe, wünsche ihr, dass es ihr gut geht. So verlasse ich das Inselspital in Bern mit einem lachenden und einem weinenden Auge. Dass ich bald wieder hier sein werde, ist klar. Allerdings nur ambulant, nicht mehr stationär. Das habe ich mir in meinen Dickschädel gesetzt und bereits mit Fridu ausgehandelt. Wir werden die Chemotherapie beide so gut vertragen, dass ich immer wieder nach Hause gehen kann. Ein weiterer, einer von vielen gefassten Beschlüssen in den letzten Tagen.

Dies waren mit Abstand die intensivsten sieben Tage meines bisherigen Lebens. Gekommen bin ich als vermeintliche Simulantin mit einer Halsvenenthrombose, gehen tue ich mit einem primär mediastinalen, diffusgrosszelligen B-Zell-Lymphom Namens Fridu.

Als ich im Parking das Auto meiner Schwester erblicke, bin ich froh. Viel weiter hätte ich es nicht mehr geschafft. Doch, ich bin natürlich mächtig stolz darüber, dass ich es geschafft habe. Nach dem Motto «Was ich will, das schaffe ich».

Bei mir zu Hause wartet unsere Mutter auf uns. Auch sie freut sich mit mir, dass ich nach Hause gehen durfte. Sie wird eine Weile bei mir bleiben, worüber ich froh bin. Mir mit den Hausarbeiten helfen und – das ist das Wichtigste – für mich kochen. Endlich, endlich wieder einmal eine warme Mahlzeit!

Ich bin sehr glücklich, als ich mich am Abend in mein Bett lege. Glücklich, zufrieden und unglaublich dankbar dafür, am Leben zu sein.

Mittwoch, 13. August 2014

Ich weine, als ich am Morgen die Augen öffne und realisiere, dass ich in meinem eigenen Bett liege. Ich bin so unglaublich glücklich, ich könnte die ganze Welt umarmen! Allerdings bemerke ich auch den Unterschied zwischen dem Spitalbett und meinem Bett zu Hause. Definitiv nicht der gleiche Komfort. Obwohl kaum noch etwas zu sehen ist, spüre ich dort, wo die Knochenmarkpunktion gemacht wurde, jedes Mal einen Schmerz, wenn ich mich aus dem Bett erhebe. Meine grenzenlose Freude und Dankbarkeit darüber, wieder zu Hause zu sein, lässt mich allerdings alles gut ertragen. *Warte erst einmal ab, bis du die Chemotherapie intus hast, dann wird es dir so richtig schlecht gehen,* sage ich mehr als einmal zu mir.

Den heutigen Tag verbringe ich ruhig. Widme mich einen kurzen Augenblick meinen Kräutern und Pflanzen, stelle jedoch schnell fest, dass sich meine Schwester in meiner Abwesenheit erneut gut darum gekümmert hat. Wüsste ich es nicht besser, so könnte ich glatt denken, dass es ihr ein Vergnügen war.

Zusammen mit meiner Mutter unternehme ich einen kleinen Spaziergang. Und wenn ich «kleinen Spaziergang» schreibe, meine ich «kleinen Spaziergang». Wirklich weit tragen mich meine Beine nicht mehr. Fridu nimmt mein Herz und meine Lunge dermassen in Anspruch, dass der Rest meines Körpers kürzertreten muss. Ich bin allerdings schon für diese wenigen Schritte enorm dankbar. Wie ich es mir vorgenommen hatte: Jeden Tag im Minimum einen Schritt vorwärts machen.

Mit meiner Mutter spreche ich viel über die Diagnose und darüber, was es für sie als meine Mutter bedeutet, dass ich an Krebs erkrankt bin. Obwohl ich zuhöre und verstehen möchte, kann ich doch nur ansatzweise nachvollziehen, was für ein Gefühl das sein muss. Da ich nun zu Hause bin, viel Ruhe habe, habe ich noch mehr Zeit, um mir Gedanken zu machen. Ein erstes Mal fühle ich mich meinem Umfeld gegenüber schuldig. Ich schäme mich dafür, dass ich ihnen Kummer und Sorgen bereite. Dass ich ihnen zur Last falle.

An diesem Gefühl meinte ich eine Weile festhalten zu müssen, bis ich im Laufe der Zeit gelernt habe, dass es falsch ist. Dass ich mich nicht für etwas schämen muss, wofür ich nichts kann. Hätte ich freiwillig zugestimmt,

Krebs zu haben, dann müsste ich mich vielleicht schuldig fühlen. Doch es war nicht mein Wunsch. Es ist meine Last, die ich ungefragt zu tragen habe und für die ich nichts kann. Ja, es tut mir leid, dass meine Krankheit meinen Liebsten Sorgen und Ängste bereitet. Aber schuldig fühle ich mich deswegen nicht mehr.

Gegen Abend steht die erste Blutverdünnungsspritze zu Hause an. Dieses Vergnügen werde ich nun mindestens die nächsten drei Monate haben. Einmal täglich 100 mg Clexane. Die Fertigspritzen wirken riesig, bedrohlich auf mich. Mir wird schon beim Betrachten übel. Was Spritzen angeht, bin ich definitiv der Hosenscheisser der Nation! So kommt es auch, dass ich heute das erste Mal Besuch der Spitex erhalte. Die Pflegerinnen und Pfleger werden mir die nächsten zwölf Wochen jeden Abend einen Besuch abstatten und mir den Blutverdünner spritzen. Bereits gestern Nachmittag habe ich angerufen und meine Situation erklärt. Die Frau am Telefon der Spitex war nett und teilte mir mit, dass sich in den nächsten Tagen jemand bei mir melden werde bezüglich einer Bedarfsabklärung. Das heisst, welche Dienstleistungen der Spitex ich denn genau beanspruchen möchte.

Als es klingelt, öffnet meine Mutter die Türe. Ich liege im Bett und weine. Weshalb ich geweint habe? Keine Ahnung, mir war einfach danach zumute. Die Spitex-Frau erscheint also in meinem Zimmer, will wissen, was los ist. Sie scheint nichts über meine Krankheit zu wissen. Als ich es ihr, wie für mich üblich, schonungslos – unter Tränen – mitteile, wirkt sie im ersten Moment ratlos, beginnt mir dann aber zu erklären, wie ich mit meiner Situation umzugehen habe. Ich erinnere mich gut, dass ich unglaublich froh war, als die Spritze gemacht war und die Frau keinen Grund mehr hatte, bei mir zu bleiben.

Nach dem Abendessen mit meiner Mutter lege ich mich früh ins Bett. Morgen werde ich um halb neun vom Mann einer meiner Freundinnen abgeholt. Er muss nicht arbeiten und hat sich bereit erklärt, mich zu dem Untersuch nach Bern zu fahren. Am späteren Nachmittag wird mich dann seine Frau, die in Bern arbeitet, mit nach Hause nehmen. Was wäre meine Welt bloss ohne jene Menschen, die mir so viel Hilfe und Unterstützung bieten? Ich kann die empfundene Dankbarkeit kaum in Worte fassen.

Ich will also zeitig schlafen, denn der morgige Tag wird lang und intensiv. Doch in dieser Nacht finde ich nur wenig Schlaf. Mein Lebenswille nimmt sich ganz offensichtlich eine kurze Auszeit, und die Angst in mir ergreift ihre Chance beim Schopf. Sie schnürt mir die Kehle zu und flüstert: *Was passiert wohl am Montag mit dir? Diese Chemotherapie soll ja der blanke Horror sein! Bestimmt wirst du die ganze Zeit erbrechen und dich erbärmlicher als erbärmlich fühlen. Und was, wenn das ganze Leiden nichts bringt? Wenn er wieder zu dir kommt, der Schatten? Ich meine zu wissen, dass er Krebspatienten nicht sofort mitnimmt. Nein, er lässt sie zuerst leiden, richtig schön lange leiden. Fürchterliche Schmerzen wirst du haben, bis du sterben kannst!*

Geh weg! Ich versuche mich dagegen zu wehren. *Das stimmt alles nicht. Fridu und ich werden die Therapie gut vertragen und wenn nicht, falls er wiederkommt, so ist er mein Freund, der Schatten. Er ist gut zu mir, das weiss ich.*

Der Kampf dauert bis in die frühen Morgenstunden und sollte nicht der letzte seiner Art sein.

Donnerstag, 14. August 2014

Heute benötige ich einiges an Make-up, um mein verweintes, krankes Gesicht gesellschaftstauglich zu machen. Zudem habe ich mir die Haare gewaschen und versuche nun, aus meinem kurzen Strubbelkopf eine Frisur zu zaubern. Gar keine so leichte Aufgabe, wenn man die letzten zwanzig Jahre lange Haare hatte. Just, als ich mit meinem Werk zufrieden bin, klingelt der Mann meiner Freundin. Für ein Frühstück habe ich keine Zeit, und es wäre sowieso nicht erlaubt. Denn auf der Termineinladung für die PET-Untersuchung steht unter anderem: *Nüchtern – mindestens 6 Stunden vor der Untersuchung. Wasser dürfen Sie zu sich nehmen.*

Ich verabschiede mich flüchtig von meiner Mutter.

Auf der Fahrt nach Bern sprechen mein Chauffeur und ich natürlich, wie könnte es auch anders sein, über Krebs. Und über Dignitas, die Freitodbegleitung. Nach der gestrigen, von Ängsten geplagten Nacht habe ich mir in den Kopf gesetzt, dass ich, sollte die Therapie nicht erfolgreich sein, selber bestimmen will, wann ich sterbe.

Zum heutigen Zeitpunkt fällt es mir schwer, mein damaliges Empfinden nachzuvollziehen. Es stimmt mich nachdenklich und ich empfinde es als sehr eindrücklich, wie beeinflussbar ich war. Eine Nacht voller Ängste hat gereicht, um all meine Grundsätze und vor allem mein Vertrauen in den Schatten über Bord zu werfen. Ich war zum damaligen Zeitpunkt felsenfest davon überzeugt, dass ich Sterbehilfe in Anspruch nehmen werde, falls nötig. Ich war solange davon überzeugt – und proklamierte es auch im grossen Stil – bis ich eines Nachts von meinem Tod geträumt habe. Nur so viel: Eine Freitodbegleitung kam darin nicht vor. Seit jenem Traum habe ich auf meinen alten Weg zurückgefunden.

Ich verurteile niemanden, der Sterbehilfe in Anspruch nimmt und bin der Meinung, dass dies jeder Mensch selber entscheiden kann. Man spürt, welcher Weg der richtige für einen ist. Ich persönlich freue mich heute wieder auf die Reise mit meinem dunklen Begleiter, die ich eines – hoffentlich fernen – Tages machen werde.

In Bern angekommen verabschiede ich mich und betrete mit einem mulmigen Gefühl die Eingangshalle des Inselspitals. Es fühlt sich seltsam an. Das erste Mal in meinem Leben betrete ich diesen riesigen Spitalkomplex alleine und als Patientin. *Du bist nicht alleine, ich bin auch noch da,* röchelt Fridu. Ich muss schmunzeln. *Stimmt, ich bin nicht alleine. Wobei du schon weisst, dass ich ohne dich gar nicht hier sein müsste, oder?* Fridu und ich kommen inzwischen ganz gut miteinander aus, arrangieren uns.

Artig stelle ich mich in die Schlange vor den beiden Auskunftsschaltern. «Guten Morgen», begrüsst mich eine der Frauen an besagtem Schalter freundlich.

«Guten Morgen, ich habe einen PET-Termin. Wo muss ich da hin?», frage ich.

Die Frau zückt eine Broschüre und weist mir den Weg. «Immer der roten Linie am Boden folgen.»

Ich straffe selbstbewusst meine Schultern, recke mein Kinn vor und mache mich auf den Weg. Immer der roten Linie nach um gefühlte zwanzig Ecken, in einen Lift, ein Stockwerk höher, raus aus dem Lift und weiter der roten Linie nach.

Schliesslich erreiche ich, ausser Atem, mein Ziel. «Nuklearmedizin» lese ich, und ein kalter Schauer überläuft mich. Beim Wort «Nuklear» kommen mir Hiroshima, Nagasaki, Tschernobyl und Fukushima in den Sinn, aber bestimmt kein mir gleich bevorstehender Untersuch.

Ich werde aufgefordert, im Warteraum Platz zu nehmen. Kaum habe ich mich gesetzt, höre ich schon meinen Namen. Ich erhebe mich und erblicke einen Mann.

«Hallo.» Er lächelt mich an, drückt meine Hand und nennt mir seinen Namen. «Folgen Sie mir bitte.»

Ich zottle artig hinter ihm her. Wir biegen um eine Ecke und erreichen einen Gang mit auf beiden Seiten angeordneten Kabinen. Die meisten Türen der Kabinen sind geschlossen, doch bei jeder ist in der oberen Hälfte ein Guckloch angebracht. Da ich ziemlich gross bin, erhasche ich einen kurzen Blick in eine der Kabinen. Eine ältere Frau liegt auf einem mir bereits aus dem anderen Spital bekannten Fernsehsessel und scheint zu schlafen. *Oder ist tot, was bei nuklear auch möglich sein kann,* meldet sich die Ironie in mir zu Wort.

«Hier, bitte nehmen Sie Platz.»

Wiederum gehorche ich.

«Es kommt gleich jemand vorbei, um den venösen Zugang zu legen.»

Ich nicke, warte und versuche mich zu entspannen. Einige Minuten vergehen, bis eine Riesin die Kabine betritt. Eine stämmige und sehr gross gewachsene Frau. «Guten Tag Frau Zürcher», begrüsst sie mich. «Ich werde Ihnen nun einen venösen Zugang legen, damit wir später Kontrastmittel spritzen können.»

«Oh nein, Kontrastmittel?», höre ich mich sagen.

«Ja, sind Sie allergisch auf Kontrastmittel?», will die Riesin wissen. Ich erzähle ihr daraufhin von meinem erstmaligen Untersuch mit Kontrastmittel und dessen Folgen. Während meines stationären Aufenthaltes im Inselspital, genauer gesagt am Vormittag des 6. August, fand nochmals eine CT-Untersuchung statt, mit dem gleichen Ergebnis, der gleichen Sauerei.

«Ich weiss nicht, ob das eine Allergie ist. Fakt ist einfach, dass ich bislang zwei CTs mit Kontrastmittel hatte, und beide Male ist mir umgehend nach dem Spritzen des Mittels übel geworden und ich musste mich übergeben.»

Die Riesin sagt, sie werde dies noch mit dem zuständigen Arzt besprechen. Den venösen Zugang legt sie problemlos und bittet mich erneut zu warten.

Es dünkt mich, dass eine Ewigkeit ins Land zieht, bis die Riesin abermals erscheint. Vor sich her schiebt sie ein eigenartiges Konstrukt mit einer Art metallenem Kasten darauf. Was mir dabei sofort ins Auge fällt ist das Warnschild auf dem Kasten: das Strahlenwarnzeichen! Die Riesin macht sich an dem Kasten zu schaffen, öffnet ihn, und greift sich daraus eine bereits aufgezogene Spritze. Zielstrebig kommt sie nun – mit der Spritze in der Hand – auf mich zugesteuert. Mein Herz schlägt noch schneller als üblich, und Fridu röchelt ebenfalls vor sich hin, um mir zu zeigen, was er von der Spritze und dem Strahlenwarnzeichen hält. Die Riesin scheint meine Angst und meine Unsicherheit förmlich riechen zu können. «Wissen Sie bereits, wie die PET-Untersuchung funktioniert?», fragt sie mich.

«Ja, ich habe auf Ihrer Homepage gelesen wie es funktioniert, aber ob ich es wirklich richtig verstanden habe, weiss ich nicht.»

Auf der Homepage steht folgendes:

PET (Positronen-Emissions-Tomografie) ist ein nuklearmedizinisches Verfahren, bei welchem radioaktiv markierte Substanzen verwendet werden, deren Verteilung im menschlichen Körper mit einer PET-Kamera aufgezeichnet werden kann. Dabei kommen – in sehr geringen Mengen – Stoffe zum Einsatz, die in den Stoffwechsel eingeschleust werden, wie etwa Zucker. Da diese markierten Substanzen im Körper weitgehend normal umgesetzt werden, ist mit der PET eine Darstellung der natürlichen Zellfunktionen – beispielsweise des Zuckerstoffwechsels – möglich. Damit die PET-Kamera etwas sehen kann, müssen wir ihnen eine Substanz spritzen (meistens leicht radioaktiv markierter Zucker). Der Zucker reichert sich während einer Wartephase, je nach Untersuchung 30 bis 90 Minuten, in den Körperzellen an. Optimale Entspannung ist dabei von grosser Wichtigkeit. In den Zellen mit höherem Stoffwechsel reichert sich mehr Zucker an, was dann auf den ausgewerteten Bildern als intensiv gefärbte Zone sichtbar wird. Mit einer Röntgenaufnahme, CT oder MRI alleine können diese Stoffwechselvorgänge nicht sichtbar gemacht werden.

«Ich spritze Ihnen eine sehr kleine Menge radioaktiven Zucker. Sie müssen sich die Menge so vorstellen, wie wenn ich einen Kaffeelöffel dieses Zuckers in den Bodensee giessen würde. Anschliessend müssen Sie neunzig Minuten ruhig liegen bleiben. Der Zucker wird sich dann in Ihrem Körper verteilen und sich dort anreichern, wo am meisten Energie benötigt wird. Das heisst unter anderem in Ihrem Hirn, Herzen und auch in den Krebszellen, da diese besonders viel Energie benötigen.»

Einmal mehr bin ich fasziniert davon, über welche Möglichkeiten wir in der Medizin verfügen. Während ich darüber nachdenke, spritzt mir die Riesin via venösem Zugang den radioaktiven Zucker. «So, und nun bitte still liegen bleiben und möglichst nicht bewegen.» Ich liege also die nächsten neunzig Minuten herum, versuche zu entspannen und ein bisschen zu schlafen. Wobei mich das Knurren meines Magens erfolgreich an Letzterem hindert. Da ich schlafen ganz offensichtlich vergessen kann, beginne ich aus lauter Langeweile zu zählen. Dies tat ich schon als kleines Mädchen immer, wenn ich irgendwo warten musste. Als ich schon beinahe an meine Grenzen, das Zählen betreffend, stosse, steckt der Mann, der mich im Warteraum abgeholt hatte, seinen Kopf in die Kabine. «Ich spritze Ihnen nun noch ein Medikament, damit Sie nicht allergisch auf das Kontrastmittel reagieren», lässt er mich wissen. Tut es und bittet mich abermals, noch kurz zu warten.

Zum Glück wirklich nur noch kurz, denn für heute habe ich genug gewartet. Wie versprochen holt er mich kurz darauf ab und führt mich in einen grossen Raum. Sofort erkenne ich das bekannte CT-Gerät. Ich werde aufgefordert, meinen BH auszuziehen, meinen Gürtel aus der Hose sowie meine Ohrringe und meinen Nasenstecker zu entfernen. Anschliessend muss ich mich auf den schmalen Untersuchungstisch legen. Die Riesin ist im Raum, besagter Mann, ein Arzt (an der durch und durch weissen Kleidung und dem Stethoskop um den Hals als solchen zu identifizieren) sowie zwei weitere Pfleger. Als ich auf dem Untersuchungstisch liege, werde ich aufgefordert, meine beiden Arme über meinen Kopf nach hinten auf den Tisch zu legen. Eine Bewegung, die die noch nicht verheilte Robert-Wunde stark schmerzen lässt. In Anbetracht der Tatsache, dass die Untersuchung mindestens zwanzig Minuten dauern wird, ein Ding der Unmöglichkeit.

«Dann legen Sie die Arme bitte eng, seitlich an Ihren Körper», weist mich einer der beiden Pfleger an.

Ich gehorche. Gar nicht so einfach. Das Ding, auf dem ich liege ist so schmal, dass meine Arme kaum Platz haben. Um meinen Unterleib wird ein Röntgenschutz geschlungen, und meine Hände werden gleich miteingerollt. Sprich, ich liege wie gefesselt auf dem Tisch. Als ich so dazuliegen scheine, wie es die zuständigen Personen gerne möchten, verlassen alle den Raum und begeben sich in einen daran angrenzenden. Ich starre an die Decke, kann niemanden mehr sehen. Via Lautsprecher höre ich eine Stimme: «Wir beginnen jetzt mit der Untersuchung.»

Ich nicke, wobei dies wohl niemand sehen kann. Der Untersuchungstisch beginnt sich zu bewegen, wie bei allen von mir bereits durchlebten CTs. Bereits nach wenigen Sekunden spüre ich ein eigenartiges Gefühl in mir aufsteigen. Ein Gefühl der Angst, der absoluten Panik. Ich fühle mich eingeengt, gefesselt, hilflos, ausgeliefert.

Nun beruhige dich. Es gibt keinen Grund, panisch zu werden. Alles ist gut. Einatmen, ausatmen, einatmen ...

Die Panik hört nicht auf meine beruhigend gemeinten Gedanken. Erbarmungslos steigt sie in mir hoch. Ich will meine Hände bewegen, es gelingt mir nicht, möchte alles von mir reissen, höre meinen keuchenden Atem. Hilflos beginne ich, mit den Füssen zu zappeln. *Wenn nicht gleich jemand kommt, fange ich zu schreien an!*

Offensichtlich hat man mich gut beobachtet, denn plötzlich ist der Raum wieder rammelvoll. «Geht es Ihnen gut?», spricht mich jemand an.

«Nein, nein.» Ich keuche vor mich hin. Der Röntgenschutz wird entfernt, ich stütze mich leicht auf und hebe meinen Kopf. Ich sehe die Riesin mit einem Blutdruckmessgerät auf mich zukommen, vor ihr der Arzt. «Setzen Sie sich auf», höre ich ihn sagen. Eine andere Stimme sagt: «Sie verdreht die Augen.»

In der Tat, ich habe meine Augen verdreht. Denn einen kurzen Moment lang weiss ich nichts mehr. Als ich wieder zu mir komme, wird sofort mein Blutdruck gemessen. Meine Hände kribbeln, als wären tausende von Ameisen darin gefangen. Ich realisiere, dass ich falsch geatmet, wohl hyperventiliert habe und deshalb dieses Kribbeln verspüre. Der ganze Vorfall ist mir unglaublich peinlich, und ich entschuldige mich immer und immer wieder. Die Untersuchung sollte zwanzig Minuten dauern, und nun verzögert sich alles bis ins Endlose, nur weil ich panisch wurde. Alle Beteiligten reagieren jedoch sehr ruhig und sagen mir immer wieder, dass alles in Ordnung ist. Der Arzt meint, die Reaktion komme vielleicht von dem Mittel, das er mir gegen die Allergie gespritzt habe. Wobei ich das nicht glaube.

Heute denke ich, dass einfach einen kurzen Moment alles zu viel war für meinen Körper, mein Innerstes. Nie zuvor, bislang nie mehr und hoffentlich auch in Zukunft nie mehr möchte ich so etwas erleben müssen. Es war ein schlimmes Gefühl, diese Panik in mir zu spüren und nicht mehr in der Lage zu sein, mich selber zu beruhigen. Ich hatte einen kurzen Moment die Kontrolle verloren, etwas – das gebe ich zu – was mir nicht besonders zu liegen scheint.

Sie lassen mir Zeit, bis ich mich beruhigt habe. «Was denken Sie, geht es jetzt? Wollen wir nochmals mit dem Untersuch beginnen?», fragt mich der Arzt in mitfühlendem Ton. Er ist geduldig und gibt mir das Gefühl, als wäre mein kurzer, heftiger Ausraster überhaupt kein Problem.

«Ja, ich denke es geht wieder», entgegne ich. Und so war es dann auch. Es ging, meine erste PET-Untersuchung war im zweiten Anlauf ein Erfolg.

Einige Wochen später – ich war bereits mitten im Chemotherapie-Prozess – erhielt ich Post von der PET-Diagnostik Bern. Einem kurzen Schreiben lag eine CD mit den Bildern der Untersuchung bei. Neugierig, nervös, mit klopfendem Herzen habe ich mir die Bilder angeschaut. Ich sehe Aufnahmen in den verschiedensten Varianten und Farben, die für einen Laien nicht einfach zu verstehen sind. Schliesslich kann ich ihn aber erfolgreich identifizieren. Sein Anblick lässt mein Blut gefrieren, ich halte den Atem an. Still spreche ich zu ihm: *Fridu, dass du gross bist, so gross wie der Kopf eines Kindes, das wurde mir ja bereits mehrfach gesagt. Doch jetzt, da ich dich bildlich vor mir sehe, erfasse ich erst, wie gross du wirklich bist. Ich habe Angst vor dir!*

Lange habe ich überlegt und mich schlussendlich dazu entschieden, Fridu niemandem vorzuenthalten. Er ist das A und O meiner Geschichte und hat es verdient, ein Gesicht zu haben.

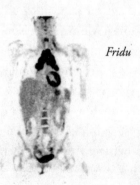

Fridu

Das ist er. Das schwarze, schrumpelige Dreieck zwischen, resp. teilweise bereits auf meinen Lungenflügeln. Darunter, oval, eiförmig, schwarz umrandet, mein Herz, direkt bedroht von Fridus Ausläufern.

Als ich dieses Bild das erste Mal sah, war mir klar, weshalb die Zeit nicht mehr gereicht hat, um Eizellen einzufrieren.

Doch nebst einer grossen Portion Angst löste der Anblick von Fridu auch Stolz in mir aus. Stolz darüber, dass etwas so Grosses, Bedrohliches in mir gewachsen ist und mein Körper bis heute durchgehalten hat. *Das hast du gut gemacht, ich bin sehr stolz auf dich,* spreche ich mit mir selber. *Weiter so!*

Nachdem ich mich angezogen habe, die Riesin nochmals meinen Blutdruck gemessen und als gut befunden hat, mache ich mich auf den Weg in Richtung medizinische Onkologie. Als ich den Warteraum betrete, blicke ich in eine Vielzahl von Gesichtern. Die einen blass, eingefallen, andere mit einem etwas gesünderen Teint. Gesichter, von farbigen Tüchern umrandet, andere von Perückenhaar und nochmals andere ohne Haare. «Guten Tag», sage ich. Sofort fällt mir auf, dass alle Anwesenden den Gruss erwidern. In unserer heutigen Gesellschaft doch eher eine Seltenheit.

Ich begebe mich in Richtung des Anmeldeschalters. «Guten Tag, mein Name ist Zürcher, und ich habe einen Termin bei meinem Onkologen.»

Die Frau am Anmeldeschalter schaut auf eine vor ihr liegende Liste und streicht meinen Namen durch. «Nehmen Sie bitte einen kurzen Moment Platz, er holte Sie gleich ab.»

Ich lasse mich auf einem freien Stuhl, neben all den anderen Krebspatienten nieder. Ich bin mit Abstand die Jüngste. Die einen oder anderen lächeln mich an, andere schauen eher griesgrämig vor sich hin und scheinen nur sich selber wahrzunehmen. Mein Herz klopft stark, ich bin nervös, weil ich nicht weiss, was mich gleich erwartet. Ich bin erleichtert, als ich meinen Namen höre und meinen Onkologen im angrenzenden Gang stehen sehe. Er lächelt, ich stehe auf, gehe ihm entgegen und schüttle seine Hand.

«Wie geht es Ihnen?», will er wissen.

«Ganz gut», erwidere ich. «Den Umständen entsprechend halt.»

Er nickt, bleibt vor einer Türe stehen und bittet mich einzutreten. «Nehmen Sie bitte Platz.»

Wir sprechen über das weitere Vorgehen, er bestätigt mir den Beginn der Chemotherapie für den kommenden Montag. «Sie werden zuerst hierherkommen, zwecks Blutentnahme und Legen des venösen Zuganges. Anschliessend sehen wir uns, ich schaue mir Ihre Werte an und entscheide dann definitiv, ob Sie die Therapie erhalten oder nicht. So wird es auch in Zukunft sein.»

«Wie oft werde ich denn diese R-CHOP erhalten?»

Er erklärt mir, dass sechs Zyklen geplant sind, das heisst sechs Mal Chemie-Cocktail. Im Internet habe ich gelesen, dass es eine R-CHOP14 und eine R-CHOP21 gibt. Auf meine Frage, was das genau bedeutet, erklärt er mir, dass es sich bei den Zahlen um den zeitlichen Abstand handelt. «Wenn Sie am 18. August 2014 die Chemotherapie erhalten, so ist dies Zyklus Tag Nummer eins. So zählen wir jeden Tag, und am zweiundzwanzigsten Tag beginnt dann jeweils ein neuer Zyklus, sprich am zweiundzwanzigsten Tag erhalten Sie eine weitere Therapie. Sofern es natürlich Ihre Blutwerte zulassen», schiebt er hinterher. Die R-CHOP14 werde in kürzeren Intervallen verabreicht, hier im Inselspital bevorzuge man aber die Variante R-CHOP21. Dies sei reine Geschmackssache eines jeden Behandlungszentrums.

Wir sprechen lange, und er nimmt sich erneut sehr viel Zeit, um all meine Fragen – querbeet – zu beantworten. Er wirkt ruhig, besonnen, und zugleich strahlt er eine Leichtigkeit, etwas sehr Erfrischendes aus. *Ich finde Sie sehr sympathisch und bin froh, dass Sie mein Onkologe sind,* hätte ich ihm gerne gesagt.

Zum Schluss, als ich auf all meine notierten Fragen eine Antwort erhalten habe, möchte er von mir wissen, ob ich mir das Informationsblatt zur der klinischen Studie durchgelesen habe.

«Ja, habe ich, und ich hätte auch hierzu noch ein paar Fragen.»

Wiederum lauscht er geduldig meinen Fragen und beantwortet eine jede in einfachen, für mich gut verständlichen Worten. Die Studie befasst sich mit der Frage, ob eine Bestrahlung des Mediastinums nach Abschluss der Chemotherapie zwingend nötig ist oder nicht. Bislang werden Patientinnen und Patienten mit einem mediastinalen Lymphom – egal, ob nach Abschluss der Therapie noch Restaktivität zu erkennen ist oder nicht – bestrahlt. So quasi nach dem Motto: Auf Nummer Sicher gehen, das letzte eventuell irgendwo noch vorhandene Teilchen Krebszelle verbrennen. Da die Folgeschäden einer mediastinalen Bestrahlung immens sein können, wird nun aber erforscht, ob diese Bestrahlung wirklich nötig ist. Diese Erforschung macht vor allem deshalb Sinn, weil vorwiegend junge Menschen zwischen dreissig und vierzig Jahren an einem PMBCL erkranken. Die Folgeschäden einer Bestrahlung machen sich nach rund zwanzig Jahren bemerkbar, in meinem Fall würde das heissen, wenn ich ungefähr einundfünfzig Jahre alt bin.

«Wenn nach Abschluss der sechs Zyklen noch Restaktivität erkennbar ist, dann werden Sie bestrahlt. Wenn keine Krebszellen mehr nachweisbar sind, wird ‹gelost›. Das heisst, entweder werden Sie auch bestrahlt oder eben nicht. Das nennt sich in der Fachsprache ‹randomisieren›», erklärt mir mein Onkologe.

Nach kurzem Zögern, sage ich: «Ich bin dabei.» *Ja, ich werde Versuchskaninchen und das sogar gerne.* Wenn mit den Erkenntnissen der Studie künftigen Patientinnen und Patienten geholfen werden kann, dann will ich es tun. So ist es also beschlossene Sache: Ich nehme an der Studie IELSG37 teil.

Bevor ich mich schliesslich von meinem Onkologen verabschiede habe ich noch einen Wunsch an ihn. «Darf ich Sie um etwas bitten?» frage ich. Er schaut mich fragend an. Ohne seine Antwort abzuwarten, fahre ich fort: «Bitte versprechen Sie mir, dass Sie alles, was möglich ist, tun werden, damit ich wieder gesund werde.»

«Genau das verspreche ich Ihnen. Nicht mehr und nicht weniger», erwidert er ruhig. «Danke», flüstere ich.

Als ich das Besprechungszimmer verlasse und mich auf den Weg in Richtung Friseur mache, stelle ich fest, wie ruhig ich geworden bin. Die Nervosität, die mich vor einer Stunde noch schier erdrückte, ist weg, hat sich in ein Gefühl der Zuversicht und Hoffnung verwandelt. Ich realisiere, dass er, mein Onkologe, es war, der mir die Angst genommen hat. Und dies tat er bis heute ein jedes Mal. Bei jedem Aufeinandertreffen mit ihm begleiten mich Emotionen der Angst, der Ungewissheit. Und stets verlasse ich ihn mit einem Gefühl der Ausgeglichenheit, der inneren Ruhe. Nebst seinem bestimmt grossen fachlichen Wissen verfügt er über eine Fähigkeit, die ihn von den mir bis anhin bekannten Ärzten stark abhebt. Er schenkt mit seiner stets mit einer Prise Humor gepaarten Ernsthaftigkeit den Menschen Kraft, Mut, Hoffnung und Zuversicht. Eine Gabe, die man, so denke ich, nicht erlernen kann. Und genau dafür schätze ich ihn.

Beim Friseurgeschäft angekommen, werde ich bereits erwartet und erneut aufgefordert, in dem abgeschotteten Bereich Platz zu nehmen. Perücke probieren ist angesagt. Das ganze Unterfangen gestaltet sich schwierig, da ich noch eine ziemliche Fülle an Eigenhaar auf dem Kopf habe, doch sie scheint trotzdem ganz gut zu passen. Zu der Perücke erhalte ich ein spezielles Shampoo sowie eine eigens für Perücken gedachte Pflegespülung. Mir wird des Langen und Breiten erklärt, wie ich die Perücke pflegen muss. Ich nicke zu allem energisch, will damit signalisieren, dass ich zwar Krebs habe, aber durchaus noch in der Lage bin zu verstehen. «Lassen wir die Perücke gleich auf», sage ich. Ich will schauen, was meine Freundin sagt, wenn sie mich abholt. So marschiere ich also, nachdem ich meine Freundin angerufen und ihr gesagt habe, dass ich soweit bin, selbstbewusst mit Perücke auf dem Kopf aus dem Inselspital. Nun, ich versuche zumindest, selbstbewusst zu wirken. Vorsichtig schaue ich mir die Menschen an, die mir entgegenkommen. *Ob sie sehen, dass ich eine Perücke trage?* Es ein seltsames, höchst eigenartiges, befremdliches Gefühl.

Während ich vor dem Gebäude stehe und auf meine Freundin warte, beginnt es wie aus dem Nichts zu winden. Beim ersten Luftstoss, der mich erfasst, halte ich mir unbewusst eine Hand an den Kopf. *Nicht, dass es mir das Ding noch vom Kopf weht!* Als ich realisiere, dass ich meine Haare wie einen Hut festhalten will, muss ich lachen. Laut lachend stehe ich vor dem Inselspital und denke, dass ich mich definitiv noch an den Fremdkörper auf meinem Kopf gewöhnen muss. Meine Freundin sagt nicht viel zu der Perücke, was ich gut verstehen kann. Ich sehe fremd aus, mit dem Teil auf meinem Kopf und fühle mich auch so.

Zu Hause angekommen, lege ich mich als erstes aufs Bett. Obwohl ich heute weder körperlich noch geistig viel geleistet habe, bin ich völlig erschöpft. *Fridu, mein lieber Fridu. Was machst du nur mit mir? Ich fühle mich so unglaublich schwach, kraftlos.* Wie so oft erhalte ich auch heute keine Antwort meines Untermieters.

Ich muss eingeschlafen sein, denn wie aus dem Nichts steht plötzlich meine Mutter mit einer fremden Frau an meinem Bett. «Fränzi, es ist Zeit für die Clexane-Spritze.»

Ach ja, der Blutverdünner! Den hatte ich völlig vergessen. Während meine Mutter die notwendigen Utensilien zusammensucht, schaue ich mir die an meinem Bett verharrende Frau etwas genauer an.

«Wie geht es Ihnen?», höre ich sie fragen.

«Es geht. Ich bin müde, war heute den ganzen Tag im Inselspital. Unter anderem habe ich meine Perücke abgeholt, hier, schauen Sie.» Ich zeige mit dem Finger auf den Styroporkopf, der meine Perücke trägt und auf meinem Nachttisch steht. Was sie zu meiner Perücke gesagt hat, daran erinnere ich mich nicht mehr. Geblieben ist mir aber, dass sie, als sie realisiert, dass ich Krebs habe, von ihrer Mutter zu erzählen anfängt. «Meine Mutter hatte ebenfalls Krebs.» Eine gefühlte Ewigkeit spricht sie von der Erkrankung ihrer Mutter. Und als wäre dies nicht genug, holt sie aus und schliesst alle ihr bekannten Krebspatienten in ihre Erzählung mit ein. Wie sie gelitten haben und gestorben sind. Ich bin viel zu müde, um ihr zu sagen, was ich von ihrem Vortrag halte. Daher lasse ich es einfach über mich ergehen, höre nicht richtig zu. Als sie schliesslich das Clexane gespritzt und sich verdünnisiert hat, muss sich meine Mutter anhören, was ich von der heutigen Spitex-Frau halte. «Wieso erzählt die mir, wie schlimm der Krankheitsverlauf bei Krebs sein kann? Ich will das nicht hören, kann sie sich das nicht denken?»

Meine Mutter beruhigt mich, sagt mir, ich solle abwarten, bis die Bedarfsabklärung gemacht wurde. «Dann schauen wir, wie es weitergeht. Vielleicht gibt es noch eine andere Lösung und wer weiss, vielleicht machst du dir die Spritze ja dann doch selber.»

«Ja, wir werden sehen.» Ich esse eine Kleinigkeit und lege mich schlafen. *Was für ein Tag,* ist mein letzter Gedanke, bevor ich einschlafe.

Samstag, 16. August 2014

Wie der vorhergegangene verläuft auch dieser Tag ruhig. Er ist geprägt von meinen Vorbereitungen auf die übermorgen beginnende Chemotherapie. Seit Donnerstag nehme ich täglich zwei Tabletten Spiricort. Auf der Internetseite der Herstellerfirma des Präparats steht unter anderem:

Spiricort enthält als Wirkstoff Prednisolon, ein synthetisch hergestelltes Hormon, das zu den sogenannten Kortikosteroiden gehört. Kortikosteroide sind Hormone, die im Körper von der Nebenniere produziert werden. Sie beeinflussen lebenswichtige Vorgänge im Körper wie z.B. den Flüssigkeitshaushalt, den Mineralstoffwechsel und die Anpassung des Organismus an Belastungssituationen. Unabhängig von der zugrundeliegenden Erkrankung hemmt Spiricort überdies, wie alle Kortikosteroide, entzündliche und allergische Reaktionen.

Vereinfacht gesagt bereite ich meinen Körper mit der Einnahme der Tabletten auf die Chemotherapie vor.

Meine Mutter ist heute in der Früh nach Hause gegangen, sie wird am Montag wieder zu mir kommen. Obwohl ich unendlich dankbar für ihre Hilfe und Unterstützung bin, bin ich doch auch froh, Zeit für mich und Ruhe zu haben.

Die heutige Clexane-Spritze verabreicht mir ein Mann, ein sehr ruhiger, schweigsamer Zeitgenosse. Er macht seine Arbeit gut, effizient, und ich bin froh, mir keine Ratschläge oder Krankengeschichten anderer Krebspatienten anhören zu müssen. Am Abend lege ich mich früh zu Bett.

Ich will meinem Körper so viel Schlaf wie möglich gönnen, ihm Zeit und Raum geben, um die noch wenigen vorhandenen Kräfte zu bündeln.

Sonntag, 17. August 2014
Ein sonniger, warmer Sommertag. Wie gerne würde ich meinen Rucksack packen, meine Wanderschuhe schnüren und meine Füsse mich tragen lassen, wohin sie Lust haben. *Vergiss es,* röchelt Fridu aus meiner Brust. Ich kann es in der Tat vergessen. Schon kurz nachdem ich aufgestanden bin, bemerke ich nämlich, dass ich heute noch mehr Mühe habe zu atmen als in den letzten Tagen. Auch mein Herz rast in alter Manier vor sich hin, als gäbe es kein Morgen. Man glaubt es kaum, aber in dem Moment war ich froh zu wissen, dass ich morgen mit der Therapie beginnen kann.

An jenem Sonntag bemerkte ich einmal mehr in klarster Klarheit, dass ich bald sterben werde, wenn nicht schnell etwas passiert. Ich schaue zögerlich um mich, um mich zu versichern, dass er in der Nacht nicht wiederaufgetaucht ist, der Schatten. Dass ich ihn nirgendwo sehen kann, lässt mich aufatmen.

So kommt es, dass ich heute alles noch langsamer angehe als sonst schon. Aufstehen, duschen, mich anziehen. Es dauert Stunden, weil mich Fridu immer und immer wieder dazu zwingt, eine kleine Pause einzulegen. In diesen Momenten habe ich viel mit ihm gesprochen. Darüber, wie es mir geht, wie es ihm geht, was ich heute gerne tun würde, wenn es ihn nicht gäbe oder eben in einer anderen, nicht so belastenden Form und so weiter. Diese Dialoge haben mich beruhigt, mir auf ihre ganz eigene Art und Weise enorm viel Kraft gegeben, und oftmals hatte ich dabei ein sehr intensives, kaum zu beschreibendes Gefühl in mir. Gerade so, als ob er mich verstehen könnte, es ihm leid tue, was er mir unwissentlich antut. In diesen sehr intensiven, intimen Momenten mit Fridu habe ich Freundschaft geschlossen mit ihm.

Ich bin mir durchaus bewusst, dass dies für viele meiner Mitmenschen seltsam klingt und bestimmt den einen oder anderen Zweifel an meinem Geisteszustand aufkommen lässt. Wer schliesst schon Freundschaft mit einem in einem wachsenden Tumor, der mit absoluter Sicherheit den baldigen Tod herbeiführt? Was soll ich sagen? Ich weiss, was ich gefühlt habe und ich bin unendlich dankbar dafür, diese Erfahrung gemacht zu haben.

Kurz vor Mittag, – ich bin endlich angezogen und gesellschaftstauglich – kommen meine Schwester und van Habelen vorbei. Ich weiss sehr wohl, dass der anstehende Therapiebeginn nicht nur mich, sondern auch mein Umfeld stark belastet. Alle haben wir Angst davor, was die Therapie mit mir anstellen wird. Meine Schwester kocht für uns, und während sie in der Küche hantiert, sind van Habelen und ich auf dem Balkon. Er liest Zeitung, spricht nicht viel, ich hege und pflege einmal mehr meine Kräuter. Es herrscht Ruhe, Frieden – genau das, was ich im Moment am meisten benötige.

Später habe ich noch intensiv mit van Habelen über meine Ängste vor der Therapie gesprochen, und er hat es fast so gut wie mein Onkologe verstanden, mich zu beruhigen. Er und natürlich auch meine Schwester haben mir an diesem Sonntag Kraft, Mut und Vertrauen geschenkt. Dafür bin ich sehr dankbar.

Am Nachmittag erhalte ich weiteren Besuch von einer Freundin. Sie lebt mehr als eine Autostunde von mir entfernt, und es bedeutet mir viel, dass sie den Weg auf sich genommen hat, um mich zu besuchen. Als sie endlich ankommt, ärgert sie sich ziemlich über den Stau, in dem sie auf dem Weg zu mir gestanden hat. Sie ist ein Mensch voller Emotionen und lässt diesen, wann immer irgendwie möglich, freien Lauf. Diese Eigenschaft mag ich an ihr, nebst vielen anderen. Doch heute habe ich Mühe zu verstehen, wie sie sich über eine solche Banalität wie den Strassenverkehr aufregen kann. Sie kommt mich, einen Tag vor Beginn meiner Chemotherapie, besuchen und ärgert sich über ein paar Autos zu viel auf den Schweizer Strassen. Zwei Welten prallen aufeinander.

Ich beginne ein erstes Mal zu realisieren, dass ich mich in einer Ausnahmesituation befinde. Dass mein momentanes Leben nichts mit dem Leben draussen in der weiten Welt zu tun hat. Ich lebe in meiner eigenen kleinen Welt, zusammen mit Fridu. Meine Familie und meine engsten Vertrauten fassen mich mit Samthandschuhen an und schützen mich. Sie helfen mir, meine Welt aufrecht zu erhalten. Meinen Ort zum Nachdenken und Kraft schöpfen. Selbstverständlich war ich in meiner ganzen Krankheitszeit immer wieder schonungslos, ja oftmals erbarmungslos dem menschlichen Alltag ausgesetzt. Ich musste mir bewusst werden, akzeptieren und vor allem lernen, dass das Leben ausserhalb meiner «Welt» in gewohnten Bahnen weiterläuft. Dass sich Menschen über Dinge ärgern, wütend sind, sich aufregen, während ich, einzig und alleine, dankbar bin für jeden einzelnen Atemzug, den ich noch habe.

Natürlich würde es nicht der Wahrheit entsprechen, würde ich sagen, dass mein diesbezüglicher Lernprozess abgeschlossen ist. Ich ertappe mich noch heute, wie ich ab und zu selber in ein altes Muster verfalle und mich über Dinge oder Situationen ärgere, die keinen Ärger wert sind. Ja, ich habe noch viel, sehr viel zu lernen, und auch das ist gut so. Auch ertappe ich mich immer wieder dabei, wie ich ungläubig den Kopf schüttle, wenn sich zum Beispiel im Supermarkt jemand ärgert und lauthals schimpft, weil das Brotregal nicht aufgefüllt ist.

Ein jeder von uns hat seine ganz eigenen Prioritäten, und das ist absolut in Ordnung so. Im Übrigen hat dieses Phänomen eine Bezeichnung. Es trägt den Namen «Leben». Ich persönlich habe mich dazu entschieden, mich immer wieder ganz bewusst in meine eigene kleine Welt zurückzuziehen. Mir meine Freiräume zu schaffen, mich vom Alltag zu distanzieren. Ich will mich auf das Wesentliche, das Grundlegende unseres Lebens konzentrieren: Atmen. Mich über jeden einzelnen meiner Atemzüge freuen. Wie Rob Bell sagte: «That breath that you just took … that's a gift.» Ja, es ist ein Geschenk. Und ich wünsche mir, dass wir alle uns dessen bewusster werden. Der heutige Besuch meiner Freundin hat also, rückblickend, einiges in mir ausgelöst. Dafür bin ich ihr sehr dankbar.

Am Abend telefoniere ich mit meinen Eltern. Sie sprechen mir beide ebenfalls Mut zu, schenken mir ein jedes auf seine persönliche Art und Weise viel Liebe und Kraft. Auch dafür bin ich sehr dankbar.

Was soll morgen noch gross schiefgehen, bei so viel Unterstützung, denke ich, als ich mich schliesslich ins Bett lege und schlafen will. Leider finde ich in dieser Nacht nur wenig Schlaf. Und wenn ich schlafe, träume ich. Keine schönen Träume. Schmerzhafte, todbringende Träume, die mir die Macht der in mir herrschenden Ängste aufzeigen. Abermals spreche ich mit Fridu. Erkläre ihm nochmals, was nun auf uns zukommt, dass er sich unbedingt verändern muss.

Montag, 18. August 2014
Erster Zyklus / Tag eins

Dieses Datum werde ich mit absoluter Sicherheit für den Rest meines Lebens in Erinnerung behalten. Der 18. August 2014 wird immer jener Tag sein, an dem ich meine erste Chemotherapie erhalten habe. Doch bis es soweit ist, dauert es noch ein paar Stunden, daher schön der Reihe nach.

Ich bin bereits wach, als der Wecker klingelt. Mein Herz schlägt schnell, mein Mund fühlt sich trocken an und mein Gaumen schmerzt leicht. Ein untrügliches Zeichen dafür, dass ich unter Strom stehe, nervös bin. Bevor ich mich, wie immer in letzter Zeit relativ mühsam, aus meinem Bett erhebe – Roberts Werk spüre ich nach wie vor – versuche ich, mich zu entspannen. Ich konzentriere mich auf meinen Atem, bemühe mich, meine innere Balance wiederzufinden. Ich bin mir bewusst, dass es besser ist für mich, wenn der heutige Tag ein guter Tag wird. Sollte die Therapie bereits heute starke Nebenwirkungen auslösen, werden die darauf folgenden schlimm, weil meine Angst noch grösser sein wird.

Als ich mich endlich ruhiger und etwas gelassener fühle, stehe ich auf, gönne mir eine lange, ausgiebige Dusche und ziehe mir anschliessend eine Jogginghose und einen bequemen XXL-Pullover an. Denn das hatte mir mein Onkologe vergangenen Donnerstag erklärt – die Verabreichung der ersten Chemotherapie wird lange dauern, weil mir der Antikörper, das Rituximab, sehr langsam verabreicht werden muss, da noch nicht abzuschätzen ist, wie mein Organismus darauf reagieren wird. Ich will mich wohl fühlen, daher ist heute «Tenue legèr» angesagt.

Für den Transport nach Bern habe ich jemanden von extern gewählt. Ich will diesen schwierigen ersten Schritt im Chemotherapie-Prozess alleine gehen und niemanden aus meinem näheren Umfeld bei mir haben. Zu gross ist die Ungewissheit, was heute mit mir passieren wird. Meine Schwester wird im Verlaufe des Nachmittags nach Bern kommen und mich mit nach Hause nehmen, sofern Fridu dies zulassen wird.

In Bern angekommen, mache ich mich auf den Weg in Richtung medizinische Onkologie. Wiederum grüssen mich alle wartenden Krebspatientinnen und -patienten freundlich, als ich den Warteraum durchschreite, um mich anzumelden. Dieselbe Frau mit Brille wie letzten

Donnerstag sitzt an der Anmeldung. Ich nenne ihr meinen Namen, sie streicht diesen auf ihrer Liste durch und sagt: «Sie können gleich zur Blutentnahme gehen.» Da ich noch ein Neuling bin, erklärt sie mir, wohin ich dafür gehen muss.

Alle sind so nett hier, denke ich, während ich mich auf einem der Stühle vor dem Raum für die Blutentnahme niederlasse. Einige der Stühle sind von Leidensgenossinnen und -genossen besetzt. Sie lächeln mich ebenfalls freundlich und aufmunternd an. Die Ungewissheit, meine Unsicherheit ist mir wohl ins Gesicht geschrieben. Mein Herz schlägt mir bis zum Hals. Alles ist neu, fremd und zugleich aufregend. Als ich an der Reihe bin, betrete ich das Untersuchungszimmer, setze mich artig. Eine Pflegerin begrüsst mich, nimmt mir gekonnt mehrere Röhrchen Blut ab und fragt mich zum Schluss nach meinem Vornamen und meinem Geburtsdatum. «Zur Kontrolle», erklärt sie, während sie die bereits vorgedruckten Klebeetiketten mit meinem Vor- und Nachnamen sowie meinem Geburtsdatum auf die Röhrchen klebt. «Sie dürfen nun im Warteraum Platz nehmen. Ihr Onkologe wird sie in etwa dreissig Minuten abholen.» Die dreissig Minuten warten gehören zum Programm, auch heute noch, anlässlich einer jeden Kontrolluntersuchung. Soviel Zeit benötigt das Labor des Inselspitals, um meine Blutwerte zu bestimmen und sie an meinen Onkologen zu übermitteln. Also begebe ich mich wieder auf die gegenüberliegende Seite des Gebäudes und setze mich in den Warteraum. Ich habe ein Buch dabei, bin jedoch viel zu nervös, um mich auf den

Inhalt zu konzentrieren. Ich zücke mein Smartphone und stelle fest, dass mehr als zwanzig Nachrichten eingegangen sind. Alles Mitteilungen von Menschen aus meinem Umfeld, die versprechen, dass sie heute an mich denken werden. Nachdem ich alle Nachrichten gelesen habe, entscheide ich mich dafür, eine Kleinigkeit zu essen. *Solange ich noch für zwei essen kann, sollte ich das wohl ausnützen.*

Während ich also an meinem Zwieback knabbere und Wasser trinke, schaue ich aus dem Fenster. Mein Blick schweift in die Ferne, und ich spreche nochmals, im Stillen natürlich, mit Fridu. Abermals erkläre ich ihm das Programm des heutigen Tages. Dass er sich fügen muss, sich verändern muss, wenn er leben will. Ich bin mit meinen Gedanken noch ganz bei Fridu, als ich die Stimme meines Onkologen höre. Da steht er wieder, an der genau gleichen Stelle des Flurs wie letzten Donnerstag. Er lächelt mich wiederum freundlich an und weist mir den Weg in eines der Besprechungszimmer. Er lässt mich wissen, dass meine Blutwerte gut sind, oder zumindest gut genug, um die erste R-CHOP meines Lebens zu erhalten. Während wir reden, zückt er behände ein vorgedrucktes A4-Blatt. Der fettgeschriebene Titel sticht mir sofort ins Auge. «Chemotherapie-Kontrolle» steht dort in bedrohlichen, schwarzen, fetten Buchstaben. Während ich noch sprachlos das Papier betrachte, notiert mein Onkologe darauf in Windeseile die Substanzen, die ich erhalten werde. Es sind dies:

- monoklonaler Antikörper **R**ituximab (Handelsname Mabthera®)

- **C**yclophosphamid (Handelsname Endoxan®)
- **H**ydroxydaunorubicin (Doxorubicin) (Handelsname Adriblastin®)
- **V**incristin (Handelsname **O**ncovin®)
- **P**redniso(lo)n

Das ist sie also, die R-CHOP-Zauberformel. Ich will später unbedingt nachlesen, was welche Substanz bewirkt, welche Aufgabe sie hat. Einmal mehr huscht gerade ein erstauntes Lächeln über mein Gesicht. Warum hatte ich wohl vorher nicht nachgelesen, was es mit den Substanzen auf sich hat? Ich weiss es nicht. Doch was ich weiss ist, dass es die richtige Entscheidung war, erst nach Erhalt der ersten Dosis mehr darüber zu lesen.

Mein Onkologe erklärt mir, als er die Schreibarbeit erledigt hat, Funktion, Sinn und Zweck des Formulars. Nebst den Substanzen und der jeweils zu verabreichenden Menge werden auf dem Kontrollblatt auch meine Blutwerte eingetragen. Einerseits die Leukozyten (weisse Blutkörperchen), die Thrombozyten (Blutblättchen, die der Gerinnung des Blutes dienen) sowie der Hämoglobin-Wert. Hämoglobin übernimmt die Aufgabe, den eingeatmeten Sauerstoff von der Lunge in den gesamten Körper zu transportieren und auf dem Rückweg Kohlendioxid (CO_2) zurück zur Lunge zu bringen, wo dieses abgeatmet wird. Auch notiert mir mein Onkologe auf der Rückseite die Medikamente, die ich zusätzlich zu der Therapie einnehmen muss. Als ich die Auflistung sehe, bekomme ich Stielaugen. Am liebsten würde ich sagen: *Was? Reicht denn die Chemo nicht?* Die Liste ist lang und umfasst die folgenden Medikamente:

- Zofran gegen die Übelkeit, einzunehmen am Morgen des zweiten Zyklustages
- Spiricort (Kortison) an den Zyklustagen zwei bis fünf
- Nexium für die Tage eins bis sieben; als Schutz für meinen Magen

Und zu guter Letzt:
- Bactrim forte, ein Antibiotika als Vorsichtsmassnahme, falls ich mir einen bakteriellen Infekt einfangen sollte

Dann gibt es allem Anschein nach auch noch Medikamente für die sogenannte Reserve. Als da wären:
- Zofran (falls das Kortison und die eine, grosse Zofran-Tablette an Tag zwei nicht ausreichend ist) sowie
- Primperan, ebenfalls gegen die Übelkeit

Natürlich fällt mir sofort auf, dass ich einiges an Medikamenten gegen Übelkeit erhalte. *Die liebe, gute, alte Übelkeit. Scheint in der Tat zu meiner Chemotherapie zu gehören wie die Sonne zum Tag und der Mond zur Nacht.*

«Sie müssen darauf achten, dass Sie jetzt immer viel, sehr viel trinken», höre ich meinen Onkologen sagen, während ich noch geschockt die Medikamentenliste betrachte. «Trinken?», frage ich abwesend.

«Ja, viel trinken. Die Tumormasse wird über den Harnkanal ausgeschieden. Obwohl es sehr kleine Partikel sein werden, besteht doch ein gesundheitliches Risiko, wenn Sie zu wenig trinken.»

Darüber hatte ich mir noch gar keine Gedanken gemacht. Höchste Zeit also, es zu tun. *Stimmt! Fridu muss ja irgendwie aus mir heraus. In Luft auflösen kann er sich wohl schlecht.* Mein Untermieter ist nicht gerade begeistert darüber zu hören, dass er meinen Harnkanal durchlaufen muss. Ein Thema, das noch viel Gesprächsstoff zwischen mir und Fridu geboten hat. Doch wie bislang immer sind wir uns auch darüber einig geworden.

Während der ganzen Therapie achtete ich also darauf, viel zu trinken. Bei jedem Gang zur Toilette habe ich dann, bevor ich wie ansonsten üblich eher achtlos auf den Spülknopf drückte, mich umgedreht und einem weiteren Teil von Fridu Adieu gesagt. Natürlich im übertragenen Sinne, denn von Fridu war optisch in meinem Urin nichts zu erkennen.

Mein Onkologe erklärt mir weiter, wann und wo ich mich melden muss, falls Probleme auftreten. Auch er scheint davon auszugehen, dass ich die kommenden Tage in meinen eigenen vier Wänden verbringen werde. Was ich schliesslich als finale Mitteilung mitnehme ist, dass ich kein Fieber bekommen darf. Fieber ist in der nächsten Zeit ein grosses Tabu.

Nachdem ich mich verabschiedet habe, mache ich mich auf den Weg zu meinem nächsten Ziel, welches da lautet «Onkologische Tagesklinik». Da die Verabreichung der heutigen Therapie lange, genauer gesagt etwa fünf bis sieben Stunden dauern wird, muss ich in besagte Tagesklinik. Diese liegt hoch oben im Bettenhochhaus des Inselspitals. Meine anfängliche Nervosität hat sich gelegt, ich bin ruhig und fühle mich bereit. *Egal, was in den nächsten Stunden passieren wird, es ist gut, es muss so sein,* höre ich meinen Lebenswillen sagen, während ich langsam durch die Gänge schreite. Mittlerweile bewege ich mich schon wie selbstverständlich in dem Spital, kenne mich gut aus, weiss, was wo zu finden ist. *Ich bin wirklich schon ein bisschen zu Hause hier.*

Fridu sieht dem Bevorstehenden weniger gelassen entgegen. Es sticht und zieht in meiner Brust, er kämpft seinen ganz eigenen Kampf. Ich rede ihm erneut gut zu, erkläre ihm zum hundertsten Mal die Spielregeln, während ich den Aufzug betrete. Als sich der Lift im Stockwerk O öffnet, trete ich nun doch zögerlicher als gewollt in den Gang hinaus. Hilflos schaue ich um mich und entdecke schliesslich ein Schild mit der Aufschrift «Anmeldung». Eine Frau begrüsst mich.

«Mein Name ist Franziska Zürcher», sage ich. «Ich komme heute für die erste Chemotherapie.»

Die Frau erhebt sich prompt und führt mich in ein grosses Zimmer ein paar Türen weiter. «Frau Zürcher ist da», sagt sie zu einer der beiden anwesenden Pflegerinnen. Eine von ihnen kommt auf mich zu, mit einem herzlichen Lachen auf den Lippen. Sie begrüsst mich und sagt: «Sie dürfen sich eines der noch freien Betten aussuchen.»

Erst jetzt schaue ich genauer in das Zimmer. Hinter dem Eingangsbereich, in dem ich stehe, befinden sich sechs Spitalbetten. Auf jeder Seite des Raumes drei, das äusserste, direkt am Fenster auf der linken Seite, ist besetzt. Alle anderen sind frei. Ich entscheide mich für jenes ebenfalls am Fenster, auf der rechten Seite.

«Guten Tag», sage ich zu dem Mann, der mir gegenüber auf dem Bett liegt. Er löst ein Kreuzworträtsel, trinkt Tee, und an dem Infusionsständer auf seiner linken Bettseite hängt ein Beutel mit glasklarer Flüssigkeit, die in regelmässigem Rhythmus in ihn hineinsickert. Er scheint keine Schmerzen zu haben, wirkt friedlich und entspannt. «Sind Sie das erste Mal hier?» fragt er mich unvermittelt. Wahrscheinlich hat er registriert, dass ich ihn neugierig beäuge.

«Ja», sage ich, «das erste Mal. Und ich habe Angst davor, was heute mit mir passieren wird.» Niemand anderem hätte ich meine Angst offenbart. Doch ihm, diesem mir absolut fremden Mann, konnte ich es sagen, weil ich instinktiv wusste, dass er mich versteht.

«Sie brauchen keine Angst zu haben.» Seine Stimme hat einen väterlichen Unterton. «Welche Therapie erhalten Sie?»

«Die R-CHOP.»

«Die kenne ich nicht», meint er. «Doch Sie sind hier in den besten Händen. Es wird bestimmt kein Spaziergang, und es ist auch nicht jeder Therapiezyklus gleich. Ich habe manche gut vertragen und andere wiederum sehr schlecht. Manchmal kann auch der Zeitplan nicht eingehalten werden, weil Ihr Körper zu schwach sein wird. Dann muss halt eine Therapie nach hinten verschoben werden. Das ist aber völlig normal.» Dann sagt er etwas, das ich nie mehr vergessen werde: «Nehmen Sie einfach Stunde für Stunde. Der Weg ist eingeschlagen, gehen Sie ihn.» Und mit einem Schmunzeln fügt er an: «Etwas anderes bleibt Ihnen sowieso nicht übrig. Zum Sterben sind Sie zu jung.»

Ich bin ihm in dem Moment so unendlich dankbar für seine offenen, ehrlichen Worte. Er hat nichts beschönigt, weil es nichts zu beschönigen gab. Er hat die Dinge beim Namen genannt, mir aber trotzdem enorm viel mit seinen Worten gegeben. Dafür werde ich diesem Menschen auf Lebzeiten dankbar sein. Bevor ich allerdings etwas erwidern kann, steht die Pflegerin, mit der ich schon Bekanntschaft machen durfte, neben meinem Bett. Sie beginnt mit den Therapievorbereitungen.

So vieles ist neu für mich. Vor wenigen Tagen wusste ich noch nicht einmal, was eine Chemotherapie genau ist. Dass es viele verschiedene Therapien, unterschiedliche Substanzen etc. gibt, habe ich inzwischen verstanden. Heute lerne ich nun, wie das ganze Prozedere im Detail abläuft. Bevor mir der Chemiecocktail verabreicht wird, erhalte ich diverse Medikamente. In Spritzen aufgezogen, werden mir diese direkt, intravenös gespritzt. Unter anderem Medikamente gegen die Übelkeit sowie solche, um eine allergische Reaktion meines Körpers auf die Therapie zu verhindern. Sogenannte Antihystamine. Denn so viel ist klar: Mein Körper wird bei der Menge Gift das tun, was seine natürliche Funktion ist: Mich dazu bringen zu erbrechen. Dass das nichts bringen würde, weil die Substanzen direkt in meinen Blutkreislauf gelangen, das übersteigt seine Wahrnehmungsfähigkeit. Also tricksen wir ihn aus.

Ohne viel Tamtam hängt die Pflegerin schliesslich den Beutel mit dem Mabthera® an den Infusionsständer, schliesst den dünnen Schlauch an meinem venösen Zugang an. Los geht's.

Ich lege mich auf das Spitalbett, und obwohl ich mich dagegen zu wehren versuche, warte ich ängstlich darauf, dass mein Körper in irgendeiner Art und Weise eine Reaktion zeigt. Auch die anwesenden Pflegerinnen überwachen mich engmaschig, gerade so, als würden sie ebenfalls auf eine Reaktion meines Organismus warten. Alle fünfzehn Minuten werden mein Blutdruck und mein Puls gemessen. Nichts passiert. Ich fühle mich fridumässig schlecht, aber nicht schlechter als ich es mir zwischenzeitlich gewöhnt bin. Eine erste Woge der Erleichterung macht sich in mir breit. *Es läuft gut, alles ist gut. Weiter so!*

Auch Fridu kann ich in diesen Stunden besser hören als jemals zuvor. *Wird es immer so sein? So geht es, so halte ich es aus.*

Leider kann ich ihm nicht versprechen, dass es immer so sein wird. Wie könnte ich? Ich habe ja selber keinen blassen Dunst davon, was in den nächsten Tagen, Wochen und Monaten auf uns beide zukommen wird. Aufgrund meiner eigenen Ratlosigkeit zitiere ich Fridu die heute gehörten Worte: *Nehmen wir einfach Stunde für Stunde.*

Eines der Vorabmedikamente, das Tavegyl, macht mich müde. Hundemüde. Ich kann und will mich nicht dagegen wehren. Ich döse ein und lasse den Dingen ihren Lauf. Ab und zu erwache ich, weil mein Blutdruck gemessen wird, ansonsten bleibt alles ruhig. Es muss ungefähr gegen drei Uhr gewesen sein, als meine Schwester das Zimmer betritt. In der Zwischenzeit bin ich wieder wach, mein Nickerchen ist zu Ende. Ich sitze gerade am Bettrand und ziehe meine Turnschuhe an, weil ich dringend zur Toilette muss. Ich drehe der Eingangstüre den Rücken zu, sehe meine Schwester nicht das Zimmer betreten. Als ich ihre Stimme höre, weiss ich aber, dass sie Angst hatte. Angst davor, wie sie mich antreffen wird.

«Fräni.»

Ich drehe mich um und erblicke ihr strahlendes Gesicht. Sie stürmt auf mich zu und fällt mir um den Hals. «Es geht dir gut, oh Fräni, ich bin so froh, dass es dir gut geht!»

Später hat sie es mir bestätigt: Dass sie grosse, sehr grosse Angst davor hatte, zu mir zu kommen, mich zu sehen. Auch sie wusste genauso wenig wie ich und alle anderen mich liebenden Menschen, wie diese erste Therapie ablaufen wird. Bald nach dem Eintreffen meiner Schwester ist der Mabthera®-Beutel leer und das Endoxan® ist an der Reihe. Die restlichen Substanzen erhalte ich recht zügig. Beutel für Beutel sickert in mich. Beim Anblick des Beutels mit dem Adriblastin® meint meine Schwester: «Das sieht ja aus wie Himbeersirup.» Vielleicht von etwas hellerem, leuchtenderem Rot, doch es ist in der Tat so, dass jetzt eine rötliche Flüssigkeit in meiner Armvene verschwindet. Gruslig!

Heute sollte mich jemand beobachten können, sehen, wie schwer mir das Niederschreiben dieses Tages im August 2014 fällt. Nicht deswegen, weil es ein einschneidender Tag war. Nein, vielmehr deshalb, weil ich, wenn ich mich erinnere, die Galle in mir hochsteigen spüre. Der Mensch ist ein äusserst faszinierendes Konstrukt. Ganz offensichtlich war der ganze Chemotherapie-Prozess Stress pur für meinen Organismus. Noch heute wird mir speiübel, wenn ich intensiv über das nachdenke, was ich dort erlebt habe. Beim Gedanken an die onkologische Tagesklinik habe ich sofort den Geruch des Raumes in der Nase. Zeitgleich steigt eine Woge der Übelkeit in mir auf. Ich kann es nicht kontrollieren und denke, ich muss es auch nicht. Auch gibt es noch heute einige Lebensmittel, die ich beim besten Willen nicht mehr essen kann. Nur schon der Gedanke daran löst einen Brechreiz aus. Hier ein Beispiel: Am beschriebenen Chemotag Nummer eins wurde ich gefragt, ob ich etwas essen möchte, da die Therapie den ganzen Tag in Anspruch genommen hat. Ich habe mich für eine Tasse Tomatensuppe entschieden. Nie mehr, mit absoluter Sicherheit nie mehr in meinem ganzen Leben, werde ich diese Art von Suppe essen! So gibt es diverse Nahrungsmittel, die ich während der Chemotherapie gegessen habe und heute nicht mehr sehen, geschweige denn riechen kann. Bei anderen wiederum, keine Ahnung weshalb, habe ich dieses – nennen wir es von mir aus «Problem» – nicht. Faszinierend, oder? Meine Familie, mein Umfeld weiss heute, dass es sich um ein Nahrungsmittel handelt, das mich zum Erbrechen bringt, wenn sie mir irgendetwas anbieten und ich nur noch ununterbrochen «blau, blau, blau, blau» murmle. Weshalb gerade «blau, blau, blau»? Keine Ahnung, hat sich in der Not einfach einmal so ergeben und ist bis heute mein Codewort für «Sei still, ich muss sonst erbrechen» geblieben.

Doch wieder zurück zum heutigen Tag. Als ich die komplette erste R-CHOP in mir versickert ist, setze ich mich zusammen mit meiner Schwerster und einer der Pflegerinnen an einen Tisch direkt am Fenster. Die Pflegerin verkauft Tücher und spezielle Mützen für Chemopatientinnen und -patienten, wenn diese ihre Haare verlieren. Ich schaue mir die Utensilien artig an, denke mir dabei aber die ganze Zeit: *Meine Güte, wie hässlich die alle sind! Heisst denn Krebspatientin sein, nicht mehr modisch, attraktiv sein zu können?* Die Frau scheint meine Skepsis zu spüren und versucht die vorhandenen Modelle in ein besseres Licht zu rücken. Erfolglos, wie ich finde. Zum Schluss kaufe ich ihr dann doch zwei ganz dünne Mützen ab. Dies, ehrlich gesagt, aus Mitleid, weil sie sich so grosse Mühe gegeben hat, mir die Modelle schmackhaft zu machen. Ich kaufe Mützen die man, wie die Pflegerin mir erklärt, in der Nacht im Bett oder unter einem Kopftuch tragen kann. Wie zu erwarten, habe ich besagte Mützen nie getragen.

Es ist bereits nach fünf. Meine Schwester und ich sitzen immer noch mit der Pflegerin an dem kleinen Tisch, da öffnet sich die Türe und mein Onkologe betritt den Raum. Als er mich an dem Tisch sitzen sieht, lächelt er. «Ich wollte nur sehen, wie es Ihnen geht», sagt er.

Ich lächle ebenfalls und sage: «Wie Sie sehen können, geht es mir gut. Ich hoffe, dass es so bleibt.» Daraufhin zeige ich ihm, mit was ich mich gerade beschäftige oder besser gesagt beschäftigen muss. Vor mir liegt nun eine Broschüre der Krebsliga Schweiz zum Thema «Wie schminke ich mich als Krebspatientin?». Als er den Titel der Broschüre liest, intensiviert sich sein Lachen und er meint: «Frauenkram! Ich gehe in dem Fall mal wieder.»

Nun laut lachend schüttelt er mir die Hand und verabschiedet sich. Einmal mehr bin ich dankbar, dass er mein Onkologe ist und kein anderer. Seine Wesensart ist auch heute Gold wert.

Endlich habe ich zum Thema Kopftücher und Schminken gehört, was es zu hören gibt. Ich möchte den Einsatz der Pflegerin in keiner Art und Weise schmälern. Was sie tut, ist wichtig und bestimmt für viele Frauen (und Männer) sehr hilfreich. Ich persönlich denke aber, dass das Sortiment eher für Frauen «50+» ausgelegt ist. Doch über Geschmäcker lässt sich bekanntlich streiten.

Als ich meine Sachen gepackt habe, verlasse ich zusammen mit meiner Schwester das Spital. Es geht mir nach wie vor gut, ausser dass ich sehr müde bin. Müder als all die Monate zuvor. Deshalb schicke ich meine Schwester dieses Mal los, um ihr Auto zu holen. Ich warte vor dem Spitaleingang. Während ich warte, rufe ich spontan meine Mutter an. Sie ist bereits bei mir zu Hause und erwartet mich.

«Hallo Mami», sage ich fröhlich, als sie abnimmt. Ich höre ihr Erstaunen und zugleich ihre Erleichterung in der Stimme. Natürlich will sie sofort wissen, wie es mir geht. Auch sie ist, wie zuvor meine Schwester, sehr froh, dass ich noch nicht erbrechend und mich krümmend irgendwo liege. Erst heute kann ich verstehen, wie bedrückend die Situation zum damaligen Zeitpunkt für meine Familie gewesen sein muss. Auch meinen Vater habe ich selbstverständlich angerufen, und auch er war sehr erleichtert zu hören, dass ich die Therapie und im Besonderen den Antikörper bislang gut vertrage.

«Mami», sage ich zu meiner Mutter. «Ich habe schrecklichen Hunger. Würdest du Salat für mich machen und dazu bitte ein grosses Stück Fleisch? Am liebsten ein Stück Rindfleisch.»

Natürlich hat mir meine Mutter meinen Essenswunsch erfüllt. Was immer ich gewollt hätte, hätte sie wohl für mich zubereitet. So froh war sie, dass ich Hunger habe und essen will. Ein wenig seltsam war es aber schon, denn ich esse zwar Fleisch, doch eher selten. Und wenn, dann bestimmt nie ein grosses Stück auf einmal.

Ich habe das Telefonat mit meiner Mutter gerade beendet, da fährt meine Schwester vor. Als ich mich auf den Beifahrersitz setze, lacht sie mich verschmitzt an und zeigt mir einen Berg Badetücher, der sich auf der Rückbank des Autos türmt. Daneben liegt ein grosser Putzeimer.

«Den brauchen wir wohl nicht, oder?», fragt sie immer noch mit einem frechen Grinsen im Gesicht.

«Nein, mir ist nicht übel. Sag mal, für was der Putzeimer gut sein soll, ist mir klar. Doch wofür die vielen Badetücher?»

Mit ihrer direkten, unverfrorenen Art erwidert sie: «Ach weisst du, ich dachte, wenn du die ganze Heimfahrt erbrechen musst, lege ich die Badetücher um dich herum aus. Ich will nicht, dass du mir mein Auto versaust. Wir wissen ja, mit wieviel Druck du erbrechen kannst, wenn es sein muss. Denke nur an die blauen Trauben ...»

Meine Schwester – ich liebe sie über alles! Wie immer hat sie das, was sie mir zu sagen hatte, direkt und ohne Umschweife mitgeteilt; die «Sie hat Krebs»-Verpackung weggelassen.

Die Badetücher und der Putzeimer kamen in der Tat, wie zu erwarten war, unbenutzt bei mir zu Hause an. Wie schon bei meiner Heimkehr am 12. August warten auch heute Blumen sowie diverse Grusskarten von meiner Familie und meinen Freunden auf mich. Es ist immer wieder schön zu spüren, dass so viele Menschen mit ihren Gedanken bei mir sind, mir Kraft schenken. Meine Mutter lacht erleichtert, als sie mich zu Gesicht bekommt. Auch sie hat nicht erwartet, dass es mir so gut gehen wird, wie es mir aktuell geht. *Ach, ich liebe es, meine Umwelt zu überraschen. Ich muss das in nächster Zeit unbedingt noch öfter tun!*

Wie gewünscht gibt es Salat mit allerlei Gemüse darin und das Wichtigste: ein grosses Stück Fleisch. Gierig schlinge ich das Stück Rind hinunter, wie eine Löwin, die verhindern will, dass ihr jemand das Futter wegnimmt. Mein Körper verlangt danach mit einer mir bis dahin unbekannten Stärke. Als ich schliesslich so vollgefressen bin, dass nicht der kleinste Krümel mehr in meinem Magen Platz hat, beginne ich sie ein erstes Mal zu spüren, die Chemotherapie. Es fühlt sich an, als ob in mir dichter, undurchdringlicher Nebel aufziehen würde. Er breitet sich erbarmungslos in mir aus, umhüllt alles, was ihm in den Weg kommt. Ich verspüre keinen Schmerz, oder zumindest nicht mehr als schon seit geraumer Zeit. Nein, er zieht leise, still und doch mit einer alles lähmenden Intensität auf. *Es geht los,* sage ich zu Fridu, *der Kampf beginnt.* Der Nebel hat ihn bereits vollständig umschlossen und verschluckt seine Antwort. Ich spüre aber, dass er Angst hat. Sehr grosse Angst. Gepaart mit meiner eigenen war es schon eine riesige Portion Angst, die sich an diesem Abend schlafen legte.

Das war er also, der Chemotherapie-Premieren-Tag. Bestimmt nicht oscarwürdig, was den Unterhaltungswert anbelangt, doch bestimmt in Bezug auf die heutige Leistung meines Organismus'.

Dienstag, 19. August 2014
Erster Zyklus / Tag zwei

Die Nacht verläuft erstaunlich ruhig. Ein, zwei Mal wache ich auf und traue mich kaum, in mich hineinzufühlen, wie es um meinen Körper steht. Langsam bewege ich mich, überaus vorsichtig. *Keine Schmerzen,* stelle ich erleichtert fest. Zeitgleich aber auch die Feststellung, dass sich der Nebel, während ich geschlafen habe, weiter verdichtet hat. Anders als der natürliche Nebel von Mutter Erde, ist dieser Nebel schwer, erdrückt mich schier. Ich versuche, meinen Untermieter zu kontaktieren. *Fridu, wie geht es dir? Kannst du mich hören?*

Ich bin da, antwortet er. *Das Zeug ist übel, spürst du es auch?*

Ja, ich spüre es auch. Fügen wir uns, Fridu. Dies ist der Weg, den wir gehen müssen, du weisst es. Ich erhalte keine Antwort mehr, weiss oder besser gesagt spüre aber, dass er mich verstanden hat.

Langsam erhebe ich mich, will zur Toilette. Als ich mich aufrichte, nach wie vor gewohnt langsam, spüre ich die Übelkeit in mir hochkriechen. Hastig werfe ich eine erste Zofran-Tablette ein, lege mich hin, atme kontrolliert tief ein und aus. Nach einer erstaunlich kurzen Wartezeit zeigt die Tablette bereits Wirkung und hilft mir, dass der Gang zur Toilette nicht in einem Desaster endet.

Den restlichen Tag verbringe ich damit, mich gegen den Nebel zu wehren. Ich mache einen Spaziergang und kämpfe gegen die Müdigkeit an. Die Zofran-Tabletten sind mein ständiger Begleiter. Denn wie aus dem Nichts wird mir zuweilen plötzlich übel, und ich möchte nicht wissen, was passiert wäre, hätte ich die Tabletten nicht jederzeit griffbereit gehabt.

Mittwoch, 20. August 2014
Erster Zyklus / Tag drei

Es geht mir schlechter als die beiden Tage zuvor. Mein allgemeines Wohlbefinden scheint ebenfalls langsam im Nebel zu verschwinden. Ich fühle mich schlecht auf allen Ebenen meines Seins.

Da heute aber der Geburtstag meines Vaters ist, will ich mich diesem «mich schlecht fühlen» nicht hingeben. Ich stehe auf, dusche, ziehe mich an und freue mich auf den Besuch meiner Familie. Meine Mutter ist immer noch hier, sie wird heute nicht nur für mich, sondern für die ganze Familie kochen. Im Verlaufe des Nachmittags trifft der noch fehlende Teil meiner Sippe ein. Ich freue mich so sehr, sie alle zu sehen und weiss, die Freude beruht auf Gegenseitigkeit. Wir sitzen zusammen, unterhalten uns über dieses und jenes und natürlich auch über Fridu. Als Mami uns an den Tisch ruft, wird mir bereits beim Geruch des Essens übel. *Nein, nein, bitte nicht jetzt!*, flehe ich meinen Körper an. Hastig schlucke ich eine der «Nicht erbrechen»-Pillen. Sie nützt nichts. *Ausgerechnet heute!* Als der Teller mit dem dampfenden Essen vor mir steht, erhebe ich mich abrupt und verabschiede mich in Richtung meines Schlafzimmers. Ich will mich hinlegen, habe das Gefühl, dass es dann besser geht und die Übelkeit nicht komplett Oberhand gewinnt.

So kam es also, dass mein Essen kalt wurde und ich auf dem Bett liegend den Gesprächen meiner Familie gelauscht habe. «Chemo-Alltag» nennt sich das dann wohl.

Donnerstag, 21. bis Sonntag, 24. August 2014
Erster Zyklus / Tage vier bis sieben

Am Abend des Chemotages Nummer vier kommt Wind auf. Wind, der konsequent an Stärke zunimmt und in den darauffolgenden Tagen den Nebel vertreibt. Ich sehe Licht am Ende des Tunnels, beginne mich besser zu fühlen. Wobei ich «besser» wohl etwas konkretisieren sollte. Besser heisst krebskrank, aber eben nicht krebskrank plus chemokrank.

Ich achte darauf, jeden Tag aufzustehen, mich anzuziehen und etwas zu erledigen. Sei das eine Wäsche machen oder eine Kleinigkeit kochen. Meine Mutter ist nach Hause gegangen, da es mir langsam besser geht. Ich will einfach um jeden Preis aktiv bleiben. Ich gehe spazieren, lese viel und mache mir Gedanken über das Leben und meine Zukunft. Von Fridu höre ich nichts in diesen Tagen, was mir sehr fehlt.

Montag, 25. August 2014
Erster Zyklus / Tag acht

Heute steht die erste Blutkontrolle auf dem Programm. Wöchentlich, nach Verabreichung der Chemotherapie, muss ich zur Kontrolle. Für heute habe ich einen Termin bei meinem Hausarzt. Ich freue mich, ihn wiederzusehen und bin gespannt darauf, was er wohl zu meiner Diagnose sagen wird. Als ich angerufen habe, um den Termin zu vereinbaren, deutete seine Praxisassistentin an, dass er sehr betroffen gewesen sei, als er gelesen habe, dass ich an einem primär mediastinalen Lymphom erkrankt bin.

Mein Mami Nummer zwei ist so lieb und fährt mich zur Kontrolle. Nachdem ich mein Blut zwecks Analyse gespendet habe, meint die Praxisassistentin: «Sie können gleich in dem einen Behandlungszimmer warten. Nicht, dass Sie mit Ihrem wohl ziemlich geschwächten Immunsystem im Wartezimmer warten müssen.»

Welch clevere Überlegung, denke ich. Ich hätte mich wohl ohne zu überlegen zu all den niesenden und hustenden Patientinnen und Patienten gesetzt. Mir wird bewusst, dass ich noch einiges zu lernen habe und diesbezüglich etwas vorsichtiger sein sollte. Nicht panisch und übervorsichtig, nein, einfach zweimal überlegen ist künftig angesagt.

Mami Nummer zwei und ich betreten also das Behandlungszimmer, setzen uns und beginnen uns zu erzählen, was alles seit unserer letzten Begegnung passiert ist. Es gibt viel Gesprächsstoff, weshalb ich nicht realisiere, wie lange wir warten müssen. Als sich die Türe des Zimmers schliesslich öffnet und mein Hausarzt eintritt, verlässt meine Arbeitskollegin den Raum.

Rasch stelle ich fest, dass sich in dem Gesichtsausdruck meines Hausarztes etwas verändert hat. Er schaut mich anders an als jemals zuvor. *Oder bilde ich mir das nur ein?* Noch während ich darüber nachdenke, ob mir meine Wahrnehmung einen üblen Streich spielt oder nicht, höre ich ihn sagen: «Ihre Diagnose hat mich sehr betroffen gemacht. Ich hatte selber vor Jahren ein Lymphom und wurde mit dem R-CHOP-Regime behandelt.»

Mir fällt die Kinnlade hinunter, und augenblicklich fühle ich mich auf eine ganz eigene Art und Weise mit ihm verbunden. Eine Verbundenheit, weil wir das gleiche Schicksal teilen. Verbunden, weil er gekämpft und gewonnen hat.

Das Gespräch dauert lange. Sehr lange. Ich löchere ihn mit Fragen, will wissen, wie er die Therapie vertragen hat, ob er gearbeitet hat während der Therapie und, und, und. Fragen über Fragen. Er beantwortet alle geduldig, hört mir aufmerksam zu. Er erklärt mir, dass meine Energie, meine Kräfte von Zyklus zu Zyklus weniger werden. Dass sich mein Körper gar nie von einem Zyklus erholen kann, weil dann gleich der nächste beginnt. «Am Ende der Therapie werden Sie Meilen vom Ausgangspunkt entfernt sein. Und es kann lange, ja Jahre dauern, bis Sie wieder die gleiche Energie verspüren wie vor der Krebserkrankung. Vielleicht wird es auch nie mehr so sein wie zuvor, was Ihren Energiehaushalt anbelangt.»

Die Unterredung mit meinem Hausarzt ist das Beste, was mir seit langem passiert ist. Ich empfinde eine tiefe

Dankbarkeit dafür, dass mich das Schicksal zu ihm gebracht hat. Wie gross ist die Chance, dass man mit einunddreissig Jahren an einem Lymphom erkrankt und der eigene Hausarzt die gleiche Diagnose hatte? Seine Geschichte, sein Erlebtes gibt mir Mut und vor allem haufenweise Zuversicht. Jetzt kenne ich jemanden persönlich, der ein Lymphom überlebt hat. Wenn auch eine andere Lymphom-Form, also kein mediastinales, aber er hat überlebt. Solche Gegebenheiten gehören für mich zu jenen Dingen im Leben, die wir nicht verstehen können und auch nicht verstehen müssen. Ich bin einfach sehr froh, dass sie geschehen.

Schliesslich besprechen wir noch kurz meine Blutwerte. Sie lauten wie folgt:
- Leukozyten: 6,2 (Referenzwert 3,5 bis 10,5)
- Thrombozyten: 333 (Referenzwert 140 bis 380)
- Hämoglobin: 13,0 (Referenzwert 12,1 bis 15,4)

Einen kurzen Augenblick habe ich Angst und frage mich, ob die Therapie nicht wirkt. *Eine Woche nach Verabreichung sämtliche Werte noch im Referenzbereich ...* Mein Hausarzt reisst mich aus meinem Grübeln und sagt: «Sie haben die richtige Einstellung, diese Art von Krankheit betreffend. Sie machen das gut, ich hoffe das Beste für Sie.»

Während ich zusammen mit Mami Nummer zwei die Praxis verlasse, wird mir bewusst, dass ich die letzten Tage nur davon ausgegangen bin, dass ich wieder gesund werde. Das «Ich hoffe das Beste für Sie» von meinem Hausarzt ruft mir ins Gedächtnis zurück, dass durchaus die Chance besteht, dass das Ganze hier tödlich endet. Ich beschliesse, mich weiterhin auf meine Heilung zu konzentrieren, jedoch den Gedanken, dass ich sterben könnte, nicht vollständig auszublenden. Oder ehrlicher gesagt: diesen nicht zu verdrängen. Im Weiteren sollte mir meine still gestellte Frage, ob die Therapie eventuell nicht wirkt, in den kommenden Wochen und Monaten noch zur Genüge beantwortet werden.

Dienstag, 26. August 2014
Erster Zyklus / Tag neun

Inzwischen werde ich durch ein spezielles Team der Spitex betreut. Es ist spezialisiert auf die Betreuung von Krebspatienten, vor allem im Palliativbereich. Obwohl ich mich mit dem Wort «palliativ» nicht anfreunden will – schliesslich habe ich vor zu leben – bin ich doch sehr froh um diese Fachleute. Es ist ein kleines Team, das heisst, ich werde nur von einer Handvoll Frauen betreut. Ich kann mich an die Gesichter, die Charakteren dahinter gewöhnen und eine Beziehung aufbauen. Rasch habe ich bemerkt, dass es mir guttut, mit jemandem von extern über meine Situation zu sprechen. Mit jemandem, der das fachliche Wissen hat, um meine Situation zu verstehen, damit umzugehen vermag, jedoch nicht emotional daran gebunden ist. So kommt es, dass mich eine der Frauen des Care-Teams eines Tages auf die Möglichkeit einer psychosozialen Betreuung durch die bernische Krebsliga aufmerksam macht. Nachdem ich ein, zwei Nächte darüber geschlafen und nachgedacht habe, sehe ich, dass es ein gutes Angebot ist, das mir mit Sicherheit nur dienlich sein kann.

So kommt es, dass heute ein erster Termin mit einer dieser Beraterinnen auf dem Programm steht. Wie immer bei etwas Neuem, Ungewohntem, mache ich mich mit klopfendem Herzen auf den Weg. Es sind ungefähr zwanzig Minuten zu Fuss, und ich bin stolz, dass ich den Weg mühelos bewältige. Der Nebel ist komplett verschwunden, und in mir scheint die Sonne. Ich fühle mich gut, so gut wie schon lange nicht mehr. Nur er, Fridu, fehlt mir. Ich spüre ihn kaum diese Tage. *Du haust aber nicht ab, ohne dich zu verabschieden! Nur damit das klar ist!* Keine Antwort.

Als ich vor dem Gebäude stehe, in dem das Gespräch stattfinden wird, zögere ich. Ich weiss nicht, was mich erwartet, bin unsicher, ob ich das Richtige tue. *Gibt dir einen Ruck,* meldet sich mein Lebenswille zu Wort. *Schau einmal, wie es ist, du kannst dann immer noch sagen, dass du keinen weiteren Termin möchtest.*

Einmal mehr hat sie Recht, diese überaus weise Stimme in mir. Also klingle ich, melde mich via Türsprechanlage an und betrete einen Vorraum, wo ich warten soll. Ich habe mich kaum hingesetzt, da öffnet sich eine der Türen und eine grosse, schlanke und sehr hübsche Frau kommt mir strahlend entgegen.

«Frau Zürcher?» fragt sie.

Ich nicke und lächle sie ebenfalls an. Sie ist mir auf Anhieb sehr sympathisch, ich kann fühlen, dass die Chemie zwischen uns stimmt. So ist es wenig erstaunlich, dass das erste Gespräch gut verläuft. Ich empfinde die Atmosphäre als angenehm und war daher noch oft bei ihr. Sie hat mich auf Verhaltensmuster hingewiesen und, ohne mir Ratschläge zu erteilen, Wege aufgezeigt, um mich mit meiner aktuellen Lebenssituation anzufreunden, sofern man hier überhaupt von anfreunden sprechen kann. Aus den Begegnungen und Gesprächen mit ihr habe ich sehr viel für mein künftiges Leben gelernt. Einmal mehr empfinde ich eine tiefe Dankbarkeit einem meiner Mitmenschen gegenüber.

Als ich wieder zu Hause bin, bin ich müde, erschöpft von den Ereignissen des heutigen Tages, weshalb ich mich früh schlafen lege.

Mittwoch, 27. bis Sonntag, 31. August 2014
Erster Zyklus / Tage zehn bis vierzehn

Diese Tage sing geprägt davon, das Leben zu geniessen. Nach wie vor scheint in mir die Sonne und ich fühle mich gut. Ich gehe einkaufen, unternehme viel mit meiner Schwester und erhalte Besuch von Freunden und Bekannten. Oftmals ermüden mich die Besuche sehr stark, ich traue mich aber nicht, es zu sagen. Die einen wollen ganz genau wissen, was denn nun mit mir passieren wird (als ob ich in die Zukunft schauen könnte), andere wiederum sind zwar da, aber heillos überfordert mit meiner Geschichte. Es gibt Menschen, die wagen es kaum, mir die Hand zu schütteln und andere wiederum erdrücken mich schier, nehmen mir die Luft zum Atmen mit ihrer übertriebenen Fürsorge. Die einen horchen mich bis ins kleinste Detail aus, andere wiederum vermeiden es tunlichst, nur ansatzweise auf meine Situation zu sprechen zu kommen. Dieses

Verhalten einiger meiner Mitmenschen überfordert mich. Ich frage mich die ganze Zeit, weshalb man mich nicht behandeln kann wie sonst auch. Bin ich jetzt ein anderer Mensch, weil ich Krebs habe? Noch oft sollte ich in den nächsten Wochen und Monaten darüber nachdenken und irgendwann habe ich schliesslich damit begonnen, eine Checkliste mit Dos and Don'ts im Umgang mit Krebspatientinnen und Krebspatienten zu verfassen. Aus meiner Sicht, aus meiner Erfahrung. Ich weiss aber, dass viele Menschen, die den gleichen oder einen ähnlichen Weg zu gehen hatten, vergleichbare Erlebnisse hatten.

Ich möchte sie hier, an dieser Stelle wiedergeben, meine Empfehlungen «Wie verhalte ich mich gegenüber einer Krebspatientin oder einem Krebspatienten»:

1. Unsere Krankheit ist nicht ansteckend. Oftmals seid ihr Nicht-Krebspatienten, wenn ihr z.B. erkältet seid oder sonstige Viren und Bakterien mit euch rumschleppt, die grössere Gefahr für uns, oder zumindest für unser Immunsystem, als wir für euch.
2. Wir brauchen viel Hilfe und Unterstützung beim Bewältigen unserer Krankheit, wären euch aber dankbar, wenn ihr uns ansonsten wie normale Menschen ohne gesundheitliche Einschränkungen behandeln könntet.
3. Ratschläge sind gut gemeint, ihr wollt helfen, weil ihr sonst nichts tun könnt. Doch es bringt nichts, wenn ihr uns überhäuft mit möglichen alternativen Therapiemöglichkeiten und so weiter. Wir leisten einiges während unserer Krankheit und sind da-

durch sehr wohl in der Lage zu entscheiden, was gut ist für uns und was nicht. Wir kennen unseren Körper gut, und wenn wir einen Ratschlag möchten, dann fragen wir.

4. Spekuliert nicht über unsere Erkrankung, sondern fragt, und zwar direkt. Wir sind durchaus in der Lage, euch zu sagen, ob wir darüber sprechen möchten oder nicht.

5. Fasst uns nicht im übertriebenen Masse mit Samthandschuhen an. Wir haben Krebs, sind aber nicht aus Porzellan.

6. Fragt nach, wenn wir euch etwas erzählen und ihr es nicht versteht. Da wir einen grossen Teil unserer Zeit mit Ärzten verbringen, sprechen wir mit der Zeit selber wie Ärzte oder gebrauchen zumindest viele ihrer Fachausdrücke.

7. Es ist nicht nötig, in unserer Gegenwart langsamer oder lauter zu sprechen.

8. Macht euch nicht ständig Sorgen um unsere Gesundheit. Es kann nämlich sein, dass ihr selber an Krebs erkrankt, noch bevor wir ein Rezidiv (einen Rückfall) haben. Keiner von uns weiss, was in der nächsten Stunde, in der nächsten Minute – ja, jetzt gleich – passieren wird.

9. Merkt euch: Krebs ist nicht gleich Krebs. Es gibt viele Arten und ebenso viele Therapieschemen. Urteilt nicht vorschnell, und wenn ihr über Krebserkrankungen sprechen wollt, eure Meinung äussern wollt, informiert euch bitte vorher.

10. Starrt uns bitte nicht von oben bis unten an, wenn ihr uns das erste Mal nach Ausbruch der Krankheit zu Gesicht bekommt. Das ist grundsätzlich in jeder Situation verletzend und absolut fehl am Platz.
11. Wir mögen es nicht, wenn ihr unaufgefordert über unseren Glatzkopf streicht oder durch unsere noch sehr kurzen Haare, wenn diese wieder zu wachsen beginnen. Wir wuscheln euch ja auch nicht ungefragt auf dem Kopf herum.

Wir alle – ich eingeschlossen – sind aufgefordert, unser Handeln, unser Verhalten tagtäglich zu reflektieren. Nicht nur im Umgang mit anderen Krebspatientinnen und Krebspatienten, sondern im Allgemeinen. Es kann und muss uns nicht immer gelingen, doch versuchen wir es zumindest.

Montag, 1. September 2014
Erster Zyklus / Tag fünfzehn
Am heutigen Tag werde ich zu Deborah Anne Dyer, der Sängerin von «Skunk Anansie». Nicht, weil sich durch die Chemotherapie mein Hautton verdunkelt hat, nein. Nachdem ich wie immer gegen halb acht aufgestanden bin und artig meine Tabletten geschluckt habe, lege ich mich nochmals schlafen. Ich bin heute müde, unglaublich müde. So schlafe ich noch einige Stunden, bevor ich schliesslich erneut aufstehe und mich unter die Dusche schleppe. Ich wasche mich und beginne meine Haare zu schamponieren. Schon seit ein paar Tagen schmerzen mei-

ne Haarwurzeln auf eine mir bis dahin unbekannte Art und Weise. Heute weiss ich weshalb. Als ich die rechte Hand von meinem Kopf nehme um nach dem Duschschlauch zu greifen, erschrecke ich. Meine Hand ist voll mit dunklen Haaren. Meine Haare. *Es geht los.*

Der erste Schrecken weicht sehr rasch einer grossen Portion Faszination und Neugier. Hastig dusche ich zu Ende, frottiere meinen Körper trocken und stelle mich vor den Badezimmerspiegel. Zögerlich greife ich nach einem Büschel Haare und ziehe daran. Völlig fasziniert schaue ich daraufhin die Haare in meiner Hand an. Sie fallen noch nicht alle ganz freiwillig aus, doch mit etwas Zug oder Druck geht heute einiges auf meinem Kopf. Ich zücke mein Smartphone und schreibe die Neuigkeit meiner Schwester. Auch sie findet das Geschehnis höchst interessant. «Fräni, darf ich dann auch einmal an deinen Haaren ziehen?»

Natürlich durfte sie. Und auch hier: Sie hat kein grosses Tamtam aus meinem Haarausfall gemacht, sondern es, wie ich auch, als aufregend empfunden.

Schon zu Beginn der Chemotherapie hatte ich mit der Freundin meiner Schwester vereinbart, dass sie mir die Haare kurz abrasieren wird, sobald mir diese vom Kopf fallen. Daher erfolgt heute die Anfrage an sie. Wie versprochen kommt sie am Nachmittag vorbei. Sie hat als Erstausbildung die Lehre zur Friseurin absolviert, weshalb sie über alle notwendigen Utensilien für einen Kahlschnitt verfügt. Ich setze mich auf einen Stuhl, und sie beginnt zu arbeiten. Mit einem gleichmässigen Summton sucht sich der Haarschneider seinen Weg über meinen Kopf. Er ist auf wenige Millimeter eingestellt. Als mein Hinterkopf frei liegt, erklingt die Stimme meiner Schwester: «Ach du meine Güte, du hast einen mega Eierkopf!»

Ich beginne zu weinen. Deborah Anne Dyer hat keinen Eierkopf, deshalb will ich auch keinen. Die Freundin meiner Schwester erwidert in besänftigendem Ton:

«Nein, schau noch einmal genau hin.»

«Ah ja, stimmt – kein Eierkopf», lautet das nüchterne Fazit meiner Schwester.

Ich bin erleichtert, verlange nun aber trotzdem einen Schurstopp, um mich im Spiegel zu betrachten. Als ich mir entgegenblicke, blass, mit Augenringen und ohne Haare, intensiviert sich mein Tränenfluss. *Oh mein Gott, was ist das?* Ich bin krank, sehr krank, und wenn nicht schon viele Wochen früher, so ist es spätestens seit heute überaus deutlich erkennbar.

Als getan ist, was getan werden musste, machen wir uns einen schönen Abend. Wir essen, tratschen und geniessen das Zusammensein. Etwas später am Abend kommt noch eine meiner Freundinnen vorbei, und ich geniesse es, gute Menschen ohne Berührungsängste und ohne zwanzigtausend Ratschläge im Gepäck bei mir zu haben. Es herrscht Alltag, und ausser meinem Glatzkopf erinnert nichts an meine Krankheit.

Bevor ich an diesem Abend zufrieden und glücklich einschlafe, höre ich mir den Song «Hedonism» von Skunk Anansie an.

Dienstag, 2. bis Sonntag, 7. September 2014
Erster Zyklus / Tage sechzehn bis einundzwanzig

Die letzten Tage, bevor es mit dem zweiten Zyklus losgeht, geniesse ich in vollen Zügen. Ich fühle mich gut, und in diesen Tagen vermag ich sogar Fridu wieder zu hören. Er benötigt viel Zuspruch meinerseits, denn er spürt die Auswirkungen des Nebels nach wie vor, und dies viel stärker als ich. Er jammert, hadert und nörgelt über die Situation. Glücklicherweise gelingt es mir immer wieder aufs Neue, ihm gut zuzureden und ihn davon zu überzeugen, dass der eingeschlagene Weg der einzig richtige ist.

Am Zyklustag Nummer sechzehn findet eine erneute Kontrolle meiner Blutwerte statt. Meine Zweifel der letzten Kontrolle, die Therapie könnte nicht wirken, zerschlagen sich beim Anblick der heutigen Zahlen umgehend. Dass die Therapie in mir wütet, darin besteht nun auch auf dem Papier kein Zweifel mehr. Hier die harten Fakten der damaligen Kontrolle:

- Leukozyten: 2,8 (Referenzwert 3,5 bis 10,5)
- Thrombozyten: 316 (Referenzwert 140 bis 380)
- Hämoglobin: 13,4 (Referenzwert 12,1 bis 15,4)

Ich fühle mich soweit gut und habe so schlechte Blutwerte? Diese Frage beschäftigt mich, allen voran natürlich der schlechte Leukozytwert. Ich bin mir sicher, habe Angst und zweifle nicht daran, dass sich meine Werte bis zum 8. September nicht erholen werden. *Es darf nicht sein, dass ich bereits den zweiten Zyklus verschieben muss!* Da ich dies auf keinen Fall will, spreche ich immer und immer wieder mit meinem Organismus. Flehe ihn auf das Innigste an, er möge sich soweit erholen, dass die Verabreichung einer weiteren R-CHOP-Dosis möglich ist.

Mein Onkologe hatte mir einmal gesagt, dass es gut oder sogar nötig ist, dass sich der Leukozytwert nicht unter 3,0 befindet, wenn eine Therapie verabreicht wird. *Hörst du, das Ziel ist im Minimum 3,0. Bitte, bitte, das schaffen wir!*

Montag, 8. September 2014
Zweiter Zyklus / Tag eins

Zur heutigen Therapie – sofern ich sie denn erhalten werde – begleitet mich meine Schwester. Die Verabreichung wird nicht mehr ganz so lange dauern wie das letzte Mal, da ich das Mabthera® offensichtlich gut vertrage. Deshalb ist mein Sonnenschein bei mir und wird mich nach der Therapie wieder mit nach Hause nehmen (selbstverständlich inkl. Putzeimer und Badetücher).

Bislang hat sie meinen Onkologen nur kurz zu Gesicht bekommen. Ich kenne meine Schwester sehr gut, erkenne rasch, ob sie jemanden mag, sympathisch findet oder nicht. Als sie meinen Onkologen erlebt, weiss ich sofort, dass auch sie ihn sehr nett findet. Auf seine gewohnt lockere und zugleich ernsthafte Art und Weise will er von mir wissen, wie es mir mit Zyklus Nummer eins ergangen ist. Ich berichte ihm durchwegs Positives, ausser dass ich zusätzlich sehr viele der Zofran-Tabletten schlucken musste, um die Übelkeit einigermassen im Griff zu haben. Er verschreibt mir ein anderes, zusätzliches fixes Medikament gegen die Übelkeit. Neu werde ich an Tag eins eine Emend-Tablette à 125 mg einnehmen. An den Tagen zwei und drei je eine

Emend à 80 mg und an Tag Nummer vier werde ich mir dann noch die «grosse»-Zofran Tablette gönnen.

Weiter will er von mir wissen, ob ich darauf achte, genügend zu trinken. Ich bin froh, seine Frage mit einem «Ja» beantworten zu können. Wobei ich sagen muss, dass es mich sehr viel Disziplin kostet, die täglich verlangten zwei bis drei Liter Flüssigkeit zu trinken. Gehöre ich doch zu jenen Menschen, die kaum einmal ein Durstgefühl empfinden.

Zum Schluss kommen wir auf die Blutwerte zu sprechen. Mein Magen zieht sich zusammen, und ich höre in Gedanken schon die Worte: *Wir müssen die Therapie leider verschieben.* Doch, oh Wunder – mein Onkologe sagt: «Die Werte sind gut. Wir können in die zweite Runde.» Ich meine, mich verhört zu haben und greife eilig nach dem Chemotherapie-Kontrollblatt, um mir ein eigenes Bild von den Werten zu machen, die er soeben eingetragen hat. Sie lauten wie folgt:

- Leukozyten: 4,7 (Referenzwert 3,5 bis 10,5)
- Thrombozyten: 418 (Referenzwert 140 bis 380)
- Hämoglobin: 13,8 (Referenzwert 12,1 bis 15,4)

Der helle Wahnsinn! In nur einer Woche haben sich meine Werte soweit verbessert. Natürlich sind es nicht die absoluten Topwerte, doch in der Krebslandschaft gehöre ich damit definitiv zur Elite. Ich freue mich unglaublich und bin stolz, wahnsinnig stolz auf mich und auf meinen Organismus.

Die Therapie erhalte ich wie schon das letzte Mal in der onkologischen Tagesklinik. Wie es der Zufall will, ist dasselbe Bett wie letztes Mal frei. Ich wähle es erneut und lasse mich schon wesentlich entspannter darauf nieder. Ich weiss ja nun, was mich erwartet. Die Verabreichung der Therapie verläuft auch dieses Mal ohne Komplikationen. Was anders ist als das letzte Mal, ist dass der Nebel bereits auf der Station aufzieht. Bereits kurz nachdem das Oncovin® in mir versiegt ist, beginnt er mich zu lähmen. Zudem verändert sich meine Mundschleimhaut. Mein Mund wird trocken, fühlt sich klebrig und staubig an. Ein ekelhaftes Gefühl. Ich erinnere mich in dem Moment an die Worte meines Onkologen: «Es kann sein, dass Ihr Geschmacksinn gestört sein wird. Ihre Mundschleimhaut wird austrocknen und es kann ebenfalls sein, dass sich starke Aphten im Mund bilden werden.»

Fridu jammert vor sich hin. Er tut sich weiterhin schwer mit der Situation, hadert und zweifelt, ob es richtig war, mir zu vertrauen. Heute habe ich kaum genügend Kraft für mich übrig, deshalb muss ich ihn seinen eigenen Gedanken überlassen. Ich verspüre keinerlei Schmerzen, und doch fühle ich mich elender als jemals zuvor. Für jemanden, der noch nie eine Chemotherapie erhalten hat, ist es wohl – ich muss es so schreiben – ein Ding der Unmöglichkeit nachzuvollziehen, wie es sich anfühlt. Mir fehlen selber die passenden Worte, um dieses alles lähmende Gefühl zu beschreiben. Der Nebel zerstört mich und rettet mir zugleich mein Leben. Zumindest erhoffe ich mir Letzteres.

Rückblickend bin ich stolz sagen zu dürfen, dass während der ganzen Therapiezeit kein einziger Laut des Klagens oder des Wehleidens über meine Lippen gekommen ist. Ich habe es einfach ertragen. Es war nicht einmal so, dass es mich Anstrengung gekostet hätte, nicht zu klagen. Nein, es ging mir schlecht, ich habe es zu Kenntnis genommen und einfach einen Atemzug nach dem anderen gemacht. Obwohl ich damals, zu dem Zeitpunkt fand, dass es mir schlecht geht, so waren diese Tage – das weiss ich zum heutigen Zeitpunkt – noch durchwegs gute Tage. Heute sehe ich es als grosses Geschenk, dass ich in der Lage war, die Situation anzunehmen.

Doch zurück in die onkologische Tagesklinik. Was am heutigen Tag zu allem Übel noch dazu kommt: Es ist Zeit für eine weitere Zoladex-Spritze. Heute soll ich ein Depot für drei Monate erhalten. Die zuständige Pflegerin gesteht, dass sie noch nie mit Zoladex in Berührung gekommen ist und sie zuerst schauen muss, wie genau die Spritze zu verabreichen ist. Vielleicht hätte ich hier erfassen sollen, wie selten und eben wenig erprobt diese Gabe von Gonadotropin-releasing-Hormon-Analoga (GnRHa) ist.

Ich liege auf dem Bett, das Oncovin®, besser bekannt als Himbeersirup, tröpfelt gerade in mich, da erscheint besagte Pflegerin an meinem Bett. Unten rechts des Bettes bezieht sie Stellung. «Wir spritzen das Depot in Ihre Bauchdecke», höre ich sie sagen.

«Bauch?», frage ich erstaunt. «In der Frauenklinik wurde mir das Stäbchen in den Rücken gespritzt. Können wir es nicht wieder so machen?»

Die Pflegerin lässt nicht mit sich diskutieren. Auf der Packungsbeilage des Herstellers stehe ganz klar, dass das Depot unter die Bauchdecke gespritzt werden müsse. Ihre Antwort klingt bestimmt und lässt keinen Widerspruch zu. Sie kommt näher, bis sie auf Bauchhöhe rechts neben meinem Bett zu stehen kommt. Meine Schwester steht am Fussende des Bettes. Ich schaue nicht genau hin, als die Pflegerin die Verpackung entfernt und die Spritze herauszieht. Ich betrachte in dem Moment das Gesicht meiner Schwester. Leicht irritiert stelle ich fest, dass sich ihre Augen entsetzt weiten. «Oh nein, Fräni», höre ich ihre Stimme. Zeitgleich bezieht sie auf der linken Seite meines Bettes neben meinem Kopf Stellung und hält meine Hand. Da weiss ich instinktiv, dass etwas Bedrohliches auf mich zukommt. Ich drehe den Kopf und erblicke das Monster von Spritze. Es handelt sich nicht um eine Spritze im klassischen Sinne. Das Depot wird in Form eines Stäbchens unter die Haut gespritzt. Dieses befindet sich in der Spritze, was automatisch bedeutet, dass die Spritze selber einen gewissen Durchmesser haben muss, damit eben das Stäbchen darin Platz hat. Ich schwöre, hätte ich gekonnt, ich wäre davongerannt! Wie so oft bleibt mir jedoch nichts anders übrig, als mich zu fügen. Die Pflegerin schmiert etwas von der mir bereits von Hotzenplotz bekannten Creme auf den Bauch, lässt diese ebenfalls nur kurz einwirken und sticht zu. Du meine Güte, das war übel, richtig übel!

Auf dem Nachhauseweg kommen meine Schwester und ich an einem grossen Blumenfeld vorbei, wo man Blumen selber schneiden darf. Obwohl ich vor lauter Nebel kaum noch etwas sehen kann, bitte ich meine Schwester anzuhalten. Wie ein Gespenst schleiche ich durch die Felder, pflücke mir Blumen und fühle mich glücklich. Ich bin so dankbar, dass ich hier sein darf. Die Blumen riechen herrlich, bekommen zu Hause eine schöne Vase, und ich habe mich viele Tage daran erfreut. Es waren meine Lieblingsblumen, Gladiolen. Heute muss ich, wenn ich Gladiolen rieche, erbrechen.

Schliesslich zu Hause angekommen, will ich nur eines: mich hinlegen. Ich fühle mich, als wäre eine Gerölllawine über mich hinweggedonnert. Meine Mutter ist noch nicht hier, sie wird auf meinen Wunsch hin erst morgen kommen, um mir einige Tage zur Hand zu gehen. Ich lege mich ins Bett und döse vor mich hin. Obwohl ich müde bin, finde ich keinen Schlaf. In mir herrscht Krieg, ein unerbittlicher Kampf. Ich kann es mit jeder Faser meines Körpers fühlen. Die Stunden ziehen sich endlos dahin, ich könnte schreien vor lauter Unwohlsein. Ich entscheide mich jedoch für eine andere Strategie. In Gedanken stelle ich mir vor, dass sich in meinem Bauch ein Hohlraum, eine Art Höhle befindet. Hinein gelangt man über eine einfache Strickleiter. Vorsichtig gehe ich auf den Rand, den Eingang der Höhle zu. Ich fasse den Strick mit beiden Händen und beginne in das Innere der Höhle zu klettern. Als nur noch mein Kopf über den Rand schaut, strecke ich meine rechte Hand aus, greife nach der Falltüre, mit der ich den Eingang verschliessen kann. Die Türe ist schwer, aus dunklem Holz mit massiven Eisenbeschlägen. Ich lasse sie hinter mir ins Schloss fallen und klettere weiter hinab, immer tiefer in die Höhle hinein. Am Grund der Grotte angekommen, atme ich als erstes tief ein und aus. Die Wände sind in zartes, blaues Licht getaucht. Ich kann nichts weiter hören als meinen Atem und meinen Herzschlag. Hier herrscht Stille, Einklang und Frieden. Genau das, was ich so dringend benötige, um diese Stunden meines Lebens zu überstehen.

In all den noch kommenden Zyklen habe ich mich immer wieder, vor allem in den ersten Tagen nach Verabreichung der Therapie, in meine imaginäre Höhle zurückgezogen. Dort war ich sicher und geborgen. Der Kampf, der um mich tobte, ging mich nichts an, ich war in Sicherheit. Diese Methode, mich nicht auf meinen Körper, sondern vielmehr auf meinen Geist zu konzentrieren, hat mir sehr geholfen.

Auch an jenen Tagen, an welchen es mir etwas besser ging, meistens gegen Ende eines Zyklus, habe ich mir Orte in der Natur gesucht, welche mir die so dringend benötigte Ruhe schenkten. Am Fusse des Napfs fand ich einen Ort, der mir besonders viel Frieden, innere Ruhe, Ausgeglichenheit und Kraft schenkte. Einen Ort, welchen ich ein jedes Mal mit viel Zuversicht, Hoffnung und erfüllt von einer alles überstrahlenden Kraft, verlassen habe.

Dem heutigen Tag sage ich also in meiner Höhle liegend Adieu. Friedlich bin ich eingeschlafen, habe dem Kampf, der um mich tobt, keine Beachtung geschenkt.

Dienstag, 9. bis Freitag, 12. September 2014
Zweiter Zyklus / Tage zwei bis fünf

Viel gibt es über diese Tage nicht zu berichten. Die Chemotherapie wirkt, der Nebel beherrscht meinen Körper. Ich bin müde, kraftlos, und seit Zyklustag Nummer drei verspüre ich ab und an sehr starke Schmerzen dort, wo Fridu wohnt. Oft ertappe ich mich dabei, wie ich schützend eine meiner Hände auf mein Mediastinum lege, wenn mich eine weitere Welle des Schmerzes überrollt. Doch im Vergleich zu Fridu geht es mir hervorragend. Er leidet, stösst an seine Grenzen. Oft fleht er mich stundenlang um Hilfe an. Er erleidet Höllenqualen.

Obwohl ich weiss und absolut überzeugt davon bin, dass wir auf dem richtigen Weg sind, tut er mir auch schrecklich leid, mein Mitbewohner. *Es tut mir leid, Fridu. Es tut mir so leid.* Nächtelang habe ich ihm zugeflüstert, ihn getröstet und ihm Mut gemacht.

Auch empfinde ich Essen und Trinken als äusserst mühsam in diesen Tagen. Mein Mund fühlt sich an, als hätte ich mehrere Kilogramm Saharastaub verschluckt. Mein Geschmacksinn hat mich verlassen, alles ekelt mich an. In dieser Zeit ergibt es sich auch, dass ich kein Wasser mehr trinken kann. Das Gefühl von Wasser, vermischt mit diesem Saharastaub löst einen üblen Brechreiz in mir aus. Doch was hat mir mein Onkologe eingebläut? Ich muss viel trinken. Vieles habe ich ausprobiert, bis ich zum Schluss bei Fencheltee und Milch gelandet bin. Ich pflegte früher keine Milch zu trinken, ausser sie befand sich in einer schwarzen Brühe namens Kaffee. Doch eben, Chemotherapie verändert so einiges. So ist es gekommen, dass ich während der Therapie die Schweizer Milchbauern unterstützt habe und literweise Milch trank.

Samstag, 13. und Sonntag, 14. September 2014
Zweiter Zyklus / Tage sechs und sieben
Ich fühle, dass das Schlimmste dieses Zyklus` hinter mir liegt. Nach wie vor bin ich müde, doch dieser alles lähmende Zustand weicht, ich kann wiederum die Sonne auf meiner Haut fühlen. Ich gehe spazieren, beginne, mich mental bereits auf Zyklus Nummer drei einzustellen. Als wäre ich ein Profisportler. Der eine Wettkampf durch, schon wieder fokussiert auf den Nächsten.

Montag, 15. September 2014
Zweiter Zyklus / Tag acht
Heute ist bereits eine Woche seit der zweiten R-CHOP-Gabe vergangen, was heisst: Es ist Zeit für eine weitere Blutkontrolle. Da mein Hausarzt seine Praxis einige Wochen geschlossen hat, habe ich mich der Einfachheit halber dazu entschieden, die Werte jeweils auf der Onkologie-Abteilung jenes Spitals bestimmen zu lassen, wo ich vor meinem stationären Aufenthalt im Inselspital regelmässiger Gast war. Ich gebe zu: Es kostete mich einiges an Überwindung, und ich habe mehr als eine Nacht mit mir selber gerungen, ob es die richtige Entscheidung ist. Schliesslich dachte ich mir: *Sie müssen ja bloss die Werte bestimmen, und dazu sollten sie in der Lage sein.* So habe ich also, aus Bequemlichkeitsgründen, die wöchentlichen

Blutkontrollen in genanntes Spital verlegt. Gleich vorab die heutigen Werte:
- Leukozyten: 5,4 (Referenzwert 3,5 bis 10,5)
- Thrombozyten: 320 (Referenzwert 140 bis 380)
- Hämoglobin: 14,4 (Referenzwert 12,1 bis 15,4)

Ich bin zufrieden. *Gut so, nicht nachlassen und artig weiterkämpfen,* weise ich mein eigenes Ich an. Selbstverständlich darf ich nach erfolgter Kontrolle nicht gleich ab nach Hause, sondern muss mich noch mit einer der Ärztinnen der Onkologie unterhalten. Wohlweislich verkneift sie sich die Frage, weshalb ich die Therapie nicht hier mache. *Ob sie meine Geschichte kennt?* Sie hört mein Herz und meine Lunge ab und will wissen, wie es mir geht.

«Soweit ganz gut», antworte ich. «Ich bin halt müde, kämpfe aber dagegen an. Seit einigen Tagen verspüre ich jedoch sehr starke Schmerzen in meinem Mediastinum. Nicht permanent, aber ab und zu schon sehr heftig. So ein brennendes Stechen und Ziehen. Am ausgeprägtesten ist es, wenn ich vom Liegen aufstehe.»

Die Ärztin scheint nicht genau zu wissen, was das sein könnte. Sie wirkt besorgt und sagt, ich solle mich melden, falls es schlimmer wird. «Dann müssen wir ein CT machen.»

Ich erwidere nichts, denke mir aber: *Wenn es schlimmer wird, werde ich mich bei meinem Onkologen melden und nicht hier, bei allem Respekt, meine Liebe!*

Eine meiner Arbeitskolleginnen hat mich zu der Kontrolle in das Spital gefahren, weshalb ich mich spontan für einen anschliessenden Besuch bei meinem Arbeitgeber entscheide. Ich gehe von Büro zu Büro, wechsle mit allen ein, zwei Worte. Ebenso wie draussen in der weiten Welt fällt mir auch hier sofort auf, wie unterschiedlich meine Mitmenschen mit meiner Krankheit umgehen. Es gibt Kolleginnen und Kollegen, die sagen «Hallo», und dann fängt sie an, die grosse Überforderung. Wie es mir geht, trauen sie sich nicht zu fragen. Ich lächle in mich hinein, denke: *Mach doch kein Theater und frag einfach!* Doch wie meistens lasse ich es gut sein. Andere wiederum sind durchaus in der Lage, mich völlig normal zu behandeln. Sie fragen, wie es mir geht, wünschen mir Kraft, Ausdauer und Zuversicht. Angenehme, alltägliche Gespräche.

Wie überall und in jeder Lebenssituation gibt es auch an meinem Arbeitsplatz Menschen, die hinter meinem Rücken über mich sprechen, über mich urteilen, ohne jemals ernsthaft gefragt zu haben, was meine Krankheit bedeutet. Sie geben mir zu verstehen, dass sie mein Verhalten übertrieben finden. Sätze wie «Meine Schwester hatte Brustkrebs, ging aber jeden Tag zur Arbeit», haben mich sehr verletzt.

Heute bin ich froh, diese Erfahrungen gemacht zu haben. Ich weiss nun, dass es nicht wichtig ist, was andere Menschen über mich denken. Wichtig ist nur, dass ich mir selber immer treu bleibe, und schlussendlich weiss nur ich alleine, was ich tagtäglich leiste und geleistet habe. Natürlich ist es schön und tut gut, wenn mir meine Mitmenschen Verständnis entgegenbringen. Ich weiss heute aber, dass dies nicht allen gegeben ist, was absolut in Ordnung ist.

Dienstag, 16. bis Sonntag, 21. September 2014
Zweiter Zyklus / Tage neun bis vierzehn

Es sind schöne Tage, der Herbst zeigt sich von seiner besten Seite. Ich treffe mich mit meinen Freundinnen, mache jeden Tag einen Spaziergang, geniesse jeden meiner Atemzüge und bin dankbar, am Leben zu sein. Auch nutze ich die Tage, um mich endlich etwas genauer über Mabthera® und Co. zu informieren. Ebenso wie Sinn und Zweck der Wirkstoffe interessieren mich natürlich deren Nebenwirkungen. Während ich lese, wechselt meine Gesichtsfarbe von Chemo-Blässe zu Aschfahl. (Ja, es besteht ein doch merklicher Unterschied zwischen diesen beiden Farbnuancen.) Die Liste der möglichen Nebenwirkungen ist endlos. Sie werden aufgeteilt in sehr häufige, häufige, gelegentliche, seltene, sehr seltene und Nebenwirkungen unbekannter Häufigkeit. Nur als Beispiel, quasi als Beweis dafür, dass ich nicht übertreibe, hier die möglichen Nebenwirkungen von Mabthera® gemäss dem Fachportal Onmeda.de:

Sehr häufige Nebenwirkungen:

Infektionen mit Bakterien oder Viren, Bronchitis, Mangel an neutrophilen Blutzellen, Mangel an weissen Blutkörperchen (auch mit Fieber verbunden), Mangel an Blutplättchen, infusionsbedingte Reaktionen, Gesichtsschwellung, Übelkeit, Juckreiz, Hautausschlag, Haarausfall, Fieber, Schüttelfrost, Schwäche, Kopfschmerzen, verminderter IgG-Antikörper-Gehalt im Blut.

Häufige Nebenwirkungen:

Blutvergiftung, Lungenentzündung, fiebrige Infektion, Gürtelrose, Infektion der Atemwege, Pilzinfektionen, Infektionen unbekannter Ursache, akute Bronchitis, Nasennebenhöhlenentzündung, Leberentzündung (Hepatitis B), Blutarmut, Mangel an allen Blutzellen, Mangel an Granulozyten, Überempfindlichkeit, Blutzuckerüberschuss, Gewichtsverlust, Wasseransammlungen in Armen und Beinen, aufgeschwemmtes Gesicht, Fettstoffwechselstörung (erhöhte LDH-Werte), Calciummangel im Blut, nervliche Missempfindungen, Gefühlsstörungen, Erregung, Schlaflosigkeit, Erröten, Schwindel, Angstgefühle, Störung der Tränenbildung, Bindehautentzündung, Ohrensausen, Ohrenschmerzen, Herzinfarkt, Herzrhythmusstörungen, Vorhofflimmern, Herzrasen, Herzerkrankung, Bluthochdruck, Blutdruckabfall bei Körperlageveränderung, niedriger Blutdruck, Bronchialkrämpfe, Atemwegserkrankung, Schmerzen in der Brust, Atemprobleme, vermehrtes Husten, Schnupfen, Erbrechen, Durchfall, Bauchschmerzen, Schluckstörung, Mundschleimhautentzündung, Verstopfung, Verdauungsstörungen, Essensverweigerung, Rachenreizung, Nesselsucht, Schwitzen, Nachtschweiss, Hauterkrankungen, Muskelschmerzen, Gelenkschmerzen, Rückenschmerzen, Nackenschmerzen, Tumorschmerzen, Rötungen, Unwohlsein, Erkältungserscheinungen, Erschöpfung, Frösteln, Multiorganversagen.

Gelegentliche Nebenwirkungen:

Blutgerinnungsstörungen, Blutarmut (aplastische Anämie oder hämolytische Anämie), Lymphknotenschwellung, Depression, Nervosität, Störung der Geschmacksempfindung, Versagen der linken Herzkammer, Herzrasen (von den Herzvorhöfen ausgehend), Kammerrasen, Durchblutungsstörung des Herzmuskels, verlangsamter Herzschlag, Asthma,

Lungenerkrankung (auch der kleinen Lungenbläschen; Bronchiolitis obliterans), Sauerstoffmangel im Blut, aufgetriebener Bauch, Schmerzen an der Infusionsstelle.
<u>Seltene Nebenwirkungen:</u>
Schwerwiegende Virusinfektion, Lungeninfektion mit seltenem Keim (Pneumocystis jirovecii), allergischer Schock, schwere Herzprobleme, spezielle Form der Lungenerkrankung (interstitielle Pneumonie).
<u>Sehr seltene Nebenwirkungen:</u>
Erkrankung der weissen Hirnmasse (PML), vorübergehender Anstieg der IgM-Antikörper im Blut, Fieber verschiedener Ursache (durch massenhaften Zerfall von Krebszellen beim Tumorlysesyndrom oder Zytokin-Freisetzungs-Syndrom), Serumkrankheit, Nervenstörungen an Armen und Beinen, Gesichtsnervenlähmung, schwerer Sehverlust, Herzmuskelschwäche, Blutgefässentzündung (vorwiegend in der Haut; auch durch Zusammenballung von weissen Blutkörperchen), Atemstillstand, Magen-Darm-Durchbruch, schwere (blasige) Hautreaktionen wie Stevens-Johnson-Syndrom und toxische epidermale Nekrolyse (Lyell-Syndrom), Nierenversagen.
<u>Nebenwirkungen unbekannter Häufigkeit:</u>
Mangel an neutrophilen Blutzellen als Therapie-Spätfolge, infusionsbedingter akuter und vorübergehender Blutplättchenmangel, Nervenstörung im Schädelbereich, Verlust anderer Sinne.
<u>Besonderheiten:</u>
Eine Erkrankung der weissen Hirnmasse (PML) ist eine schwerwiegende Nebenwirkung, bei der die Rituximab-Therapie sofort und dauerhaft abgebrochen werden muss. Patient

wie auch Partner oder Pflegepersonen sollten daher sorgfältig auf Anzeichen einer solchen Erkrankung (Einschränkung des Denkens, Nervenstörungen, seelische Veränderungen) achten.

Die Behandlung mit Rituximab begünstigt alle Arten von Infektionen. Die Patienten müssen daher sehr vorsichtig sein und darauf achten, sich nicht anzustecken.

Wird Rituximab zur Krebsbekämpfung oder gegen Rheuma eingesetzt, kann eine Leberentzündung vom Typ Hepatitis-B wieder aufflammen. Dies besonders bei Anwendung in Kombination mit Glukokortikoiden oder Chemotherapie.

Es entspricht der Wahrheit, wenn ich sage, dass die Liste der Nebenwirkungen der anderen R-CHOP-Substanzen nicht minder lang ist. Und nicht vergessen dürfen wir natürlich das Zoladex. Auch dieses bringt einiges an Nebenwirkungen mit sich, doch dazu später mehr.

Es waren diese Momente, in denen ich ansatzweise verstehen konnte, wie schwer krank ich bin. Noch heute habe ich oft damit zu kämpfen, dass mein Körper auf irgendeine Art und Weise schwächelt. Und obwohl ich es immer und immer wieder erkläre, höre ich doch ein jedes Mal von Menschen aus meinem erweiterten Umfeld die entsetzten Worte: «Nein, hört das denn nie auf? Jetzt hast du schon wieder eine Grippe, das ist ja schrecklich!» Solche Aussagen bringen mich auf die Palme. *Jetzt drucke ich Flyer, schreibe alle Nebenwirkungen auf und verteile sie*, denke ich mir oft. Ich kann leider bis heute nicht verstehen, weshalb Menschen nicht zuhören können. Was ist so schwierig daran zu verstehen, dass ich eine Chemotherapie hatte? Wieso versteht nur ein Bruchteil von uns Zweibeinern, dass es nicht so ist, dass die Therapie zu Ende ist und das Leben weitergeht, als wäre nie etwas gewesen? Gewiss, ich würde mir wünschen, es wäre so. Doch eben: Es waren nicht ein, zwei Aspirin, die ich geschluckt habe, verflucht noch mal!

Montag, 22. September 2014
Zweiter Zyklus / Tag fünfzehn

Es ist Zeit für einen weiteren Besuch im Spital, zwecks Blutkontrolle.

Gleich vorneweg, die heutigen Werte:
- Leukozyten: 3,0 (Referenzwert 3,5 bis 10,5)
- Thrombozyten: 299 (Referenzwert 140 bis 380)
- Hämoglobin: 13,3 (Referenzwert 12,1 bis 15,4)

Fazit: Leukozyten gewohnt niedrig, ansonsten aber alles soweit in Ordnung. Nach wie vor Chemo-Eliten-Werte. Auch heute findet ein Gespräch mit der gleichen Ärztin wie das letzte Mal statt. Sie holt mich also in ihr Büro, hört Herz und Lunge ab und will wissen, wie es mir geht.

«Immer noch recht gut», gebe ich zur Antwort. «Einfach die Schmerzen in meiner Brust, die sind zweitweise echt übel!» Ich habe nichts Anderes erwartet: Die Ärztin weiss auch heute nicht so recht, was sie davon halten soll.

Ich werde es nächste Woche mit meinem Onkologen anschauen, beschliesse ich. *Solange gilt es, auf die Zähne zu beissen, darin habe ich ja Einiges an Übung.*

Dienstag, 23. bis Sonntag, 28. September 2014
Zweiter Zyklus / Tage sechzehn bis einundzwanzig

Es geht mir, für meine Verhältnisse, hervorragend in diesen Tagen. Ich schaffe es und mache einen zweistündigen Spaziergang. Ermutigt davon, wie leicht es mir gefallen ist, gehe ich an den folgenden Tagen laufen. Langsam natürlich und mit vielen Pausen. Doch es tut gut, unglaublich gut! Ich fühle mich so lebendig wie schon lange nicht mehr. Auch nutze ich die Woche, um wiederum Freunde und Bekannte zu treffen. So unglaublich viele Fragen stehen im Raum und wollen beantwortet werden. Von Besuch zu Besuch erzähle ich das Gleiche, beantworte dieselben Fragen. Doch es ist gut und mir viel lieber, wenn man mich fragt und versucht zu verstehen. Und um auf mein «verflucht nochmal» von vor wenigen Tagen zurück zu kommen: Fragen ärgern mich nie. Was mich ärgert ist, wenn ich erzähle, erkläre und man nicht verstehen will. Wenn man nicht zuhört! Wobei dies ein krebsübergreifendes Problem unserer Gesellschaft zu sein scheint. Menschen kommunizieren auf den verschiedensten Kanälen, auf die verschiedensten Arten und Weisen miteinander, aber dabei wirklich zuhören, achtsam sein – diese Eigenschaft scheint Tag für Tag etwas mehr an Bedeutung zu verlieren.

Montag, 29. September 2014
Dritter Zyklus / Tag eins

Zur heutigen Therapie begleitet mich eine meiner Freundinnen, weil meine Schwester im Urlaub ist. Ich bin froh und dankbar, opfert sie einen ihrer wenigen Ferientage.

Auf der anderen Seite vermisse ich meine Schwester sehr, denn ihre Anwesenheit hat stets eine äusserst beruhigende Wirkung auf mich.

Auf der medizinischen Onkologie erfahre ich, dass nicht nur meine Schwester in den Ferien weilt, sondern auch mein Onkologe. Ich bin etwas traurig über diese Nachricht, ist er es doch, dem ich vertraue. *Nun hab dich mal nicht so! Onkologe ist Onkologe, und dein Lieblingsonkologe verdient wohl auch einmal Ferien,* schalt mich mein Unterbewusstsein.

Nach erfolgter Blutkontrolle darf ich, wie immer, im Warteraum Platz nehmen. Heute bin ich nicht die jüngste Krebspatientin im Raum. Ein Mann, in meinem Alter oder sogar noch einige Jahre jünger, wartet ebenfalls. Wir lächeln uns an, und ohne ein Wort miteinander zu sprechen, verstehen wir uns. Wenig später höre ich meinen Namen, gesprochen von einem ebenfalls jungen Mann in weissem Kittel und von ähnlicher Statur wie mein Lieblingsonkologe. Meine Freundin und ich folgen ihm in eines der Besprechungszimmer. Das Prozedere läuft genau gleich ab. Ich habe Fragen, die geduldig beantwortet werden, und natürlich will er von mir wissen, wie es mir geht.

«Im Grossen und Ganzen recht gut», gebe ich zur Antwort. «Mit meiner Mundschleimhaut habe ich etwas Mühe, mein Geschmackssinn ist gestört, aber Aphten haben sich noch keine gebildet. Zudem verspüre ich ab und an einen sehr ausgeprägten, brennenden Schmerz, hier.» Ich lege meine rechte Hand auf den Ansatz meiner beiden Brüste. Der Onkologe nickt und sagt: «Das kommt höchstwahrscheinlich davon, dass der Tumor zerfällt. Dies kann zuweilen schmerzhaft sein.»

Oh nein, Fridu! Stimmt, ich habe schon seit längerem nicht mehr mit ihm gesprochen. So sehr war ich mit mir und meinen Mitmenschen beschäftigt, dass ich meinen Freund in meinem Mediastinum glatt vergessen habe. Ein schlechtes Gewissen und Scham überkommen mich.

«Sonstige Symptome?» Der Arzt reisst mich aus meinen beschämten Gedanken.

«Eh, nein», antworte ich. «Es geht mir ansonsten, wie gesagt, recht gut. Ich bin einfach oft sehr müde, versuche jedoch dagegen anzukämpfen.»

«Die Müdigkeit gehört dazu. Sie müssen sich bewusst sein, dass es schon eine sehr happige Therapie ist, die Sie hier erhalten.» Zu guter Letzt nennt er mir noch die heutigen Blutwerte:

- Leukozyten: 5,4 (Referenzwert 3,5 bis 10,5)
- Thrombozyten: 414 (Referenzwert 140 bis 380)
- Hämoglobin: 14,3 (Referenzwert 12,1 bis 15,4)

Wie immer, soweit so gut – ich bin parat für Zyklus Nummer drei. Meine Freundin ist leicht erkältet, weshalb sie auf der Tagesklinik einen Mundschutz tragen muss. Sie sieht aus wie eine Ärztin im Operationssaal, wir müssen beide darüber schmunzeln. Ich lege mich schon beinahe routinemässig auf eines der Betten, jene am Fenster sind alle besetzt. Überhaupt sind heute fast alle Betten belegt. *Was ist denn nur los heute?*

Ein grosser, durchaus attraktiver Mann kommt auf mich zugesteuert und stellt sich als zuständiger Pfleger vor. Ich setze mein schönstes Krebspatientinnen-Lächeln auf. *Mit diesen Aussichten wird das heute bestimmt eine ganz angenehme Therapie.* Ich grinse dümmlich vor mich hin. Besagter Pfleger verabreicht mir die Vorabmedikationen. Vor lauter «ihn schön finden» und mich zur Abwechslung mal wieder als Frau fühlen vergesse ich völlig, darauf zu achten, ob er mir auch alle nötigen Medikamente spritzt. Wobei Mr. Tagesklinik das bestimmt im Griff hat.

Die Verabreichung der Therapie verläuft wie die letzten beiden Male ziemlich unspektakulär. Ich bin müde von dem Tavegyl und döse vor mich hin. Nach dem Mabthera® folgt wie üblich das Endoxan®. Bislang habe ich nie etwas gespürt bei dessen Verabreichung. Heute hingegen fangen schon nach wenigen Minuten meine Nase und meine ganzen Stirn- und Kieferhöhlen zu kribbeln an. Als müsste ich niesen, nur viel intensiver fühlt es sich an. Es ist kein Schmerz, einfach ein eigenartiges Gefühl.

«Spüren Sie ein Kribbeln in der Nase?», fragt mich der Pfleger. Ganz offensichtlich ist ihm mein Nasenrümpfen nicht entgangen. Ich nicke und er meint: «Das ist normal, kann es geben. Kein Grund zur Sorge.»

Der Rest der Therapie sickert in mich wie gehabt, Nebel zieht auf, und ich bin froh, als ich endlich wieder zu Hause bin. Meine Freundin verabschiedet sich zeitig, auch sie bemerkt, wie müde ich bin. Morgen wird meine Mutter kommen und mich erneut einige Tage unterstützen. Ich bin unendlich froh um ihre Hilfe.

Dienstag, 30. September 2014
Dritter Zyklus / Tag zwei

Es ist wenige Minuten nach Mitternacht, als ich aus dem Schlaf hochschrecke. Mir ist übel, unglaublich übel. Mit letzter Kraft greife ich nach dem Putzeimer, den ich gestern Abend vor dem zu Bett gehen vorsorglich neben mein Bett gestellt habe, und beginne mich zu übergeben. Mir endlos erscheinende Krämpfe lassen meinen Körper zucken, ihn erstarren. Ich würge, ringe nach Atem. Aus meinen Poren fliesst kalter Schweiss. Mein Körper krampft sich in einer neuen Welle zusammen, ich würge vor mich hin, als gäbe es kein Morgen. Immer und immer wieder. Über Stunden, die ganze Nacht. *Das nennt sich also Chemotherapie! Schön, erlebe ich nun doch noch die brutale Wahrheit dieser lebensrettenden Therapie.* Eine Zofran-Tablette nach der anderen lasse ich auf meiner Zunge zergehen, bete, sie möge Wirkung zeigen. Auch von den Primperan-Tabletten werfe ich grosszügig eine nach der anderen ein. Ich fühle mich elender als jemals zuvor in meinem ganzen Leben. Und ja, es gab vor allem in den letzten Monaten schon einige elende Momente. Doch dies hier übertrifft alles. Irgendwann höre ich auf, mich dagegen zu wehren und lasse mich von der Übelkeit forttragen. Erst in den frühen Morgenstunden lassen die Krämpfe allmählich nach. Welch eine Erleichterung. Diese Nacht, soviel ist klar, werde ich nie mehr vergessen!

Später, anlässlich der Therapie Nummer vier, habe ich erfahren, dass Mr. Tagesklinik mir in der Tat nicht alles an Vorabmedikation gespritzt hat. Er hat das Zofran gegen die Übelkeit weggelassen. Schade, hätte ich gewusst, dass ich es ihm zu verdanken habe, wäre mir das Erbrechen vielleicht leichter gefallen. Wobei Mr. Tagesklinik nichts dafür konnte. Er kannte das Therapie-Schema, verständlicherweise, nicht auswendig und hat sich an die ärztliche Verordnung gehalten. Diese war zwar korrekt, doch beim Faxen in die Tagesklinik wurde ein Teil, ein wichtiger Teil, weggelassen. So ist es, Fehler passieren auch im Inselspital in Bern.

Ich bin froh, als kurz vor Mittag meine Mutter eintrifft. Ich erzähle ihr von meiner Nacht, und das Gewissen plagt sie, dass sie nicht bei mir war. Doch das muss sie nicht. Denn das hat sich nicht geändert: Erbrechen tue ich immer noch am liebsten alleine. Den restlichen Tag, es dürfte keine Überraschung sein, verschlafe ich.

Mittwoch, 1. bis Freitag, 3. Oktober 2014
Dritter Zyklus / Tage drei bis fünf

Wie gewohnt geht es mir schlecht in den ersten Tagen nach der Therapie. Ich kann kaum etwas sehen, fühle mich blind und taub. Überall dieser Nebel. Ich verfluche ihn. Fridu höre ich immer seltener und wenn, dann nur noch sehr schwach. Es geht ihm schlecht, viel schlechter als mir, was zuweilen ein schlechtes Gewissen in mir aufsteigen lässt. Hatte ich ihm doch versprochen, dass wir beide gleich stark leiden werden. Zu allem Übel vermisse ich meine Schwester. Sie wird am Samstag aus ihren Ferien zurückkehren. Mein kleiner Sonnenschein, sie wird den Nebel mit Sicherheit in die Flucht schlagen.

Samstag, 4. bis Sonntag, 5. Oktober 2014
Dritter Zyklus / Tage sechs und sieben

Wie es zu erwarten war, verbringe ich die Tage mit meiner Schwester. Sie erfüllt ihre Mission bezüglich dem Nebel, es geht mir etwas besser. Mein Mund fühlt sich zwar nach wie vor komisch an, staubig wie üblich, doch ich bin sicher, dass sich dies in den nächsten Tagen ebenfalls noch bessern wird. Nach wie vor trinke ich literweise Milch, in Bälde wird man mich mit ruhigem Gewissen selber als Milchkuh bezeichnen können. Ansonsten bleibt alles beim Alten: Kämpfen, auf die Zähne beissen und nie das Ziel «Leben» aus den Augen verlieren, lautet weiterhin mein Motto.

Eine Neuigkeit gibt es aber doch. Seit einigen Tagen spüre ich die Auswirkungen des Zoladex. Oder anders herum gesagt: Hallo Wechseljahre! Wie aus dem Nichts beginne ich zu schwitzen, fühle mich, als würde ein Güterzug über mich hinwegrollen. Aus meinem tiefsten Inneren steigt sie hoch, diese unsägliche Hitze, lässt mich innert Sekunden patschnass werden, schwappt wie eine Welle über mich hinweg. Nach wenigen Sekunden ist es vorbei, und ich beginne zu frieren. So ging das, ungefähr bis Ende Februar, Anfang März 2015. In Spitzenzeiten alle zehn bis fünfzehn Minuten eine Hitzewallung. War ich zu Hause, ging es einigermassen. Ich habe einfach im Viertelstundentakt die Fenster aufgerissen. Doch war ich zu Untersuchungen oder zum Beispiel einkaufen, da war es übel. Ich habe sie selten getragen, meine Perücke. Meistens entschied ich mich für eine simple Mütze. Doch wenn ich sie trug, und dann eine dieser Hitzewallungen über mich hinwegdonnerte – ich schwöre: In dem Moment hätte ich mir jeweils, egal wo ich war, am liebsten die Perücke vom Kopf gerissen. Einkaufen, so tun als wäre alles in bester Ordnung, während einem der Schweiss in Strömen den Rücken hinunterläuft. Am schlimmsten waren die Nächte. Bei jeder Hitzewallung bin ich aufgewacht, konnte nicht mehr einschlafen. So kam es, dass ich über Monate kaum noch geschlafen habe. Irgendwann begann ich, einfach auf vierundzwanzig Stunden verteilt ab und zu dreissig Minuten zu schlafen. Es erübrigt sich wohl zu erläutern, wie es mir dabei ging.

Auch veränderte sich in diesem Prozess mein Körper. Meine Haut wurde schlaffer, älter, und ich musste ein Stück Schokolode nur anschauen, da hatte ich bereits ein Kilogramm mehr auf den Hüften. Das war schlimm für mich, konnte ich doch bislang essen, wonach mir der Sinn stand, ohne dass es Auswirkungen auf meine Figur hatte. Wenn ich darüber jammerte, hörte ich stets denselben Spruch von meinen Mitmenschen: «Das ist doch völlig egal, du hast Krebs! Das Einzige was zählt ist, dass du wieder gesund wirst.» Natürlich war die Aussage korrekt, doch wieso wollte niemand verstehen, dass ich nach Abschluss der Therapie nicht als einer von Knies Elefanten durchgehen will? Das hat mich oft gestört. Krebspatientin sein heisst nicht, seinen Stolz und seine Eitelkeit zu verlieren. Bestimmt ist es wichtig, wie bei allem im Leben, diesbezüglich eine gesunde Balance zu finden. Doch sich einfach gehen lassen, nach dem Motto «Ich habe Krebs.

Scheissegal, wie viele Kilos ich auf die Waage bringe», erscheint mir falsch. In meinen Augen hat diese Haltung etwas mit aufgeben, die Krankheit Überhand gewinnen lassen zu tun. Eine körperliche Veränderung gehört bei vielen Krebserkrankungen dazu, ob man nun will oder nicht. Man verliert je nach Therapieschema seine Haare, ist aufgedunsen vom Kortison, etc., etc. Sich gehen zu lassen gehört aber nicht dazu, und genau das wollte ich nicht.

Bezüglich den Wechseljahrbeschwerden habe ich meinem Umfeld oft gesagt: «Die Wechseljahre sind schlimmer als die Chemotherapie selber.» Auch meinem Onkologen versuchte ich zu erklären, wie es mir mit dem Zoladex ergeht. Doch ich denke, er hat es nie richtig verstanden. Er ist Onkologe und kein Frauenarzt, ihn interessierte Fridu, und mein Hormonhaushalt war für ihn zweitrangig. Meine heutige Meinung ist, dass die Beschwerden so intensiv waren, weil sich mein Körper nicht darauf vorbereiten konnte. Erreicht eine Frau im normalen Alterungsprozess die Wechseljahre, so bereitet sich der Körper langsam, Schritt für Schritt darauf vor. Mein Körper war bereit, ein Kind zu empfangen, als die Spritze kam und ihn – zack – auf einen Schlag rund zwanzig Jahre älter machte. Ich bin gespannt, wie es sein wird, wenn ich das nächste Mal in die Wechseljahre komme. Ja, richtig – ich habe die grosse Ehre, diese Phase des Frauseins zweimal zu durchleben. Man könnte sagen, dass ich durch das Zoladex quasi in den wechseljahrischen Hochadel aufgenommen wurde.

Montag, 6. Oktober 2014
Dritter Zyklus / Tag acht

Es ist bereits wieder Zeit für eine weitere Kontrolle meiner Blutwerte. Mein Mami Nummer zwei ist zurück aus den Ferien und fährt mich in das Spital. Ich freue mich sehr, sie wiederzusehen.

Gleich vorab die heutigen Werte:
- Leukozyten: 4,7 (Referenzwert 3,5 bis 10,5)
- Thrombozyten: 283 (Referenzwert 140 bis 380)
- Hämoglobin: 13,9 (Referenzwert 12,1 bis 15,4)

Nach erfolgter Kontrolle, ebenfalls wie zwischenzeitlich gewohnt, das Gespräch bei der Ärztin. Lunge und Herz abhören, alles in Ordnung.

«Haben Sie immer noch diese starken Schmerzen in der Brust?» will sie von mir wissen.

«Nein, es ist besser geworden. Ich spüre sie noch, aber bei weitem nicht mehr so intensiv.»

Sie erwidert nichts darauf, scheint einfach froh zu sein, dass es von alleine besser geworden ist. In dem Moment fällt es mir wie Schuppen von den Augen. Noch während ich zusammen mit Mami Nummer zwei das Spital verlasse, versuche ich, mit Fridu zu sprechen. *Fridu, hörst du mich?*

Seine Antwort ist leise. So leise, dass sie in all dem Lärm um mich herum untergeht. *Ich kann dich nicht verstehen. Wir sprechen uns gleich, wenn ich zu Hause bin und Ruhe herrscht.*

Kaum zu Hause angekommen, lege ich mich auf mein Bett und frage erneut:

Fridu, hörst du mich?

Ja, ich höre dich. Ich bin da.
Wie geht es dir?, will ich wissen, obwohl ich mich ehrlich gesagt kaum traue, diese Frage zu stellen.
Nicht gut, antwortet er mir. *Es ist bald vorbei, glaube ich. Wir haben es geschafft.*
Obwohl ich ihn nicht sehen kann, weiss ich, dass er bei diesen Worten ein müdes Lächeln trägt.
Nein Fridu, wir haben erst die Hälfte geschafft, es ist leider noch lange nicht vorbei.
Ich erhalte keine Antwort mehr, und heute weiss ich, dass es das letzte Mal war, dass ich mit ihm gesprochen habe.

Dienstag, 7. bis Sonntag, 12. Oktober 2014
Dritter Zyklus / Tage neun bis vierzehn
Alles verläuft wie gehabt. Ich erhole mich weiter, der Nebel weicht immer mehr zartem Sonnenschein. Ich geniesse mein Leben, erlebe jeden Tag unglaublich intensiv. Auf meinen täglichen Spaziergängen durch den Wald atme ich jeweils ganz bewusst tief ein und aus und erfreue mich über die verschiedenen Gerüche des Waldes. Alles erscheint mir viel stärker als jemals zuvor. Sei es der Geruch des Waldbodens, die Farbe der Bäume und Sträucher, die Geräusche, wenn sich meine Füsse durch das hinuntergefallene Laub pflügen.

Montag, 13. Oktober 2014
Dritter Zyklus / Tag fünfzehn
Tag fünfzehn heisst abermals Kontrolle meiner Blutwerte. Heute steht jedoch nicht bloss Blut abzapfen auf dem Pro-

gramm, sondern eine weitere PET-Untersuchung. Aus gegebenem Anlass bin ich also in meinem zweiten zu Hause in Bern anzutreffen. Das – oder korrekterweise die – PET, erinnern Sie sich? Dieser Untersuch mit dem radioaktiven Zucker. Da ich in Bälde die Hälfte meiner Therapie geschafft habe, will mein Onkologe sich ein Bild davon machen, wie es Fridu geht. Heute findet der Untersuch statt, und anlässlich der nächsten Therapie, Nummer vier, werde ich den Bericht erhalten.

Eine meiner Freundinnen fährt mich am Morgen nach Bern, meine Schwester wird mich abholen. Einmal mehr bin ich froh um die Unterstützung meiner Liebsten. Ohne sie wäre es mit Sicherheit bloss eine Frage der Organisation, für mich ist es jedoch eine enorme Entlastung, dass sie alle grosszügig ihre Hilfe anbieten. Die Untersuchung verläuft analog jener vom 18. August. Mit dem Unterschied, dass ich ruhig bleibe, keinen Ausraster produziere und die PET-Untersuchung im dafür vorgesehenen zeitlichen Rahmen durchgeführt werden kann. Da zwischenzeitlich die Vermutung naheliegt, dass ich allergisch auf jodhaltige Kontrastmittel reagiere, respektive auf bestimmte Verbindungsstoffe der Kontrastmittel, erhalte ich nun auch hier Tavegyl, um die vermutete allergische Reaktion zu unterdrücken. Dementsprechend müde bin ich, als mich meine Schwester abholt.

Meine Augenlider sind schwer, weshalb ich, kaum zu Hause angekommen, in einen tiefen Schlaf versinke. Sogar die Hitzewallungen haben mir in diesen Stunden nichts an, weshalb ich versucht bin zu sagen: Ein Hoch auf Tavegyl!

Vor lauter Schläfrigkeit habe ich doch beinahe die heutigen Blutwerte vergessen. Wobei sie auch zum Vergessen waren: die Leukozyten so tief wie noch nie.
- Leukozyten: 2,4 (Referenzwert 3,5 bis 10,5)
- Thrombozyten: 381 (Referenzwert 140 bis 380)
- Hämoglobin: 12,6 (Referenzwert 12,1 bis 15,4)

Dienstag, 14. bis Montag, 20. Oktober 2014
Dritter Zyklus / Tage sechzehn bis zweiundzwanzig

Es sind wiederum die guten Tage an der Reihe. Ich fühle mich den Umständen entsprechend munter, habe viel Besuch. Mein komplettes Umfeld hat indes meinen Chemo-Rhythmus übernommen. Sie wissen, wann ich bereit bin, Besuch zu empfangen und wann nicht. Viele schöne Stunden darf ich erleben. Gute Gespräche führen, viel lachen und einmal, ja einmal, da habe ich sogar einen kleinen Schwips, weil ich dann doch ein Glas Rotwein zu viel getrunken habe. Ich bin eine Geniesserin, und dazu gehört ab und zu ein gutes Glas Wein. Schon früh, gleich nach Beginn der Therapie, habe ich meinen Onkologen einmal gefragt, ob ich Alkohol trinken darf.

«Ich hätte da noch eine Frage», fing ich zögerlich an.

«Ja, was denn?»

«Also, ehm ... also nicht, dass Sie jetzt denken, ich hätte ein Problem, aber darf ich während der Chemotherapie Alkohol trinken?» Meine Besorgnis, diese eine Frage zu stellen, zerschlägt sich in dem Moment, als ich schüchtern aufblicke und in sein Gesicht schaue. Er trägt sein schlitzohrigstes Grinsen und sagt:

«Natürlich dürfen Sie das. Einfach im Mass. Aber ein Bierchen oder ein Glas Wein hat noch nie jemandem geschadet.» Da hatte er sich doch glatt einen extra Sympathiepunkt verdient.

Es sind, wie gesagt, im Grossen und Ganzen frohe und glückliche Tage. Natürlich kommt es auch zur einen oder anderen eher ernüchternden Begegnung. Für meinen Geschmack zu oft werde ich mit Überforderung, Unsicherheit und Hilflosigkeit meiner Mitmenschen konfrontiert. Immer wieder beobachte ich, wie diese Personen dazu neigen, mir Ratschläge zu erteilen. Stoff, um mir einmal mehr sehr viele Gedanken über das menschliche Verhalten zu machen. Auch mein Verhalten beziehe ich mit ein. Ich denke darüber nach, wie ich mich verhalten hätte, wäre die Situation andersherum gewesen. Traurig stelle ich fest, dass ich es nicht wirklich besser gemacht hätte, nehme mir aber vor, aus meiner Geschichte zu lernen.

Zum Schluss des heutigen Tages noch eine Anmerkung: Die Cleveren unter ihnen haben es bestimmt schon bemerkt: Chemotag Nummer zweiundzwanzig! Kein Schreibfehler, sondern absolut korrekt. Mein Onkologe schenkte mir zum dritten Zyklus einen Extratag.

Dienstag, 21. Oktober 2014
Vierter Zyklus / Tag eins
Wie schnell die Zeit vergeht. Schon ist die Hälfte der Therapie durch, und es geht mir immer noch, für Chemomassstäbe, erstaunlich gut. Meine Schwester kommt mit

zur Therapie, sie freut sich schon seit Tagen darauf, meinen Onkologen wiederzusehen. «Der ist cool», hat sie mir einmal am Telefon gesagt. Ja, ich finde ihn auch «cool», wenn vielleicht auch nicht auf die gleiche Art und Weise wie meine Schwester.

Im Inselspital angekommen, der gleiche Ablauf wie immer. Anmelden, Blutspenden, warten, Besprechung mit meinem Onkologen, Chemotherapie. Doch da zu viel Routine nie gut ist, kommt heute ein weiterer Punkt dazu: Heute werde ich erfahren, ob die Therapie angeschlagen hat, ob sie wirkt, ob ich auf dem richtigen Weg bin. Obwohl ich tief in mir weiss, absolut sicher bin und die Gewissheit habe, dass Fridu sich bereits stark verändert hat, so habe ich doch Angst. *Was, wenn ich mich irre? Wenn ich mir dieses Gefühl und die Gespräche mit Fridu nur eingebildet habe?* Zweifel macht sich in mir breit. Mein Herz hämmert vor sich hin, ich kann kaum still sitzen in dem Besprechungszimmer, in das uns mein Onkologe schliesslich gebeten hat. Meine Schwester ist ebenfalls sehr angespannt, auch sie weiss genau, dass das, was wir gleich hören werden, wegweisend ist.

Mein Onkologe scheint die Anspannung förmlich riechen zu können. «Sie wollen bestimmt wissen, was die PET ergeben hat», beginnt er das Gespräch. Ich nicke, schaue in seine Augen und habe in dem Moment die Gewissheit, dass alles in Ordnung ist. Er hätte nichts mehr sagen müssen, ich wusste, dass mich mein Gefühl nicht getäuscht hat.

«Das Lymphom (er weiss bis heute nicht, dass das Lymphom Fridu heisst), das Lymphom ist bereits fast völlig weg. Es besteht nur noch eine leichte Restaktivität.»

Meine Schwester und ich atmen zeitgleich all unsere Anspannung aus.

In diesen Morgenstunden des 21. Oktobers 2014 erschütterte ein kleines Erdbeben den Raum Bern. Es war der Stein, der mir vom Herzen fiel. In dem Moment war ich unendlich glücklich und empfand eine tiefe Dankbarkeit Fridu gegenüber. Heute darf ich dazu sagen, dass ich zum damaligen Zeitpunkt nicht in der Lage war, wirklich zu erfassen, was wir – Fridu, ich, mein ganzer Körper – in diesen neun Wochen seit Therapiebeginn geleistet haben. Fridu hatte die Grösse eines Kinderkopfes, lag zentnerschwer in meinem Mediastinum. Mein Leben hing an einem seidenen Faden. Trotzdem reichten drei Zyklen R-CHOP aus, um ihn, Fridu, zu verändern. Ich weiss, dass auch mein Onkologe hocherfreut und etwas erstaunt über dieses Ergebnis war. Selbstverständlich würde er es nie direkt zugeben, doch so gut kann ich ihn inzwischen einschätzen. Es glich einem kleinen Wunder, und das war und ist es für mich: ein Wunder.

Da sitze ich also, neben meiner Schwester und gegenüber meinem Onkologen. Wir sind alle drei froh und erleichtert über diesen positiven Zwischenstand auf meiner Reise. Doch sind wir, insbesondere ich, realistisch genug um zu wissen, dass er weitergeht, der Kampf. *Es ist erst ein kleiner Teil des Weges geschafft,* sage ich mir im Stillen. *Nicht nachlassen, weiterkämpfen! Fridu, ich weiss nicht, ob du mich noch hören kannst, doch lass dir sagen: Ich bin dir unglaublich dankbar dafür, dass du dich an unsere Abma-*

chung gehalten hast. Es ist aber noch nicht vorbei! Du hast es bald geschafft, kämpfe weiter.

Er ist zu klein, viel zu schwach um zu sprechen. Ich flehe darum, dass er mich verstanden hat und den eingeschlagenen Weg weitergeht.

Die Nachricht verbreitet sich in Windeseile, und ich denke, es haben sich an diesem Tag in den verschiedensten Landesteilen der Schweiz kleinere Erdbeben ereignet. Die Freude und Erleichterung in meinem sozialen Umfeld ist gross. Doch auch hier, in diesem Moment – ich muss es einfach erwähnen – gibt es eher unbedachte Formulierungen zum heutigen Zwischenerfolg. «Lass uns Party machen und feiern! Du hast es geschafft!» finde ich eine der dümmsten Äusserungen des heutigen Tages. Ich weiss: lieb gemeint und nicht darüber nachgedacht. Doch wie oft soll ich es noch sagen? Es ist ein erster wichtiger Meilenstein, ein Schritt in die richtige Richtung. Gewonnen ist noch überhaupt nichts. Im Sport würde man sagen, ich habe die Achtelfinals erreicht. Bis zum Final ist es noch ein weiter Weg.

Dass der Kampf weitergeht, weiss ich spätestens zu dem Zeitpunkt, als mir mein Onkologe die heutigen Blutwerte nennt:

- Leukozyten: 5,8 (Referenzwert 3,5 bis 10,5)
- Thrombozyten: 384 (Referenzwert 140 bis 380)
- Hämoglobin: 13,2 (Referenzwert 12,1 bis 15,4)

Ich platze schier vor Stolz, als ich die positive Entwicklung meiner Leukos sehe. Einer weiteren Therapie steht demnach nichts im Wege. Auf der Tagesklinik, im Bettenhochaus des Inselspitals, hoch oben, mit einem wunderbaren Blick über Bern, sickern sie zum vierten Mal in mich, Mabthera®, Endoxan® und Co. Erneut ohne Zwischenfall, ausser dem bereits bekannten Kribbeln in der Nase.

Mittwoch, 22. bis Montag, 27. Oktober 2014
Vierter Zyklus / Tage zwei bis sieben

Diese Tage waren die Hölle auf Erden. So empfand ich es zumindest zum damaligen Zeitpunkt. Ich schreibe hier oft, es ging mir schlecht, es ging mir noch schlechter etc. Nun, stellen wir uns vor, wir befinden uns auf einer Treppe, und von Zyklus zu Zyklus steigen wir eine Stufe tiefer in Richtung Hölle. In diesen Tagen stand ich auf der drittuntersten Stufe, dessen war ich mir sicher. Mein ganzer Körper schmerzt, ein jeder meiner Knochen, mein ganzes Skelett. Mein Mund ist furztrocken, mein Geschmackssinn im Urlaub, ach, was soll man da noch sagen. Das Leben kann eine echte Herausforderung sein!

Ich hätte allen Grund gehabt, in diesen Tagen mit meinem Schicksal zu hadern. Warum ich? Weshalb muss ich das alles ertragen? Doch ich tat es nicht. Es kam mir nicht einmal in den Sinn. Nein, ich habe mir vorgestellt, dass meine Krankheit ein Rucksack ist. Ich muss ihn tragen, er wurde mir auferlegt, es gibt nichts darüber zu diskutieren. Hadere ich, so kostet es mich Energie. Energie, die ich besser dafür einsetze, um ein paar Schritte in Richtung meines Ziels zu gehen.

Meine Mutter ist bei mir, wofür ich unglaublich dankbar bin. Sie sorgt dafür, dass ich in diesen Tagen etwas esse, um so gut es geht bei Kräften zu bleiben. Ich zwinge mich jeden Tag dazu aufzustehen. Die Kraft für einen Spaziergang fehlt mir, weshalb ich wie ein Geist durch meine Wohnung wandere. Mehrheitlich schlafe ich aber, denn wenn ich schlafe, vergesse ich. Selbst die Wechseljahrbeschwerden scheinen zu spüren, dass ich in diesen Tagen Schlaf mehr benötige als jemals zuvor. Sie gönnen mir etwas Ruhe, suchen mich weniger oft heim als üblich, und ich geniesse viele Stunden guten, regenerierenden Schlafes.

Dienstag, 28. Oktober 2014
Vierter Zyklus / Tag acht

Heute ist es erneut Zeit für eine Blutkontrolle. Wiederum fährt mich Mami Nummer zwei hin. Als ich durch die Gänge des Spitals gehe, um mich im Labor zwecks Blutabgabe zu melden, kommt mir ein alter Bekannter entgegen. Jener Assistenzarzt, der während meines zweiten Spitalaufenthaltes die Fotos von meinem Dekolleté gemacht hat. Ich setze mein schönstes Lächeln auf und sage: «Guten Tag Herr ...»

Genannter schaut mich einen Sekundenbruchteil an, senkt dann sofort seinen Blick und geht im Stechschritt an mir vorbei, ohne ein Wort zu sagen.

«Was war das denn?», will Mami Nummer zwei wissen.

Ich erzähle ihr natürlich sofort, wer der Mann war. «Meinst du, er hat mich erkannt?», frage ich.

«Klar, überleg einmal: Wenn du jemanden nicht kennst, und der spricht dich mit Namen an. Was tust du? Du bleibst stehen und fragst: Entschuldigung, wer sind

Sie? Ich kann mich gerade nicht an Sie erinnern, oder so ähnlich. Aber du läufst mit absoluter Sicherheit nicht mit gesenktem Blick und beschleunigtem Schritt weiter. Nein, nein, der hat dich genau erkannt!»

Sie hatte wohl Recht, mein Mami Nummer zwei. Vielleicht wäre es gut gewesen, hätte ich damals mit dem Assistenzarzt sprechen können. Doch er hat sich für einen anderen Weg entschieden, und dieser passt, meiner Meinung nach, besser zu ihm.

Der Vollständigkeit halber hier noch meine heutigen Werte:

- Leukozyten: 3,8 (Referenzwert 3,5 bis 10,5)
- Thrombozyten: 276 (Referenzwert 140 bis 380)
- Hämoglobin: 12,9 (Referenzwert 12,1 bis 15,4)

Mittwoch, 29. Oktober
bis Montag, 10. November 2014
Vierter Zyklus / Tage neun bis einundzwanzig

Viele meiner Freundinnen weilen in den Ferien. Deshalb verbringe ich eher ruhige Tage, worüber ich aber, ehrlich gesagt, nicht unglücklich bin. Ich gehe viel spazieren, freue mich über die Fortschritte, die mein Körper von Tag zu Tag macht. Nach wie vor erholt er sich erstaunlich gut von den Therapien. *Ob er die Fortschritte auch machen würde, wenn er wüsste, dass bald schon Zyklus Nummer fünf ansteht?*, frage ich mich des Öftern.

Anfang November schaffe ich bereits wieder problemlos einen zweistündigen Spaziergang. Auch joggen gehe ich wieder in diesen Tagen. Natürlich mit regelmässigen Pausen, und mit absoluter Sicherheit wären sämtliche Jogger der Nation locker an mir vorbeigerannt. Doch das spielte keine Rolle für mich. Ich wollte mich bewegen, meinen Körper spüren. Und ja, ich wollte mir selber beweisen, dass es noch geht. Wollte, musste meine körperlichen Grenzen suchen. Ich musste spüren, ob noch Leben in mir ist. Ich erinnere mich gut, dass ich schier platzte vor Stolz, als ich es schaffte, einen einzigen, winzigen Kilometer an einem Stück zu rennen (im Schneckentempo natürlich). Wahrscheinlich, oder bestimmt sogar, gibt es Krebspatientinnen und -patienten, die nach vier R-CHOP-Zyklen körperlich mehr zu leisten vermögen. Aber das war mir egal, ich war stolz, glücklich und zufrieden mit mir.

An Tag fünfzehn stand eine erneute Blutkontrolle auf dem Programm. Routinemässig absolvierte ich diese, nichts Aussergewöhnliches geschah.

Der Vollständigkeit halber hier die Werte des damaligen Tages:
- Leukozyten: 2,6 (Referenzwert 3,5 bis 10,5)
- Thrombozyten: 306 (Referenzwert 140 bis 380)
- Hämoglobin: 13,4 (Referenzwert 12,1 bis 15,4)

Dienstag, 11. November 2014
Fünfter Zyklus / Tag eins

Heute ist der Geburtstag einer meiner Freundinnen. Während das Geburtstagskind in Lissabon weilt, fahre ich mit meiner Schwester ins Inselspital, um mir eine weitere Dosis R-CHOP zu gönnen. Zuerst muss ich jedoch noch zum Ultraschall bei den Angiologen. Nach wie vor erhalte ich nämlich täglich 100 mg Clexane gespritzt, wegen der von Fridu verursachten Thrombose. Mein Onkologe meinte, dass der Thrombus nach drei Monaten höchstwahrscheinlich an dem umliegenden Gewebe angewachsen sein müsste und somit keine Gefahr mehr von ihm ausgehen sollte. Zur Sicherheit, bevor das Clexane gestoppt wird, muss ich aber eben zum Ultraschall.

Während meine Schwester und ich im Gang vor dem Untersuchungszimmer warten und rumalbern, sehe ich plötzlich Robert Downey Junior auf uns zukommen. Einen kurzen Moment überlege ich, ob ich ihn ansprechen soll. Doch was hätte ich sagen sollen? «Guten Tag, erinnern Sie sich noch an mich? Sie haben mir vor rund drei Monaten mit einer fetten Narbe mein Dekolleté ruiniert, als Sie einen Teil von Fridu entfernten.»

Hahaha, macht sich mein Unterbewusstsein über mich lustig. *Menschen aufschlitzen gehört zu seinem Job! Der kann sich nicht an dich erinnern, zumal du inzwischen aufgedunsen und ohne Haare doch ein etwas anderer Anblick bist.* Deshalb habe ich geschwiegen und ihn an mir vorbeiziehen lassen, den Iron Man. Im Stillen dankte ich ihm. Dafür, dass er seine Arbeit gut gemacht hat.

Die Ultraschalluntersuchung selber dauert nicht lange. Die Frau, die die Untersuchung durchführt, will wissen, weshalb ich die Thrombose hatte. Als ich ihr von Fridu erzähle, wirkt sie bestürzt und murmelt: «Das tut mir sehr leid.»

Wie immer erwidere ich auch ihr, dass es ihr nicht leidtun muss. Dass alles gut ist, so wie es ist. Ob es daran gelegen hat, dass sie Mitleid mit mir hatte oder sie es so oder so getan hätte, weiss ich nicht. Doch auf jeden Fall hat sie mir minutiös erklärt, was sie tut und was sie auf ihrem Monitor sehen kann. Schnell war klar, dass ich das Clexane noch nicht absetzen kann, nach wie vor eine Teilthrombosierung vorliegt. Was dann, später am heutigen Tag, auch mein Onkologe bestätigt. Letzterer ist heute etwas im Schuss. Die ganze Zeit summt sein Piepser, und ich kann, obwohl er sich äusserst professionell verhält, seine Anspannung spüren. «Viel zu tun?» frage ich ihn. *Was für eine dumme Frage,* denke ich, als sie mir bereits über die Lippen gerutscht ist. Er schaut mich an, verzieht seinen Mund zu einem müden Lächeln und verdreht symbolisch die Augen. *Alles klar!* Demzufolge gibt es vom heutigen Termin nicht viel zu berichten. Was noch fehlt, sind die Blutwerte. Sie lauten heute:

- Leukozyten: 5,1 (Referenzwert 3,5 bis 10,5)
- Thrombozyten: 454 (Referenzwert 140 bis 380)
- Hämoglobin: 13,3 (Referenzwert 12,1 bis 15,4)

Diese Werte bedeuten mit anderen Worten, dass nichts gegen die pünktliche Abgabe von Cocktail Nummer fünf spricht. Ein jedes Mal aufs Neue empfinde ich Dankbarkeit und eine grosse Demut davor, wie sich mein Körper nach jeder Therapie erholt. Diese Leistung, so finde ich, ist nicht zu unterschätzen.

Auf der Tagesklinik werde ich heute von einer älteren Frau betreut. Sie ist sehr lieb, fürsorglich und kümmert sich bestens um mich. Dementsprechend gut nehme ich die Therapie auf.

Als ich wieder zu Hause bin, müde und erschöpft, will ich, wie meistens, nur noch schlafen. Der Nebel ist heute so dicht, dass ich kaum noch etwas sehen kann. Ich lege mich ins Bett, werfe vorsorglich eine Zofran-Tablette ein, ein letzter Blick neben mein Bett: Der Putzeimer ist da, für alle Fälle. Als dies geklärt ist, lasse ich mich fallen und versinke in einem Meer aus weisser Watte.

Eine Anmerkung zum heutigen Tag habe ich noch. Eine erneut das menschliche Wesen betreffende. Erhielt ich zu Beginn der Therapie, zu Beginn des Zyklus Nummer eins, noch unglaublich viele Nachrichten, gute Wünsche, Worte des Zuspruchs und der Kraft – und wohlbemerkt, auch von Menschen, die ich seit Jahrzehnten nie mehr gesehen hatte – so sind es heute, anlässlich des fünften Zyklus', wenn es hoch kommt noch fünf Personen, die an mich denken. Und ehrlich gesagt, hätte ich Zuspruch zu dem Zeitpunkt mehr benötigt, als bei Zyklus Nummer eins.

Unser Leben verläuft viel zu oft wie auf einer Schnellstrasse. Hier ein Unfall, oh Schreck, Sensation, Neugier, Anteilnahme, um anschliessend mit hundertzwanzig Sachen davonzurasen, ohne einen einzigen Blick in den Rückspiegel zu riskieren. Ich würde mir wünschen, wir würden öfter eine Nebenstrasse wählen, anhalten, zurückschauen und die Menschen, die wir passieren, nicht vergessen.

Mittwoch, 12. November 2014
Fünfter Zyklus / Tag zwei

Ich stehe auf der zweituntersten Stufe, höre bereits das Höllenfeuer knistern. Viel kann ich vom heutigen Tag nicht berichten. Er gehört zu jenen Tagen, die ich nicht gelebt habe. Ich wollte, doch ich konnte nicht. Mein Körper schmerzte, jeder einzelne Quadratzentimeter Haut, jeder einzelne noch so kleine Knochen. Ich will und kann mich kaum bewegen. Es reicht gerade noch für die Toilette und für die Zubereitung eines Tees. Meine Mutter habe ich gebeten, nicht zu kommen. Nicht, weil ich ihre Hilfe nicht benötigt hätte, nein, ich weiss, dass ich es nicht mehr ertragen könnte. Es ging mir dermassen schlecht, dass alles, was ich wollte, allein sein war. Meine Ruhe haben. Dieser Entscheid von mir war hart für sie, dessen bin ich mir bewusst. Umso dankbarer bin ich, dass sie ihn respektiert hat. Mit etwas Distanz denke ich heute, dass es die richtige Entscheidung war. Ich habe auf mein Bauchgefühl gehört und es hat sich, einmal mehr, als der für mich am besten geeignete Weg erwiesen. Die kleinste Ablenkung, eine einzige an mich gerichtete Frage, war zum damaligen Zeitpunkt, in meiner damaligen Verfassung, Gefahr genug, um mich abstürzen zu lassen. Das wenige noch in mir vorhandene bisschen Energie und die Konzentrationsfähigkeit benötigte ich dazu, mich auf meinen Weg zu konzentrieren. Nur einmal kurz stehen bleiben und in den Abgrund schauen hätte gereicht, um mich ins ewige Feuer zu reissen.

Donnerstag, 13. bis Montag, 17. November 2014
Fünfter Zyklus / Tage drei bis sieben

Ich bin wütend in diesen Tagen. Wütend auf mich, auf meinen Körper.

Nun komm schon, was soll das? Hör auf zu schwächeln. Wir haben es bald geschafft, wir stehen quasi auf der Zielgeraden. Kämpfen, nicht aufgeben, weiterkämpfen!

Endlos lange Stunden habe ich mich selber gescholten und mich gleichzeitig motiviert. Dann wieder meditiert, mich in meine Höhle zurückgezogen. Musik gehört und wie schon lange nicht mehr über den Tod nachgedacht. Doch ich bin auch in diesem Zyklus jeden Tag aufgestanden, um anschliessend ziellos durch meine Wohnung zu tigern. Jede Bewegung war schmerzhaft. Es waren echt beschissene Tage, da gibt es beim besten Willen nichts schönzureden.

Dienstag, 18. November 2014
Fünfter Zyklus / Tag acht

Heute stünde eigentlich, da Chemotag acht, eine weitere Blutkontrolle an. Da ich jedoch bislang in der äusserst privilegierten Situation war, dass meine Werte immer erste Sahne waren (immer von einem Krebspatienten ausgehend), muss ich in diesem Zyklus nicht wie gehabt zweimal, sondern eben nur einmal zur Kontrolle.

Dafür kommt heute meine Mutter zu mir. Es ist höchste Zeit, kümmert sich jemand um den Saustall, der in den letzten Tagen langsam Form angenommen hat. Sie wäscht meine Wäsche, putzt, geht einkaufen. Ich bin sehr froh und dankbar für ihre Hilfe.

Mittwoch, 19. November 2014
Fünfter Zyklus / Tag neun

Spazieren steht auf dem heutigen Tagesprogramm. Endlich wieder frische Luft, die meine Lungen füllt. Dieser Duft des Rasens, der Bäume, Sträucher, wie alles riecht – unbeschreiblich. Weit komme ich allerdings nicht, doch es spielt keine Rolle. Denn alles was zählt ist die Tatsache, dass ich meinen Hintern nach draussen bewegt habe. Denn das bedeutet: Der Nebel verzieht sich erneut, es warten sonnigere Tage auf mich. Ich hoffe, dass sich auch mein Mund noch erholen wird. Dem geht es nämlich übel, sehr übel. Stellen Sie sich vor, dass Sie kaum noch Speichel im Mund haben. Die Mundhöhle ist übersät mit Aphten. Nicht eine kleine Aphte, nein: drei, vier, und jede einzelne hat die Grösse einer Haselnuss. Ich könnte, hätte mir mein Onkologe vorsorglich, oder wohl eher wohlwissentlich, keine betäubende Mundspülung mitgegeben, keinen Bissen essen. *Nun passiert es also doch noch. Meine Schleimhäute verabschieden sich.* Mein Onkologe hatte mir schon zu Beginn der Therapie erklärt, dass die Zytostatika (so nennt man die Chemosubstanzen) hauptsächlich jene Zellen angreifen, die sich rasch teilen. Das heisst primär und glücklicherweise Krebszellen, aber eben auch Blutzellen, Haarzellen und Schleimhautzellen. Daher also der trockene, ausgedörrte Mund. Doch der Mensch hat nicht nur im Mund Schleimhautzellen, das weiss ich heute sehr genau. Denn seit R-CHOP Nummer fünf mit rücksichtsloser Härte in mir wütet, ist jeder Gang zur Toilette eine Qual. Lösen Sie einmal Wasser (vor allem als Frau), wenn

Ihre Schleimhautzellen ihren Dienst quittiert haben. Halleluja! *In Zukunft kann ich mich beim Wandern mühelos in Brennnesseln setzen, wenn ich pinkeln muss,* habe ich mir damals oft gedacht.

Bekanntlich mag ich ihn gut leiden, meinen Onkologen. Doch in diesen Tagen verfluchte ich seine Anweisung, viel trinken zu müssen, definitiv mehr als einmal.

Donnerstag, 20. November 2014
Fünfter Zyklus / Tag zehn

Gut die Hälfte des zweitletzten Zyklus' wäre geschafft. Demzufolge erwartet mich heute die Ärztin zu einer weiteren Blutkontrolle. Gleich vorab die Werte:

- Leukozyten: 3,3 (Referenzwert 3,5 bis 10,5)
- Thrombozyten: 263 (Referenzwert 140 bis 380)
- Hämoglobin: 13,3 (Referenzwert 12,1 bis 15,4)

Sie lobt mich in den höchsten Tönen, freut sich und ist, das darf ich sagen, auch etwas beeindruckt über die Resultate der Blutkontrolle. «Die sind gut, wirklich sehr gut», wiederholt sie mehr als einmal. Auch lobt sie mich und meine Einstellung, die Krankheit betreffend. Es mag seltsam klingen, aber ein Lob von einem Arzt zu hören tut mir gut, gibt mir eine Bestätigung davon, dass ich nach wie vor auf dem richtigen Weg bin. Denn die Gefahr mich zu verirren, mich zu verlieren, war in diesem Zyklus grösser als jemals zuvor.

**Freitag, 21. November
bis Montag, 1. Dezember 2014**
Fünfter Zyklus / Tage elf bis einundzwanzig

Es geht mir von Tag zu Tag etwas besser. Doch obwohl ich es ungern zugebe, muss ich mir eingestehen, dass ich meilenweit von dem «Es geht mir besser» zum Beispiel von Zyklus zwei entfernt bin. Mein Körper kämpft, trotzdem sind meine Batterien beinahe leer. Dass ich in diesen Tagen gelebt habe, Besuch meiner Freundinnen hatte, wiederum stundenlang spazieren ging, diese Leistung habe ich einzig und alleine meinem Willen zu verdanken. Meine Sturheit kann ein Fluch sein, das gebe ich zu. In diesem Abschnitt meines Lebens war sie aber das grösste aller Geschenke.

Rückblickend war das absolute Highlight dieser Tage – wie könnte es auch anders sein – etwas, das mit meiner Schwester zu tun hat.

«Fräni, komm, wir backen zusammen Weihnachtsguetzli», teilt sie mir eines Tages fröhlich am Telefon mit. Es war keine Frage, sondern eine klare Aufforderung, der ich Folge zu leisten hatte. Es war in der Tat ein wunderbarer Tag, und ich werde ihn nie vergessen. Ihre Wohnung sah danach aus, als hätte eine Bombe eingeschlagen. Doch das viele Lachen, die Ablenkung und die leckeren Guetzli waren die Sauerei allemal wert.

So war und ist es noch heute: Wenn ich schwächle, nicht mehr in der Lage bin, aus eigener Kraft dem Nebel den Garaus zu machen, springt meine Schwester in die Bresche. Und ihrem Manhattan-Strahlen erliegt auch der dichteste Nebel.

In der Nacht des 1. auf den 2. Dezember finde ich keinen Schlaf. Der Gedanke, dass ich Morgen zur finalen Therapie muss, löst einen Widerwillen in mir aus – es gibt kein passendes Wort, um ihn zu beschreiben. Ich muss mich mehrfach übergeben, und dies nur, weil inzwischen auch die hinterletzte Zelle meines Körpers kapiert hat, was die nächsten Tage wiederum mit uns passieren wird.

Dienstag, 2. Dezember 2014
Sechster Zyklus / Tag eins

Ich bin froh, begleitet mich auch heute meine Schwester nach Bern. Sie lenkt mich ab, bringt mich trotz allem zum Lachen.

Nach unserer Ankunft in Bern verläuft alles wie gehabt. Blutkontrolle, Besprechung beim Onkologen und ab auf die Tagesklinik. Auch heute sind meine Blutwerte gut genug, um die Therapie pünktlich, wie geplant, zu erhalten.

Uff, das wäre geschafft. Ein Ziel habe ich erreicht. Jede Therapie wie geplant, pünktlich und ohne medikamentöse Hilfe zu erhalten. Diesen Punkt kann ich als erfolgreich gelöst abhaken.

Auch mein Onkologe freut sich, so glaube ich zumindest, mit mir über diesen kleinen Erfolg. Mit einem Augenzwinkern meint er: «Sie hätten wohl noch einen siebten und einen achten Zyklus vertragen, wenn ich mir Ihre Werte anschaue.»

Ich schaue ihn finster an und denke: *Nur über meine Leiche.* Wobei dieser Gedanke in meiner Situation wohl etwas makaber war. Nun gut, zurück zum Thema Blutwerte:

- Leukozyten: 4,8 (Referenzwert 3,5 bis 10,5)
- Thrombozyten: 434 (Referenzwert 140 bis 380)
- Hämoglobin: 13,2 (Referenzwert 12,1 bis 15,4)

Die Therapie an sich vertrage ich wie auch die vorangegangenen fünf Male gut. Nur dieser verdammte Nebel trübt meine Sicht heute bereits nach der Verabreichung des Endoxans®. Kaum ist die Substanz in mir, geht er los, der Kampf. Es ist, als ob meine Immunabwehr inzwischen den zeitlichen Ablauf genau kennen würde und die Strategie der R-CHOP genauestens analysiert hätte.

Wir sind vorbereitet, höre ich sie sagen. *Dieses Mal werden sie unsere Verteidigungslinien nicht durchbrechen!*

Ich weiss, der Einsatz ist nobel und gut gemeint. Daher verkneife ich mir die folgende Antwort: *Lasst gut sein, es bringt nichts. Der Feind ist stark, viel stärker als ihr es euch vorstellen könnt.*

Wie es also zu erwarten war, verlasse ich die onkologische Tagesklinik heute blind. Der Nebel ist so dicht, dass ich nur noch leise Umrisse erkennen kann. Ein Gedanke manifestiert sich jedoch sehr ausgeprägt in mir, als ich die Türe in Richtung Gang durchschreite: *Hierhin will ich nie mehr in meinem ganzen Leben zurückkehren!*

Obwohl sämtliches Pflegepersonal stets unglaublich nett, sympathisch und aufmerksam war, erhält dieser Ort in meiner Erinnerung mit absoluter Sicherheit keinen Ehrenplatz.

Zur Feier des Tages absolviere ich den Weg vom Spitaleingang bis zum Auto meiner Schwester zu Fuss. Sie folgt mir geduldig, meine Schwester, drängt mich nicht zur Eile. Langsam, Schritt für Schritt taste ich mich vorwärts und nehme bereits hier ganz bewusst Abschied von der bislang intensivsten Zeit meines Lebens. Natürlich weiss ich, dass der Kampf seinen Höhepunkt noch nicht erreicht hat und die nächsten Tage die wohl grösste Herausforderung meines Lebens werden.

Mittwoch, 3. bis Sonntag, 7. Dezember 2014
Sechster Zyklus / Tage zwei bis sechs

Auf die Gefahr hin, dass ich mich wiederhole, doch ich kann kaum etwas von diesen Tagen meines Lebens erzählen. Sie war erreicht, die unterste Stufe. Wobei ich mich fühlte, als würde ich nicht an der Schwelle zu Satans Zuhause stehen, sondern es gemächlich durchschreiten. Ein Teil von mir, das gebe ich zu, hat in diesen Tagen aufgegeben. Meine Batterie war leer, ich konnte diese Schmerzen, dieses alles lähmende Gefühl in mir nicht mehr ertragen. Ich war unglaublich wütend. Wütend auf die Situation, auf das Leben.

Doch zum grossen Glück bin ich mit diesem unbändigen Lebenswillen gesegnet. Dieser ging, in diesen äusserst schwierigen, anspruchsvollen Tagen meines noch jungen Lebens ein Bündnis ein: Er tat sich mit meiner Sturheit zusammen. Diese Allianz hat mich schliesslich durch die Hölle getragen. Nur dank dieses Bundes habe ich diese Phase meines Seins mit viel Würde durchgestanden.

Heute weine ich, wenn ich an diese Zeit meines Lebens zurückdenke. Es sind Tränen der Ungläubigkeit und des Erstaunens. Wie habe ich diese Tage bloss überstanden?

Es sind aber auch Tränen des Glücks, der Demut und der Dankbarkeit. Was ich über mich während der Chemotherapie gelernt habe ist, dass ich stark bin, unglaublich willensstark. Meine Wurzeln reichen tief, über Jahrhunderte sind sie gewachsen, ich vermag so manchem Sturm zu trotzen.

In diesen Tagen des Kampfes lässt mich noch etwas Zusätzliches am Leben festhalten. Es ist ein Versprechen, dass ich van Habelen im August im Inselspital abgenommen habe:

«Fräni, im Dezember, über die Festtage, fahren wir nach Spanien.»

«Wirklich? Versprochen?»

«Ja, versprochen. Deine Schwester, du und ich. Wenn es deine Gesundheit irgendwie zulässt, hauen wir ab von hier.»

Während dem finalen sechsten Zyklus habe ich seine Worte fast täglich im Ohr. *Ich werde nach Spanien fahren. Ich werde das Meer sehen und mir die Sonne in mein bleiches Gesicht strahlen lassen.*

Natürlich muss auch mein Onkologe und allen voran mein Arbeitgeber mit dieser Reise einverstanden sein. Ersterer hat mich von Anfang an in meinem Vorhaben unterstützt. Er scheint zu wissen, dass dieses Ziel, die Reise an sich, von grosser Wichtigkeit für meinen Heilungsprozess ist. Vor allem für meinen mentalen Heilungsprozess. Ich erzähle immer davon, wie stark ich war. Alles habe ich ohne einen einzigen Klagelaut ertragen. Das war so, daran gibt es nichts zu ändern. Das heisst jedoch nicht, dass die Situation für meine Psyche nicht belastend war. Sie hielt dem immensen Druck einfach – dem Himmel sei Dank – stand.

Als ich schliesslich meinen Arbeitgeber mit meinem Vorhaben konfrontiere, bin ich unglaublich glücklich und sehr dankbar, dass auch meine Vorgesetzten verstehen können, wie wichtig das Ziel «Spanien» für mich ist.

Abschliessend darf ich demnach sagen, dass mich mein Lebenswille, meine Sturheit, aber genauso van Habelens Versprechen durch die Hölle getragen haben.

Montag, 8. Dezember 2014
Sechster Zyklus / Tag sieben
Es geht mir auch heute, an diesem siebten Tag des sechsten Zyklus nicht gut. Ich fühle mich schwach und habe seit einigen Tagen starke Probleme mit meinem Magen-/Darmtrakt. Ich leide unter Blähungen der übelsten Sorte, zeitweise habe ich einen Bauch, dass ich Angst habe, bald abzuheben, so gross ist der Ballon, den ich vor mir herschiebe. Da ich aber bereits heute Besuch einer Kollegin erhalte, raffe ich mich auf und verbringe einen recht angenehmen Tag. Wir gehen spazieren. Meinem sturen Kopf sei Dank irre ich mit ihr eineinhalb Stunden durch den Wald. Irren, weil der Nebel nach wie vor meinen Blick trübt.

Dienstag, 9. bis Montag, 22. Dezember 2014
Sechster Zyklus / Tage acht bis einundzwanzig
Zum Abschluss meiner Chemotherapie fasse ich die letzten Tage des finalen Zyklus grosszügig zusammen. Ich

kann es nämlich kaum erwarten, dass dieser Abschnitt meines Lebens zu Ende geht.

Mein Körper ist am Ende seiner Kräfte. Er benötigt nichts dringender als Ruhe und Zeit, um sich von den Strapazen der vergangenen Wochen zu erholen. Mein Lebenswille, oder nennen wir ihn hier mein Sturkopf, will nur eines: Zurück ins Leben, zurück in den Alltag, und dies so schnell wie möglich. Am liebsten gestern als morgen.

Ich versuche also, die für mich richtige Balance zu finden. Keine leichte Aufgabe, bis heute nicht. Einen Kompromiss zu finden zwischen dem, was der Körper kann, was der Kopf will und die Seele benötigt, ist oftmals eine Herausforderung. Doch wenn ich etwas während meiner Therapiezeit gelernt habe, dann das, dass uns unser Leben nur Herausforderungen stellt, welche wir auch meistern können!

In diesen Tagen im Dezember 2014 war ich dann doch etwas übermütig. Ich beginne nämlich, wieder regelmässig zu joggen. Wobei ich oftmals Mühe habe, mich zu motivieren, komme ich doch kaum vom Fleck und spüre sofort die nach wie vor in mir wirkende R-CHOP, sobald ich meinen Körper zu stark forciere. Ich habe Mühe mit meiner Atmung, und oftmals habe ich nach dem Laufen auch wieder diesen intensiven Schmerz in meiner Brust, der mir, zugegebenermassen, einiges an Stoff zum Nachdenken bietet. *Fridu, bist du das?*, habe ich oft gefragt, doch nie eine Antwort erhalten.

Nebst der regelmässigen Bewegung gönne ich mir auch viel Ruhe. Mein Körper und insbesondere meine Seele, benötigen viel Schlaf, um langsam wieder zu Kräften zu kommen. Ich versuche – bis heute – auf meinen Körper, auf meinen Verstand sowie auf meine Seele zu hören, das zu tun, was ich als das für mich «Beste» erachte. Ab und an falle ich hin, weil ich mir zu viel zumute, doch ich werde nie müde werden, immer wieder aufzustehen.

Am zehnten Zyklustag findet eine letzte Blutkontrolle im Spital statt. Die Werte sind erneut gut, was mir viel Lob der Ärztin einbringt.
- Leukozyten: 3,3 (Referenzwert 3,5 bis 10,5)
- Thrombozyten: 248 (Referenzwert 140 bis 380)
- Hämoglobin: 12,9 (Referenzwert 12,1 bis 15,4)

Ich lächle, als ich die Werte sehe und denke: *Er hatte recht, mein Onkologe. Wahrscheinlich würde ich in der Tat einen siebten Zyklus verkraften können. Zumindest körperlich.*

Als ich mich am Abend des 22. Dezembers ins Bett lege, bin ich dann aber doch heilfroh, dass Morgen kein siebter Zyklus beginnen wird. Es ist überstanden. Wahrhaftig, die erste und hoffentlich letzte Chemotherapie meines Lebens ist zu Ende. Eine Phase, eine äusserst prägende Phase meiner Krankheit ist Geschichte. Ich bin den Weg gegangen, habe mich trotz Nebel, Gerölllawinen und Abhängen, die direkt in die Hölle führten, nicht von meinem Weg abbringen lassen. Nie habe ich den mir auferlegten Rucksack ausgezogen und bin, wie ich es mir vorgenommen hatte, jeden Tag im Minimum einen Schritt vorwärtsgegangen. Ja, oftmals war ich wütend. So richtig wütend! Doch ich habe trotzdem nie mit meinem Schicksal gehadert, habe die mir auferlegte Last mit der mir grösstmöglichen Würde ertragen.

Bevor ich an diesem Abend glücklich und zufrieden meine Augen schliesse, gelten meine letzten Gedanken des Tages Fridu. Meinem Freund, den ich auf diesem langen, beschwerlichen Weg verloren habe.

Dienstag, 23. bis Donnerstag, 25. Dezember 2014

Es fühlt sich seltsam an, die Tage nicht mehr in Zyklustagen zu zählen. Wie schnell sich der Mensch an etwas gewöhnt, es erstaunt mich immer wieder aufs Neue. Ich verbringe die Tage im Emmental. Es liegt Schnee, und ich geniesse die Zeit mit meinen Freunden und im speziellen mit meiner Familie. Es war in diesem Jahr nicht immer klar, dass ich diese Weihnachten erleben werde. Dessen sind wir uns alle sehr bewusst und sind umso dankbarer für die gemeinsamen Stunden.

Freitag, 26. Dezember 2014

Mein Koffer ist gepackt, heute reisen meine Schwester, van Habelen und ich nach Spanien. Genauer gesagt nach Begur. Ich bin aufgeregt und freue mich darauf, das Meer zu riechen sowie den Wind und die Sonne auf meiner Haut zu spüren.

Ich habe es geschafft, ich habe es tatsächlich geschafft! Meinem Dickschädel sei Dank.

Wir fahren mit dem Auto, damit wir flexibler sind. Die Fahrt ist anstrengend und sehr ermüdend für mich. Doch mit einem Ziel vor Augen lässt sich bekanntlich alles bewältigen. So auch die mehrstündige Fahrt in Richtung Süden.

Gegen Abend – wir sind immer noch irgendwo in Frankreich – macht van Habelen auf einer verlassenen Raststätte halt. Es hat wenig Verkehr, und die Parkplätze, die die Autobahn säumen, sind praktisch menschenleer. Wir legen diesen Stopp ein, da es Zeit für meine Blutverdünnungsspritze ist. Meine Vena jugularis interna ist immer noch teilthrombosiert, weshalb ich nach wie vor täglich die 100 mg Clexane benötige. Die Spitex-Frauen konnte ich schlecht mit nach Spanien nehmen, daher übernimmt meine Schwester während des Urlaubes das Spritzen. Ich selber bin auch nach all den Monaten nicht dazu in der Lage, was – ich weiss – wohl ziemlich unverständlich sein muss. Während van Habelen um das Auto patrouilliert und mit wachsamem Blick die Umgebung im Auge behält, lasse ich irgendwo in der Nähe von Narbonne meine Hosen runter. Meine Schwester sticht zu, wir lachen beide über die Situation und sind am Schluss wohl alle drei froh, hat uns niemand gesehen.

Spätabends erreichen wir endlich Begur, unser Ferienhaus. Als ich aus dem Wagen steige, weht mir ein bissiger Wind, der Tramontana, um die Ohren. Doch trotz Wind ist es um einiges wärmer als in der Schweiz – herrlich! Als das Gröbste ausgepackt und verstaut ist, lege ich mich schlafen. Ich bin müde und erschöpft von der Reise, aber wahnsinnig glücklich, zufrieden und vor allem dankerfüllt, hier sein zu dürfen.

**Samstag, 27. Dezember 2014
bis Samstag, 3. Januar 2015**

Ich geniesse die Tage in Spanien in vollen Zügen. Am Morgen bin ich meistens beizeiten wach, stehe auf, schnüre meine Laufschuhe und mache mich auf den Weg. Das Joggen ist nach wie vor eine grosse Herausforderung für meinen Körper, die durch den stets sehr stark wehenden Tramontana nicht gerade vereinfacht wird. Ich muss mit dem Wind laufen, in entgegengesetzter Richtung ist es ein Ding der Unmöglichkeit. Die Gegend, die gesamte Landschaft ist wunderschön, und dank der Jahreszeit wirkt es, als läge alles in einem tiefen Dornröschenschlaf. Es hat kaum Touristen, worüber wir alle nicht unglücklich sind.

Tagsüber mache ich, zusammen mit meiner Schwester und van Habelen, kleinere Ausflüge in das nähere Umland. Meistens lassen wir uns einfach treiben und tun gerade das, wozu wir Lust haben. Einmal fahren wir nach Pals, ein uraltes Städtchen mit unglaublich viel Charme. Ich sauge alles, was ich zu sehen bekomme, auf wie ein Schwamm. Oftmals meine ich vor lauter Glück gleich zu platzen.

Am 2. Januar 2015 verspüre ich dann den grossen Wunsch, alleine zu sein. Ich benötige Zeit für mich, um all die Eindrücke dieser Tage und jene der vergangenen Monate zu verarbeiten. Ich will und muss das, was ich erlebt habe überdenken, einordnen und mir bewusst werden, was in den letzten Monaten meines Lebens passiert ist. Daher mache ich mich an diesem Tag alleine auf den Weg, wandere hoch über den Klippen dem Meer entlang.

Der Weg führt steil bergauf, und ich habe zu kämpfen. Mein Atem geht schwer, mein Herz klopft schnell. Schritt für Schritt gehe ich und bin, als ich oben ankomme, überwältigt von dem Ausblick, der sich mir bietet.

Hier, an diesem wunderbaren Ort der Stille und der Weitsicht, habe ich schliesslich ein erstes Mal all meinen Gefühlen freien Lauf gelassen. Hemmungslos habe ich geweint, tausende von Tränen vergossen. Den schwer auf meinen Schultern lastenden Rucksack abgestreift und mir den Schmerz und das still ertragene Leid von der Seele geweint. Dieser Ort an der Costa Brava wird auf Lebzeiten einen speziellen Platz in meinem Herzen haben. Hier habe ich ihn stehen gelassen, diesen schweren Rucksack, den ich in den vergangenen einundzwanzig Wochen mit mir rumschleppen musste.

Wenn ich heute, aus verschiedenen Richtungen, vor lauter Hilflosigkeit den Ratschlag bekomme: «Du musst das Erlebte verarbeiten», so schweifen meine Gedanken ein jedes Mal in aller Stille an diesen Platz zurück, und ich denke mir: *Ihr habt, in aller Liebe, nicht die geringste Ahnung.*

Ja, diese Tage in Spanien waren das Beste, was ich tun konnte. Befreiend und Balsam für meine Seele war die Reise nach Begur. Ein grosses Dankeschön an meine Schwester und van Habelen, dass ihr mich begleitet, mir diese Reise ermöglicht habt. Ebenfalls ein grosses Dankeschön geht an meinen Onkologen und an meinen Arbeitgeber, dass sie mich gewähren liessen und erkannt haben, wie wichtig diese Reise für meinen gesamten Genesungsprozess ist.

Sonntag, 4. bis Donnerstag, 8. Januar 2015

Ich bin zurück in der kalten Schweiz. Es herrscht Winter, wie üblich in den Bergen mehr als im Flachland. Ich zehre von der in mir gespeicherten spanischen Sonne und verbringe eher ruhige Tage.

Am 7. Januar habe ich einen etwas speziellen Termin, einen beim Friseur. Seit ein paar Wochen wächst nämlich Babyflaum auf meinem Kopf. Es sind keine richtigen Haare, sie haben kaum Farbe, wirken blond, fast durchsichtig und sind weich, fein, wie Entendaunen. Doch immerhin tut sich etwas auf meinem Kopf. Der Flaum muss aber weg, damit hoffentlich bald wieder richtige Haare wachsen können. Meine Friseurin ist so nett und offeriert mir einen Termin nach Ladenschluss. Ich bin froh darum, denn es wäre bestimmt keine angenehme Erfahrung geworden, mich zwischen all die Frauen mit langen Haaren zu setzen und ihre neugierigen, fragenden Blicke zu ertragen.

Freitag, 9. Januar 2015
In den frühen Morgenstunden werde ich von meinem Mami Nummer zwei abgeholt. Sie fährt mich nach Bern ins Inselspital. Denn für heute ist eine weitere PET-Untersuchung geplant. Mein Onkologe und ich wollen wissen, wie es Fridu geht, wie es um ihn steht. Nun gut, ich wohl etwas mehr als mein Onkologe. Dieser interessiert sich mehr dafür, ob sich in meinem Organismus noch Krebszellen befinden als für meinen Freund.

Der Untersuch verläuft wie beim zweiten Mal: Alles geht reibungslos über die Bühne. Nachdem die Kontrolle abgeschlossen ist, muss ich wie immer draussen im Gang auf einen der Ärzte warten. Sie wollen meistens noch kurz mit mir sprechen, sich versichern, dass es mir soweit gut geht. Der Arzt, der diese Aufgabe heute übernimmt, wirkt jung und scheint stärker als andere Ärzte mit mir mitzufühlen. Dies war dann wohl der ausschlaggebende Punkt, weshalb ich ihn fragte: «Wie sehen die Bilder der PET aus?»

Eigentlich dürfte er darauf nichts erwidern, mir keinen Vorabbescheid geben. Dies ist Sache meines Onkologen, nachdem die Bilder, die Ergebnisse am Tumorboard besprochen wurden. Doch eben, ich wusste schon, weshalb ich ihn gefragt habe.

«Sieht gut aus», gibt er mit einem schüchternen Lächeln zur Antwort, um sich gleich darauf zu verabschieden – nicht dass ich noch auf die Idee komme und ihm weitere Fragen stelle. Seine Antwort reicht mir jedoch völlig aus. *Es sieht gut aus,* wiederhole ich im Stillen seine Worte. Das, was ich spüre und fühle wird ein erstes Mal, wenn auch sehr vage, bestätigt.

Selbstverständlich ist dies das Erste, was ich meiner Schwester erzähle, als sie mich abermals abholt, um mich nach Hause zu bringen.

Samstag, 10. und Sonntag, 11. Januar 2015

Ich verbringe ein ruhiges Wochenende. Meine Freundinnen besuchen mich, ich geniesse die Zeit mit ihnen und erfreue mich an den kleinen Dingen des Lebens. Ein Teil von mir geniesst das Leben, während sich ein anderer intensiv Gedanken macht. Gedanken darüber, wie mein Leben nun weitergehen wird. Die kommende Woche wird entscheidend sein, wegweisend. Doch nehmen wir Tag für Tag, Stunde für Stunde, so, wie ich es schon seit längerem zu tun pflege.

Montag, 12. Januar 2015

Ich muss schon wieder nach Bern. Heute steht eine normale CT-Untersuchung, ohne radioaktiven Zucker, auf dem Programm. Mein Onkologe und vor allem die Angiologen wollen sich nochmals ein Bild von meiner Thrombose machen. Ich hoffe sehr, dass ich nach all den Monaten des Spritzens endlich damit aufhören kann. Meine Beine sehen inzwischen nämlich ziemlich lädiert aus von dem täglichen Gepiekse. Natürlich hätte man mir das Clexane auch in meine Bauchdecke gespritzt. Doch nach der Zoladex-Monster-Spritze ist mein Bauch, wann immer irgendwie möglich, für alle Nadeln verbotene Zone.

Nebenbei: Anlässlich des finalen R-CHOP-Zyklus gab es nochmals eine Zoladex-Spritze in meine kleine Kugel. Dieses Mal zum Glück nur noch ein Depot für einen Monat, was die Spritze etwas kleiner ausfallen liess. Das war am 2. Dezember 2014. Mit anderen Worten: Das Zoladex wirkt seit einigen Tagen nicht mehr. Im Moment verspüre ich jedoch noch keine wesentliche Besserung meiner Wechseljahrbeschwerden. Die Hitzewallungen kommen und gehen, ich habe inzwischen einfach gelernt, damit zu leben.

Dienstag, 13. und Mittwoch, 14. Januar 2015
Abermals sind es ruhige, erholsame Tage. Erst gegen Abend des 14. Januar werde ich langsam nervös. *Morgen ist der grosse Tag*, geht es mir, je näher er rückt, in immer kürzeren Abständen durch den Kopf.

Morgen stehen zwei Termine auf dem Tagesprogramm. Der erste bei einer Radio-Onkologin des Inselspitals und der zweite, anschliessend, bei meinem Onkologen. Wie der genaue Ablauf des Tages aussieht, weiss ich nicht. Ich will es auch gar nicht wissen. Ich bin mir nur darüber im Klaren, dass ich morgen einen der drei folgenden Sätze hören werde:

1. «Sie haben noch aktive Krebszellen, was bedeutet, dass wir nun, in einem nächsten Schritt, mit der Bestrahlung Ihres Mediastinums beginnen werden.»
2. «Sie haben keine aktiven Krebszellen mehr, wurden jedoch im Rahmen der Studie IELSG37 in den Arm randomisiert, in welchem Sie trotzdem bestrahlt werden.»
3. «Es sind keine aktiven Krebszellen mehr nachweisbar und Sie wurden im Rahmen der klinischen Studie in den Arm ‹nicht bestrahlen› randomisiert.»

Seit die Chemotherapie abgeschlossen ist und ich deshalb etwas mehr Kapazität habe, ringe ich mit mir. Mich beschäftigt die Frage, wie ich mich entscheiden soll. Auf Nummer sicher gehen und so oder so bestrahlen? Oder keinesfalls, egal wie das Ergebnis sein wird? Das Einzige, was für mich von Anfang an klar ist, ist dass ich selber entscheiden werde. Ich stelle die Studie nicht über meinen freien Willen. Es ist mein Leben, ich entscheide, und sollte mein Entscheid nicht mit der Randomisierung der Studie übereinstimmen, steige ich aus.

Doch der Weg, um zu dieser Entscheidung zu gelangen, gestaltet sich schwieriger, viel schwieriger als ich es erwartet hätte. Vor vielen Wochen, im Verlaufe des zweiten Zyklus, habe ich mich im Forum krebs-kompass.de registriert. Ich wollte, nein, musste mit jemandem Kontakt aufnehmen, der ebenfalls an einem mediastinalen Lymphom erkrankt ist. In der Schweiz hatte ich diesbezüglich keinen Erfolg, weshalb ich mich schliesslich auf genanntem deutschem Forum anmeldete. Ich fand dort Menschen, die wie ich an einem primär mediastinalen diffus-grosszelligen B-Zell-Lymphom erkrankt sind. Die einen vor Jahren, andere wiederum ziemlich genau zum gleichen Zeitpunkt wie ich. Der Austausch mit Betroffenen und deren Angehörigen ist und war wichtig für mich. Doch es war keine Hilfe beim Finden des für mich richtigen Weges. In Deutschland scheint eine Bestrahlung des Mediastinums in den meisten Fällen nach wie vor gegebene Sache zu sein, und keiner der deutschen Patienten, die ich kennengelernt habe, nimmt an der IELSG37 teil. Daher ist es nicht verwunderlich, dass mir alle raten: «Du musst unbedingt bestrahlen.» Klar, hätten sie mir etwas Anderes geraten, hätte das ja bedeutet, dass ihre eigene Entscheidung falsch war. Natürlich frage ich auch die Menschen in meinem näheren Umfeld. Frage sie, wie sie in meiner Situation entscheiden würden. Die einen sagen: «Ich würde unbedingt bestrahlen, alles dafür tun, auch die hinterletzte Krebszelle zu zerstören.» Andere wiederum raten mir: «Tue es nicht. Wenn keine Aktivität mehr nachweisbar ist, lasse es gut sein.» Nur ein Bruchteil der von mir gefragten Menschen hat geantwortet: «Ich kann es dir nicht sagen. Ich kann mich nicht in deine Situation hineinversetzten und weiss beim besten Willen nicht, wie ich mich entscheiden würde.»

Ich habe schliesslich beschlossen, den morgigen Tag geschehen zu lassen. Ich werde Fragen stellen, gut zuhören und am Schluss aus dem Bauch heraus entscheiden. Ich werde das Richtige, das für mich Richtige, tun, davon bin ich überzeugt.

Donnerstag, 15. Januar 2015

Es ist soweit. Der heutige Tag wird zum Tag der Wahrheit. Ich bin angespannt, nervös, und obwohl ich tief in mir spüre, dass Fridu weg ist, habe ich doch auch diese starke Angst in mir, er könnte mich überlistet, mich hinters Licht geführt haben.

Es dürfte nicht weiter verwunderlich sein, dass mich auch zum heutigen Termin meine Schwester begleitet. Auch sie ist angespannt, und neben ihr viele andere Menschen in meinem Umfeld, insbesondere meine Eltern. Alle haben sie Angst davor, was ich heute erfahren werde. In Bern angekommen, begeben wir uns zum ersten Mal auf die Abteilung der Radio-Onkologie. Dort nimmt mich eine Ärztin in Empfang. Sie begrüsst mich freundlich und bittet meine Schwester und mich, ihr in eines der Besprechungszimmer zu folgen. Wir haben das Zimmer noch nicht erreicht, da höre ich sie sagen:

«Ich habe sehr gute Nachrichten für Sie.»

In ihrer Stimme schwingt Freude, vielleicht sogar eine kleine Prise Euphorie mit. Ich erwidere nichts, bin völlig überrumpelt. Erst als ich Platz genommen habe, frage ich: «Wie meinen Sie das? Gute Nachrichten?»

Sie lächelt, nein, strahlt und sagt: «Sie haben eine vollständige Remission.»

Mir bleibt die Spucke weg. «Wie, was?» Ich stammle vor mich hin, bin in dem Moment heillos überfordert mit der Nachricht.

«Ich bin die im Rahmen der Studie IELSG37 zuständige Radiologin. Wir (ich weiss nicht wer *wir* ist) haben uns die

Bilder der PET angesehen. Der Tumor ist weg, komplett verschwunden. Es ist keine Krebsaktivität mehr nachweisbar, das heisst eben, Sie haben eine vollständige Remission.»

Meine Schwester und ich haben schliesslich sehr lange und sehr ausführlich mit ihr gesprochen. Ich habe viele Fragen gestellt, und auch meine Schwester traute sich, die eine oder andere kritische Frage zu äussern.

Zum Schluss des Gesprächs lässt mich die Ärztin wissen, dass ich im Rahmen der klinischen Studie in den Arm «nicht bestrahlen» randomisiert wurde. Auf mein Drängen hin erklärt sie mir daraufhin noch, dass die Schäden einer mediastinalen Bestrahlung nicht zu unterschätzen sind. Diese sich in den meisten Fällen erst rund zwanzig Jahre nach der Erstbestrahlung bemerkbar machen. Die Folgeschäden können unter anderem Schilddrüsenkrebs, Brustkrebs, Lungenkrebs, Speiseröhrenkrebs, Herzprobleme und so weiter sein. «Sie sind in zwanzig Jahren erst knapp über fünfzig Jahre alt!» Dieser Satz klingt noch heute in meinen Ohren.

«Doch wenn ich nicht bestrahle, dann kommt vielleicht das Lymphom wieder», erwidere ich.

«Ja», lautet die simple Antwort. Das «Sie können morgen aber auch einen Herzinfarkt erleiden oder in einem Verkehrsunfall sterben» kann ich in ihrem Gesicht lesen.

Ganz zum Schluss frage ich sie noch: «Wie würden Sie in meiner Situation entscheiden?» Die Antwort der Ärztin kommt wie aus der Kanone geschossen, prompt, ohne das geringste Zögern und lautet: «Wenn ich Ihre Ausgangslage hätte, würde ich auf gar keinen Fall bestrahlen.»

Ziemlich genau die gleiche Antwort erhielt ich im Übrigen auch von meinem Onkologen, und zu guter Letzt von meinem Bauchgefühl. So habe ich mich gegen eine nachträgliche Bestrahlung meines Mediastinums entschieden. Ein Entscheid, den bestimmt nicht alle Menschen verstehen können, was mir jedoch egal ist. Ich bitte bloss darum, dass mein Entscheid respektiert wird. Ich weiss, nein, ich bin überzeugt, es war der richtige für mich.

Obwohl ich keine Antwort mehr zu erwarten habe, spreche ich noch im Inselspital in Bern die folgenden Worte: *Fridu, ich weiss, dass du mich hören kannst. Ich danke dir. Ich danke dir von ganzem Herzen dafür, dass du dich an unsere Abmachung gehalten hast. Ich bin unglaublich stolz auf unsere Leistung, insbesondere auf die deine.*

Erst heute beginne ich langsam zu verstehen, was diese Remission bedeutete. Es war alles andere als eine Selbstverständlichkeit. Sogar mein Onkologe liess sich zu einem «Das haben Sie gut gemacht» hinreissen, was bei ihm schon als grosser Gefühlsausbruch zu werten ist. Ich habe es tatsächlich geschafft: Der 15. Januar 2015 wurde zu meinem zweiten Geburtstag!

Im Übrigen teilte mir mein Onkologe auch noch mit, dass ich mit der Blutverdünnung stoppen kann, dass sich die Thrombose so gut, wie es zu erwarten war, zurückgebildet hat. Meine Halsvene wird zwar auf ewig vernarbt bleiben, aber es geht, soweit man es heute abschätzen kann, keine Gefahr mehr von ihr aus.

Es bleiben mir somit drei Souvenirs aus meiner Chemotherapie-Zeit: Eine vernarbte Halsvene von Fridu, eine

Narbe von Iron Man und als Drittes: viel, unermesslich viel an neu gewonnener Lebenserfahrung.

Mein erstes Jahr
in meinem zweiten Leben

Seit jener einem Wunder gleichenden Mitteilung im Januar 2015 ist mehr als ein Jahr vergangen. Ein Jahr, das nicht minder prägend war als das vorangegangene. Mein ganzes Umfeld, allen voran natürlich meine Familie, freute sich unglaublich über meine Remission. Womit sich ein Teil meiner Mitmenschen schwer tut ist, dass sie meinen, dass ich geheilt bin und alles wieder so ist wie vor Fridu. Dass dem nicht so ist, so dünkt es mich, sollte eigentlich absolut klar sein. Ich bin gesund, aber noch nicht geheilt. Aktuell sehe ich meinen Onkologen alle drei Monate zur Nachkontrolle. Dies wird noch bis Ende 2016 so sein. Anschliessend werden die zeitlichen Abstände zwischen den Kontrollen grösser, die Kontrollen finden aber bis zehn Jahre nach Abschluss der Therapie statt. Zehn Jahre! Erst in zehn langen Jahren werde ich geheilt sein. Ich werde dann zweiundvierzig Jahre alt sein.

Als die grösste Herausforderung in diesem Jahr erwies sich meine Rückkehr in den Alltag. Ich habe hier von meiner Höhle erzählt. Meine kleine Höhle, in welcher ich geschützt war, wohlbehütet vor den Einflüssen jenes oft so brutalen Alltages. Bis heute fühle ich mich unter meinen Mitmenschen oft als Fremdkörper, als wäre ich in meiner Krebserkrankung zu einem Viereck geworden und passe nun nicht mehr in unsere runde Welt. Meine Weltanschauung, meine Sicht auf das Leben hat sich komplett verändert. Dinge, die mir früher wichtig waren, haben heute keinerlei Bedeutung mehr. Ich lebe mein Leben viel bewusster, dankbarer und geniesse jeden Augenblick meines Seins. Noch heute lebe ich, so gut es in unserer hektischen Welt geht, nach dem Motto: Stunde für Stunde.

Viel zu oft werde ich mit der Frage nach meinen Zukunftsplänen konfrontiert. Hierzu gebe ich immer die gleiche Antwort: «Ich habe keine Pläne mehr. Unser Leben lässt sich nicht planen. Ich habe Träume, Wünsche, und wenn sich etwas davon erfüllt, bin ich glücklich.»

Zu dieser Thematik möchte ich ein Erlebnis ganz speziell hervorheben:

Gegen Ende des Jahres 2015 bin ich umgezogen, zurück ins Emmental, dorthin wo meine Wurzeln sind. An jenen Ort, wo ich die Kraft bekomme, die ich tagtäglich benötige. Da sich mein Arbeitsweg infolge des Umzugs verzehnfacht hat, spielte ich mit dem Gedanken, den Arbeitsort zu wechseln, in einer anderen «Filiale» zu arbeiten. Mein Arbeitgeber zeigte auch hier viel Verständnis, und so wurde ich zum Jahresende zu einem internen Vorstellungsgespräch eingeladen. Die bei dem Gespräch Anwesenden kannten mich also, wussten über meine Lebenssituation Bescheid. Zusätzlich habe ich im Verlaufe des Gesprächs meine Krankheitsgeschichte offen dargelegt, direkt und ohne ein Blatt vor den Mund zu nehmen erzählt, wie es um mich steht. Ob Sie es glauben oder nicht: Gegen Ende des Gesprächs wurde mir die Frage nach meinen langfristigen Zukunftsplänen gestellt. Welche Ausbildungen ich noch machen möchte, welche Reisen ich plane und so weiter. Es kostete mich einiges, nicht zu fragen: «Haben Sie mir in den vergangenen siebzig Minuten überhaupt zugehört?»

Wie kann man einen Menschen, der jeden Augenblick ein Rezidiv, einen Rückfall, haben kann und erst vor weniger als zwölf Monaten die Therapie abgeschlossen hat fragen, wie seine langfristigen Zukunftspläne aussehen? Solche Erlebnisse bieten mir ein jedes Mal viel Stoff zum Nachdenken. Ich bin den Menschen, die solche Fragen stellen, nicht böse. In keiner Art und Weise. Nein, im Gegenteil. Ich empfinde eher Mitleid mit ihnen und wünsche ihnen von ganzem Herzen, dass sie auf ihrem Lebensweg noch lernen dürfen, zuzuhören.

Auch wünsche ich uns allen, dass wir uns vermehrt darauf konzentrieren, unser Leben zu leben anstatt das Leben zu planen. Wie sagte hierzu Allen Saunders?

Life is what happens to you while you're busy making other plans.

Jene Menschen die begriffen haben, dass ich keinen «alles übergreifenden Lebensplan» mehr habe, fragen mich jeweils nach meinen Wünschen, meinen Träumen. Gleich vorneweg: Den Nobelpreis zu gewinnen gehört nicht dazu.

Eine Krebserkrankung relativiert sehr vieles. Für mich sind heute Dinge wichtig, die ein gesunder Mensch, im Überfluss der uns zur Verfügung stehenden Möglichkeiten, oftmals nicht mehr wahrzunehmen vermag.

Hier ein Auszug meiner Wünsche, meiner Träume für meine Zukunft:
- Ich wünsche mir, dass ich nie vergessen werde, was mich meine Krankheit gelehrt hat.
- Ich wünsche mir, immer zu wissen, dass jeder Tag ein Geschenk ist.
- Ich wünsche mir, dass ich mich nie in unserem Alltag verlieren werde und wenn doch die Gefahr droht, dass ich es immer bemerken werde, bevor es zu spät ist.
- Ich wünsche mir, meinen Mitmenschen stets verzeihen zu können.
- Ich wünsche mir Zeit und Raum für mich, für meinen Körper sowie für meine Seele.
- Ich wünsche mir, immer zu meinen Werten und Grundsätzen zu stehen.
- Ich wünsche mir, mich immer zu lieben, mir selber stets zu vertrauen – immer zu wissen, dass ich gut bin, so wie ich bin.
- Ich wünsche mir, dass ich mit meiner Geschichte, meinen Erlebnissen, anderen Menschen Mut machen und Hoffnung schenken kann.

Selbstverständlich habe ich auch eher praktische Wünsche, wie zum Beispiel:
- Ich wünsche mir einen Neffen oder eine Nichte.
- Ich wünsche mir viele lustige, unvergessliche Momente mit meinen Freundinnen und Freunden.
- Ich wünsche mir, noch viele Wanderungen unternehmen zu können.

- Ich wünsche mir, noch einmal Island zu besuchen.
- Ich wünsche mir, das Nordlicht zu sehen.
- usw.

Wenn ich heute nach einer anstrengenden Wanderung auf irgendeinem Gipfel stehe, die Aussicht bewundere, könnte ich jedes Mal weinen. Weinen, weil ich mir stets bewusst bin, dass es nicht selbstverständlich ist. Dass ich tot sein könnte, dass es ein Geschenk ist, hier zu sein. Ja, es ist ein Geschenk, das es zu leben und nicht zu planen gilt.

Anfang Februar 2015 fing ich mit einem Vierzigprozent-Pensum an zu arbeiten, das ich in regelmässigen Abständen kontinuierlich steigern konnte. Zu Beginn, Februar und März 2015, habe ich überlegt, ob ich während der Arbeit meine Perücke anziehen will und mich schlussendlich dazu entschieden, oben ohne vor meine Kundschaft zu treten. Ich wollte und konnte meine Krankheit nicht verbergen, weil ich noch heute finde, dass es nichts zu verbergen gibt.

Ein wunderbares Erlebnis hatte ich, als ich einmal auf dem Heimweg von einem meiner Spaziergänge war. Eine junge Mutter mit ihrer Tochter an der Hand kommt mir entgegen. Das Mädchen wird so um die fünf oder sechs Jahre alt gewesen sein. Als es mich sieht, bleibt es stehen, und als ich auf seiner Höhe bin, sagt es:

«Mama, warum hat die Frau keine Haare?»

Ich bleibe stehen, die Mutter kniet vor ihre Tochter und sagt: «Weisst du, ich denke, die Frau ist oder war sehr krank. Es gibt Krankheiten, da fallen einem die Haare aus. Sie wachsen aber wieder, es dauert einfach einen Moment.»

Das Mädchen erwidert nichts, schaut mich aber konzentriert aus seinen grossen braunen Augen an. Dann fragt es mich: «Darf ich deinen Kopf anfassen?»

Natürlich darf sie, nur schon deshalb, weil mich nie jemand so lieb danach gefragt hat. Zögerlich, ganz vorsichtig, fährt sie mit der einen Hand über meine Glatze. Als sie zu bemerken scheint, dass sie mir nicht weh macht, rückt sie meinem Kopf mit beiden Händen zu Leibe. «Mama, die Frau ist nicht schlimm krank. Sie hat nämlich Haare. Man kann sie nur nicht so gut sehen, weil sie kurz sind.»

Wir sollten die Welt, unser Leben, öfter aus den Augen eines Kindes sehen.

Inzwischen sind meine Haare wieder gewachsen, dichter als jemals zuvor, und somit auch für Erwachsene wieder sichtbar. *Die Chemo scheint Dünger gewesen zu sein,* denke ich mir oft lächelnd, wenn ich meine Finger durch meine Löwenmähne gleiten lasse. Ich trage meine Haare nach wie vor kurz und kann die Frage «Lässt du dir die Haare wieder wachsen?» nicht mehr hören. Ein für alle Mal: Ich weiss es nicht, und überhaupt: Ist das wichtig?

Gesundheitlich gesehen geht es mir bis heute im Grossen und Ganzen gut. Ab und zu habe ich mit Auswirkungen der Therapie zu kämpfen, wobei ich diese hier ganz bewusst nicht erwähnen möchte. Ich lebe, wie gesagt, Stunde für Stunde und mache auch heute an Tagen, an denen es mir schlechter geht, das Beste aus der Situation.

Was mir im ersten Moment einen tiefen Stich versetzt hat war die Diagnose, dass ich trotz dem Zoladex wohl kaum eigene Kinder haben werde. Mein Körper hat sich zwar erstaunlich schnell von der Hormontherapie erholt, und bereits im April 2015 setzte meine Menstruation wieder ein. Tests und Untersuchungen im Verlaufe des Herbsts 2015 haben aber ergeben, dass es nur ein paar wenige Eizellen sind, die die Chemotherapie überlebt haben. Mit andern Worten: Mit jedem Zyklus, den ich habe, ist eine Eizelle mehr verloren. Und da mir der Vater meiner Kinder bis heute nicht über den Weg gelaufen ist, ist stark davon auszugehen, dass ich nie eigene Kinder haben werde. Diese Nachricht war im ersten Moment sehr schlimm für mich. Habe ich mir doch immer eine eigene Familie gewünscht.

Ja, ich war einen kurzen Moment wütend, unglaublich wütend auf jene Ärzte des Spitals, bei welchen ich als erstes in Behandlung war. Mehr als einmal habe ich mir gedacht: *Hätten die mich ernst genommen und nicht wie eine Simulantin mit Migräne behandelt, so hätte man Fridu früher entdeckt und es wäre genügend Zeit gewesen, um noch vor Beginn der Chemotherapie Eizellen zu entnehmen.*

Heute weiss ich, dass Wut destruktiv ist. Nichts bringt, mir am allerwenigsten. Selbstverständlich gehört sie zu unserem Leben, diese Emotion, doch sie sollte nicht Überhand nehmen. Ich habe jenen Ärzten verziehen, weil es das Beste für meine Seele ist. Ich habe gelernt, dass verzeihen nicht akzeptieren heisst.

Natürlich gäbe es noch die eine oder andere eher aufwändige und vor allem kostspielige Möglichkeit, einen letzten Versuch, Eizellen von mir zu gewinnen und diese zu konservieren. Ich habe aber beschlossen, meinem Leben seinen Lauf zu lassen. Es fliessen lassen mit dem Vertrauen, dass alles seine Richtigkeit hat. Und mein Entscheid, keine Pläne mehr für mein Leben zu machen, kam mir hier ein erstes Mal zu gute. Ich habe erstaunlich schnell akzeptiert und verstanden, dass mir ganz offensichtlich ein anderer Weg vorbestimmt ist. Und wenn ich eines während der Therapie gelernt habe, dann das, einen unbekannten Weg mit viel Mut und Zuversicht zu beschreiten. Ein neuer Weg ist auch immer eine Chance, eine neue Herausforderung.

Es war eine mich fordernde, mich an meine Grenzen bringende Lebenserfahrung, die ich in der zweiten Hälfte des Jahres 2014 machen musste. Doch ich möchte keine einzige Sekunde davon missen. Ich durfte so vieles lernen, mir über so vieles bewusst werden, durch und dank Fridu. Ich stehe mit beiden Füssen im Leben, bin reifer und wohl auch etwas weiser geworden. Ich mache mir viele, sehr viele Gedanken über das menschliche Verhalten, über unsere gesellschaftlichen Strukturen. Zudem weiss ich heute, dass ich alles meistern kann, wenn ich nur will. Dass es sich empfiehlt, wenn sich die Möglichkeit bietet, Chancen beim Schopf zu packen. Warten auf angeblich bessere Zeiten ist verlorene Zeit.

Wir müssen nicht verstehen, weshalb Dinge geschehen oder nicht. Was wir müssen, ist lernen zu vertrauen und zu akzeptieren. Akzeptieren, dass wir nicht die absolute

Macht über unser Leben haben. Vertrauen darauf, dass sich alles zu unserem höchsten Wohl entfalten wird. Das ist die wahre Kunst des Lebens. Nicht um jeden Preis alles verstehen müssen. Hinfallen, aufstehen, weitergehen und wann immer möglich mutig nach vorne blicken.

Ja, ich bin froh und sehr dankbar, ist Fridu in mein Leben gekommen. Er hat mich vervollständigt, meinem Leben eine neue Richtung, einen neuen Impuls gegeben.

Im Juni 2015 habe ich Fridu in einem Ritual verabschiedet. Ich habe ihm einen letzten Brief geschrieben und diesen den Elementen übergeben. Wasser, Feuer, Luft und Erde – auf dass sich der Kreislauf schliessen möge.

Dem Ritual wohnten meine engsten Vertrauten während meiner akuten Krankheitszeit bei. Es war ein emotionaler, jedoch sehr befreiender Tag für uns alle. Da habe ich mich von meinem Freund, meinem treuen Weggefährten verabschiedet.

Lebewohl Fridu, ich werde auf ewig mit dir verbunden und dir auf Lebzeiten dankbar sein.

Dank einem Menschen, der einen ähnlichen Weg wie ich zu gehen hatte, respektive zu gehen hat, kenne ich eines der Gedichte von Rainer Maria Rilke. Es sind starke Worte, Worte, die meinen Lebensweg gut beschreiben. Ich lese es täglich und möchte es deshalb hier zitieren:

Über die Geduld

*Man muss den Dingen
die eigene, stille
ungestörte Entwicklung lassen,
die tief von innen kommt
und durch nichts gedrängt
oder beschleunigt werden kann,
alles ist austragen – und
dann gebären ...*

*Reifen wie der Baum,
der seine Säfte nicht drängt
und getrost in den Stürmen des Frühlings steht,
ohne Angst,
dass dahinter kein Sommer
kommen könnte.*

Er kommt doch!

*Aber er kommt nur zu den Geduldigen,
die da sind, als ob die Ewigkeit
vor ihnen läge,
so sorglos, still und weit ...*

Man muss Geduld haben.

Mit dem Ungelösten im Herzen,
und versuchen, die Fragen selber lieb zu haben,
wie verschlossene Stuben,
und wie Bücher, die in einer sehr fremden Sprache
geschrieben sind.

Es handelt sich darum, alles zu leben.
Wenn man die Fragen lebt, lebt man vielleicht allmählich,
ohne es zu merken,
eines fremden Tages
in die Antworten hinein.

Alles leben, das tue ich heute. Ich freue mich auf alles, was kommt in meinem Leben. Sei es Freude, sei es Leid. Sei es Glück, sei es Schmerz – Stunde für Stunde.

Nachwort

Wem ich an dieser Stelle einen ganz besonderen Dank aussprechen möchte, ist dem Team der medizinischen Onkologie des Inselspitals in Bern. Allen voran natürlich meinem Onkologen. Wie Fridu hat auch er sein Versprechen gehalten. Er hat alles in seiner Macht Stehende getan und mir dabei geholfen, mich dabei unterstützt, gesund zu werden. Er hat es getan mit seinem Fachwissen, seiner langjährigen Erfahrung. Nebst dem hat er mir aber vor allem mit seinem Wesen, seiner sehr zugänglichen Art, seiner Menschlichkeit geholfen. Seine grundehrliche, humorvolle Art erzeugte ein tiefes Vertrauen in mir. Dieses in mir gewachsene Vertrauen in ihn liess mich wiederum die Therapie annehmen und akzeptieren.

Ich gebe zu: Am Anfang war es eine Erwartung. Ich erwartete, dass dieser Mensch mich gesund machen wird. Glücklicherweise zeigte er mir durch sein Verhalten rasch auf, dass ich es nicht von ihm erwarten sollte, sondern im einfach vertrauen. Dafür, dass mir auf meinem Weg dieser Mensch zur Seite gestellt wurde, werde ich auf ewig dankbar sein.

Was er, was Onkologen im Allgemeinen in ihrem Beruf leisten, ist nicht in Worte zu fassen. Jemandem oder dessen Angehörigen zu sagen, dass er oder sie sterben wird – möchten Sie das? Es sind Menschen wie du und ich. Menschen mit Gefühlen, einer ausgeprägten Empathie. Keine Maschinen. Sie leisten tagtäglich Übermenschliches, und dafür gehört ihnen unser tiefster Respekt, unsere Anerkennung. Viel zu oft nehmen wir, wie bei vielem, ihre Arbeit als Selbstverständlichkeit an. Und dies ist es bei weitem nicht!

Mein Dank gehört im Weiteren meinem Hausarzt, den Frauen des POB-Teams der Spitex, der bernischen Krebsliga, meinem Arbeitgeber, sowie all meinen Freundinnen und Freunden, die mich auf meinem Weg begleitet haben und es immer noch tun. Danke, dass ihr mich so mögt wie ich bin, mit mir lacht und mit mir weint – es ist schön zu wissen, dass es Euch gibt!

Ebenfalls ein grosser Dank geht an meinen Verlag und an meine Lektorin, dass ihr mir unter die Arme gegriffen und mich dabei unterstützt habt, mein grosses Herzensprojekt zu realisieren.

Ein ganz spezieller Dank meiner Schwester, van Habelen, meiner Mutter und meinem Vater – ohne euch wäre der Weg noch um einiges steiniger gewesen! Danke, dass mir ein jedes von Euch auf seine ganz eigene Art und Weise die Kraft gegeben hat, um meine Reise durch die Hölle mit viel Würde, Mut und Zuversicht zurückzulegen.

Mein grösster Dank jedoch geht an das Leben.

Danke, dass du mich auf diese Reise mitgenommen hast. Mir gezeigt hast, welch grosses Geschenk es ist zu leben, dass es sich lohnt achtsam zu sein – jeden Augenblick! Du hast mich gelehrt, dass je steiler und anstrengender der Weg, umso schöner die Aussicht vom Gipfel ist.

Ich vertraue dir und weiss, dass du nur das Allerbeste für mich willst. Es einzig und alleine an mir liegt, auf diese Stimme in mir – deine Stimme, meinen Lebenswillen, zu hören. Heute bin ich felsenfest davon überzeugt, dass alles Sinn macht – irgendwann!